2022 年度教育部人文社会科学研究规划基金项目

"中国越窑青瓷艺术海外传播交流路径与影响力研究"（22YJA760078）最终成果

2024 年国家社会科学基金年度项目

"古代越窑青瓷民族文化的亚洲传播与铸牢中华民族共同体意识研究"（24BMZ083）阶段性成果

中国越窑青瓷艺术

海外传播交流路径与影响力研究

万　剑
杨欣然　张毅威——著

Research on the
Overseas Communication Pathways
and Influence of

Chinese
Yue Kiln Celadon

ZHEJIANG UNIVERSITY PRESS
浙江大学出版社
·杭州·

图书在版编目（CIP）数据

中国越窑青瓷艺术海外传播交流路径与影响力研究 /
万剑，杨欣然，张毅威著 . -- 杭州 : 浙江大学出版社，
2025. 3. -- ISBN 978-7-308-25987-3

Ⅰ . K876.34

中国国家版本馆 CIP 数据核字第 20253WA067 号

中国越窑青瓷艺术海外传播交流路径与影响力研究

万　剑　杨欣然　张毅威　著

策划编辑　陈　翮
责任编辑　陈　翮
责任校对　丁沛岚
封面设计　雷建军
出版发行　浙江大学出版社
　　　　　（杭州天目山路148号　邮政编码310007）
　　　　　（网址：http://www.zjupress.com）
排　　版　浙江大千时代文化传媒有限公司
印　　刷　浙江新华印刷技术有限公司
开　　本　710mm×1000mm　1/16
印　　张　17.75
字　　数　290千
版 印 次　2025年3月第1版　2025年3月第1次印刷
书　　号　ISBN 978-7-308-25987-3
定　　价　88.00元

第一章

越窑青瓷发展简史

　　越窑青瓷是中国瓷母，是中华瓷器文明之典范，更可称之为"世界瓷器之源"[①]。商代早期，我国的东南沿海和江南地区已经开始烧制印纹硬陶。到了商代中期，在反复烧制白陶器和印纹硬陶器的过程中，创烧出了目前发现的最早的原始瓷。[②] 从我国各地出土的商周瓷器来看，此时的原始瓷已经基本属于瓷器的范畴，造型大多模仿自青铜器。到了春秋时期，原始瓷数量开始逐渐增加。春秋晚期，江浙一带的原始瓷从原始的泥条盘筑发展为轮制成型[③]，造型规整、胎壁匀称，与商周时期原始瓷相比，质量又上了一个台阶。这一时期，先越窑青瓷已经产生了，自此一直到北宋晚期越窑青瓷衰落，其间经历了2000年之久。

　　林士民在《青瓷与越窑》一书中认为，从陶瓷考古学视角来看，越窑青瓷、早期青瓷、原始瓷的关系可以理解为：先越窑青瓷（原始瓷阶段）→早期越窑青瓷（东汉成熟瓷器到隋）→越窑青瓷（唐五代北宋）→仿（后）越窑青瓷。[④] 越窑瓷业的发展历史可以归纳为以下阶段：创始期（东汉时期）→发展期（东吴时期）→繁荣期（西晋时期）→停滞期（东晋时期）→低落期（南朝）→恢复期（初盛唐时期）→发展期（中唐时期）→繁荣期（晚唐时期）→鼎盛期（五代北宋早期）——衰落期（北宋晚期）→停烧期（北宋元祐政和朝）。[⑤] 本书中

---

① 卢彰麟. 越窑纹饰 [M]. 杭州：西泠印社出版社，2017: 16.

② 中国硅酸盐学会. 中国陶瓷史 [M]. 北京：文物出版社，1982: 76.

③ 中国硅酸盐学会. 中国陶瓷史 [M]. 北京：文物出版社，1982: 80.

④ 林士民. 青瓷与越窑 [M]. 上海：上海古籍出版社，1999: 3.

⑤ 林士民. 青瓷与越窑 [M]. 上海：上海古籍出版社，1999: 3.

的越窑青瓷发展简史按照这个顺序进行阐述。

一、创始期（东汉时期）

瓷器出现于东汉时期，距今已经有 1800 余年。[①] 东汉之前为原始瓷鼎盛时期。东周（春秋战国）时期，绍兴、萧山、诸暨等地的古窑烧制各种类型的原始瓷，今天发现的遗址总数可达上百处，出土的原始瓷可达到数千件。其中，规模最大的为绍兴富盛和萧山进化区的两个大窑厂。这些古窑大多是陶瓷合烧，硬纹陶、原始瓷同时烧制。窑址遗存和出土物表明，在春秋战国时期，浙东广泛烧制陶瓷，是我国早期陶瓷业的典型代表。

汉代，社会生产力不断发展，国家的政治、经济、文化的影响都扩及于境外，这对陶瓷业的发展产生重要的影响。东汉时期，农业、手工业发达，位于长江下游的浙江地区广泛烧制、使用印纹硬陶和原始瓷，这是原始瓷发展和越窑青瓷萌芽的重要基础。

就整个浙江来说，东汉瓷窑的遗址主要分布在上虞、慈溪、东钱湖、温州永嘉等地，其中以上虞为最多。上虞水土丰沛，适合烧制瓷器，且河网密布，方便瓷器运输。宁绍平原、浙南永嘉等较大范围内均有制瓷活动的遗迹，说明当时的浙江制瓷业已经形成较大的规模。浙江各地墓葬中出土的东汉青瓷、黑釉瓷等非常丰富，与这些瓷窑遗址中的遗存相互印证。这足以证明，东汉时期浙江是瓷器的主要产地。

东汉时期，浙江原始瓷以日用器具和冥器（明器，即随葬品）为主，包括碗、盘、罐、壶、盆、洗、盏、钵、瓶、水盂、尊、耳杯、唾壶、熏炉、水井、灶、罍、钟、瓿、砚台等。[②] 从考古发掘来看，上虞嵩坝东汉永初三年（109）墓较为典型[③]，随葬器物以釉陶为主。原始瓷又可称为釉陶。1975 年发现的奉化白杜南岙熹平四年（175）墓是奉化乃至宁波市目前发现的规制最高的东汉古墓，随葬的代表性器物有罐、耳杯、五联罐、熏炉等，随葬的冥器灶、井等

---

① 中国硅酸盐学会 . 中国陶瓷史 [M]. 北京：文物出版社，1982：127.

② 杨燚锋，黄文杰 . 宁波青瓷文化 [M]. 宁波：宁波出版社，2019：182.

③ 吴玉贤 . 浙江上虞嵩坝东汉永初三年墓 [J]. 文物，1983（6）：40-44.

已经开始专门烧造。

东汉时期的瓷器形制多样、种类丰富，在造型上主要参考或模仿了青铜器，部分原始瓷模仿了漆器，例如钟、壶、洗、唾盂和榻等。下面介绍一些典型的器物。

五联罐 五联罐是堆塑罐的前身，原始造型来源于青铜器，应该是当时的一种祭祀礼器。五联罐造型一般为上部中间有个大瓶，周边带四个小瓶。早期的造型几乎不带任何装饰，只有大罐加小罐。到了东汉中期，器型变高，大罐腹部束腰变成葫芦形，装饰有爬虫、熊、飞鸟等。此后器型持续增高，中间大罐仍为束腰葫芦形，四小罐与大罐连通，堆塑母题种类不断增加，胡人乐舞、杂技、各种飞鸟、水生动物等不断丰富。到了东汉晚期，器物变矮胖，中间罐为一次束腰，五罐弱化，肩部的堆塑内容愈发丰富庞大。墓葬发掘显示，五联罐的墓葬使用范围不断扩大，浙江全省几乎都有此类造型的出土器物。五联罐从上到下一般分成三部分，分别代表着天上（仙界）、人间、地宫（地狱）。其作为冥器寓示着死者离世之后可以飞升仙界，享受荣华富贵。

钟 瓷质的钟，造型来源于青铜器。目前发现最早的是鄞州出土的永初三年（109）青瓷钟，此钟体量特小，形似钟，底部假圈足，足底有隶书"王尊"两个字。[1]浙江省博物馆收藏的东汉越窑青瓷刻划纹钟，平沿内敛口，长颈，鼓腹，喇叭状高圈足；口沿划饰波浪纹和弦纹，肩腹处饰五条凸弦纹和一圈波浪纹；肩部置对称双系，拍印规整的叶脉纹，足部有一孔。

井 井的造型来源于罐，与罐的不同之处在于颈肩之间往往会堆塑装饰交叉的绳索，并在绳索的交接处贴饰乳钉。东汉熹平四年（175）青瓷绳索纹罐，敛口平唇，斜肩圆腹，腹部向下逐渐收缩，平底；肩部范围较宽，贴塑绳子，形成交叉菱形，类似网状，绳子的交叉点处有乳突，秩序感强烈。

灶 灶是随葬冥器，造型一般为船形，上有各种灶台锅盆摆放，有的还会刻划鱼肉图案。这种灶模仿人间的真实灶，是缩小版的厨房炊具，用来祈求逝者在死后仍可享受人间美味。

熏炉 熏炉一般为罐形，腹部镂有两排或三排圆形孔，这是为了方便出烟。

---

① 林士民 . 青瓷与越窑 [M]. 上海：上海古籍出版社，1999：33.

熏炉的口沿一般装饰弦纹和水波纹。奉化白杜南岙熹平四年（175）墓出土的此类熏炉具有代表性，推测当时的熏炉生产已具有一定的规模。

蒜头壶　宁波鄞州乌贼山岩1号墓出土的褐釉堆塑人物龙虎蒜头壶[①]，口部呈蒜头形，颈部非常长，壶腹上部堆塑有西域胡人、鸽子等，形象生动，特色鲜明。这是浙江与西域交流的重要证明。

此时的越窑装饰技法主要用了原始瓷的刻划、模印、镂孔等技术。从装饰纹样来说，器表以划、拍印为主，纹饰有弦纹、水波纹、方格纹、网纹、窗棂纹、席纹、蝶形纹、叶脉纹等，其中几何纹样最为常见。纹样主要装饰在壶、碗、洗的肩、腹、口沿等处。弦纹重复性的装饰强调了美的秩序感，来自自然界的水波纹蕴含着动感的美。这两种纹样似乎相比其他具象纹样更容易加工，因此频频出现。罍等大器采用泥条叠筑方法，外壁往往拍平，并印制几何形纹样。动物纹样主要为鸟和兽。鸟类纹样出现的频率很高，有的在器物顶部、上部堆塑鸟的造型，有的在器物底下描绘大鸟。兽类一般装饰在足部，作为兽头足。洗之类的器物往往有装饰模印的铺首。奉化白杜南岙熹平四年（175）墓出土的器物有一定的代表性。东吴时期盛行的粘塑、堆贴、压印方法的结合，在东汉晚期的瓷器中已经看到了端倪。

图1.1至图1.12为这一时期的相关器物。

图1.1　越窑青瓷五管瓶 东汉　浙江省博物馆藏	图1.2　越窑青瓷五联罐 东汉　浙江省博物馆藏	图1.3　越窑青瓷刻划纹钟 东汉　浙江省博物馆藏

---

① 林士民.青瓷与越窑[M].上海：上海古籍出版社，1999：彩图2.

图 1.4　越窑青瓷绳索纹罐 东汉熹平四年　奉化博物馆藏	图 1.5　原始瓷船形带釜双眼灶　汉　浙东越窑青瓷博物馆藏	图 1.6　原始瓷灶　东汉 奉化博物馆藏

图 1.7　越窑青釉熏炉　东汉 奉化博物馆藏	图 1.8　原始瓷几何镂孔香炉　东汉　浙东越窑青瓷博物馆藏	图 1.9　越窑青瓷耳杯　东汉 奉化博物馆藏

图 1.10　越窑青瓷盘口壶 东汉　嵊州市文物保护中心藏	图 1.11　越窑青瓷长颈瓶 东汉　浙江省博物馆藏	图 1.12　越窑青瓷罐　东汉 浙江省博物馆藏

二、发展期（东吴时期）

三国到南北朝的 360 余年，除西晋时期较为稳定和统一之外，我国的南北之地长期处于分裂和对峙状态。整体来说，北方黄河流域战乱不断，百姓流离失所，经济状况下滑；江南地区战乱较少，整体稳定。北方战乱导致大批百姓南迁，其中包括大量工匠，为制瓷业带来了丰沛的劳动力。吴国孙权为了加强建业（今南京）与三吴（狭义上指吴郡、吴兴、会稽，广义上指长江下游江南地区）的交通联系，开凿了破岗渎连接运河[①]，西连淮水，东接云阳。水运交通的便利为瓷器运输打下了良好的基础，进一步刺激了瓷器的消费市场，促进了瓷业的不断发展。浙江北部、中部、东南部广大地区均有窑厂，越窑、瓯窑、婺州窑、德清窑各具特色。其中以越窑发展最快、窑厂分布最广，瓷器质量最高。[②]越窑青瓷产品种类增多，产量明显提升。龙窑随着技术的提升，产量提高，数量增大。从遗存和考古发掘的实物来看，越窑青瓷已经成为三国两晋世家大族中的重要生活器具和赏玩器物。

东吴时期是越窑兴盛发展的第一阶段。从目前发掘的 20 多座东吴时期的墓葬出土青瓷来看，器型种类增加，由东汉晚期的 10 余种增加到 30 余种。其中，日常用具主要有碗、槅、罐、壶、耳杯、勺、钵、罍、洗、尊、烛台、香炉、砚等。鸡首壶、动物烛台的数量也是比较可观的。冥器有堆塑罐以及模仿现实生活的猪圈、鸡笼、栏圈、井、灶、火盆、镟斗、提篮等。猪圈、鸡笼、田舍等是对现实生活的写照，其出现意味着江南地区地主庄园经济的发展。器物造型比前期更为复杂多样，常常用浑圆丰满的动物形象作为器物整体造型，颇为生动。例如虎子、羊形烛台、狮形烛台等模拟动物的形态，肌肉结实，饱满浑圆，显示了一种具有力量美的张力。装饰纹样亦逐渐趋向丰富，主要纹样有网格纹、联珠纹、弦纹、铺首、龙、虎、佛像等。瓷器上开始出现模印佛像，例如现收藏于南京六朝博物馆的青釉褐彩羽人纹双系壶，其肩部就有精致规整的佛像装饰。装饰的褐釉彩绘也开始出现。下面主要介绍堆塑罐、虎子、彩绘青瓷、香炉等。

---

① 张晓东.六朝的漕运、地域格局与国家权力[J].史林，2010（3）：48-56，189.

② 中国硅酸盐学会.中国陶瓷史[M].北京：文物出版社，2009：137.

堆塑罐 堆塑罐的前身是五联罐，又称魂瓶、谷仓罐等，是一种冥器。堆塑罐既寄托着生者对逝去先人的祝福，期望逝者在天上能够享受荣华富贵，又蕴含着对家族"五谷满仓"的祈盼（堆塑罐里面可以装满五谷杂粮）。一般来说，堆塑罐分成三部分，罐上部为五罐，中间的罐子较大，四只小罐较小。早期的五联罐只有罐子，并无其他装饰。东吴时期的罐子上部装饰飞鸟，飞鸟下面是屋檐，屋檐数量也从单个增加到数个。屋檐下堆塑人物和熊、狗、龟、蛇等动物。孙吴时期，堆塑罐上出现了门、阙、屋檐以及顶部建筑群体，"恰恰反映了吴、西晋时期的地主庄园经济的规模"[①]。屋檐下装饰的内容更趋丰富，有人物奏乐、杂耍、骑兽仙人等，也有各类动物。罐子下部一般装饰有水生动物，有虬龙、蚯蚓、泥鳅、爬虫等诸多说法。

虎子 有人说虎子是汲水器、盛水器[②]，也有说是溺器（便器），还有人说是酒器和茶器。[③]越窑青瓷虎子的腹部一般呈横卧的圆桶体，口部微微向上，背上有提梁，整体显示结实有力量。现收藏于中国国家博物馆的吴"赤乌十四年"款越窑青釉虎子，是1955年在南京赵士岗吴墓出土的代表性器物。从造型来看，是东吴早期的虎子造型的代表作。到了东吴晚期，虎子的虎首消失，腿部与腹部连接在一起，腹部两侧有刻划的羽翼纹样。淳安县进贤村吴天纪元年（277）墓出土的青瓷虎子是典型器物。

彩绘青瓷 现收藏于南京六朝博物馆的吴青釉褐下彩羽人纹双系壶是彩绘青瓷的代表性作品。该壶为盘口，短颈略短，腹部圆球状，平底。肩部排列有序地平均分贴四个铺首、两尊佛像、两个双首连体鸟，均以褐彩勾勒。纹样采用贴塑及彩绘技法，彩绘呈褐黑色，典型的彩绘器，是绘画技术美化瓷器的最早的代表性器物之一。

香炉 香炉造型沿袭前朝，大体类同。香炉一般为圆形、罐形，腹部上有圆形镂孔、三角形镂孔，圆形镂孔居多。东汉晚期，还未出现承柱和底盘，到了东吴时期，部分香炉开始出现圈足、承柱、底座等。

---

① 林士民. 青瓷与越窑 [M]. 上海：上海古籍出版社，1999：76.

② 孙桂恩. 谈谈青瓷虎子的两种用途 [J]. 考古通讯，1957（6）：52-54.

③ 曾凡. 关于"青瓷虎子"用途的新发现 [J]. 考古通讯，1957（2）：92-93.

图 1.13 至图 1.24 是这一时期的相关器物。

图 1.13　越窑青瓷堆塑罐　三国　越国文化博物馆藏	图 1.14　越窑青瓷堆塑人物楼阙魂瓶　三国吴　六朝博物馆藏	图 1.15　吴"赤乌十四年"款越窑青釉虎子　三国吴　中国国家博物馆藏

图 1.16　越窑青瓷羊形插器　三国吴　六朝博物馆藏	图 1.17　越窑青釉灶　三国　奉化博物馆藏	图 1.18　越窑青釉褐下彩羽人纹盘口壶　三国吴　南京市博物总馆藏

图 1.19　越窑青瓷"甘露元年"铭熊灯　三国　台北故宫博物院藏	图 1.20　越窑青瓷挂篮香炉　三国　越国文化博物馆藏	图 1.21　越窑青瓷小猴戏桃香炉　三国　越国文化博物馆藏

| 图 1.22　越窑青釉双唇罐　三国　嵊州市文物保护中心藏 | 图 1.23　越窑青瓷虎子　三国吴　浙江省博物馆藏 | 图 1.24　越窑青瓷蛙形水注　三国吴　南京博物院藏 |

三、繁荣期（西晋时期）

　　晋朝（266—420）分为西晋与东晋两个时期，其中西晋（266—317）为中国历史上短暂的大一统王朝。

　　晋朝时期的农业、商业、手工业等较之三国时期有了进一步发展。西晋承袭曹魏领土，统一后占有蜀汉、孙吴疆域。虽然西晋立国时间仅约半个世纪，但由于江南地区战乱较少以及中原人民南下，其时江南人口激增，经济繁荣，为瓷业发展奠定了良好的基础。越窑制瓷业发展迅猛，相比三国时期瓷器产量成倍增长，上虞、绍兴为中心产区，余杭、吴兴也相继开始建立瓷窑。在唐以前，绍兴、上虞等地的早期瓷窑统称为"越窑"，为避免"青釉器物""晋瓷""会稽瓷"等名称使用混乱，统一称为"越窑青瓷"。绍兴的九岩、王家娄、古窑庵、禹陵等地有十几处窑址。[①] 从出土瓷器来看，总体质量比前期有明显提升。

　　西晋青瓷造型丰富，承前启后，主要器物有盘口壶、扁壶、鸡首壶、尊、罐、洗、槅、盒、灯、砚、水盂、唾壶、虎子、谷仓、猪栏、狗圈等。冥器主要有鸡笼、牛厩、鹅圈、羊栏、猪舍、狗圈、灶台、火盆、镶斗、吊桶、扫帚、畚箕、筛、磨等。模拟百姓生产和圈养动物的冥器，反映了江南地主庄园经济中农业、畜牧业的发达。专用的墓葬冥器有堆塑罐、镇墓兽、男女瓷俑等。文房用具有水盂、水注、砚台、砚滴等，一部分文房用具融合了动物的造型，有蛙形、兔形、鸟形等，形态质朴，颇为可爱。

---

① 中国硅酸盐学会.中国陶瓷史 [M].北京：文物出版社，2009：139.

西晋青瓷的题材范围更大，造型以动物形象为主，出现了天鸡壶、兔形水盂、猪形烛台、狮形烛台、羊形烛台、神兽尊等与各种器型进行结合的造型。

堆塑罐　西晋时期，堆塑罐上部的堆塑内容丰富多彩，有各种娱乐场面、生活场面，人物造型有武士、文臣等，动物造型有羊、熊、凤鸟、朱雀、麒麟等，还有佛像。中部主要堆塑有门阙、围墙、阁楼，屋顶为重檐歇山顶或攒尖顶。早期堆塑罐上的四个小罐已经缩小或者为其他物体所覆盖。下部在近口沿、肩部、中腹部往往模印网纹，并有贴塑的骑兽仙人、武士、凤凰、朱雀、龙、麒麟、羊等，越往下，一般为水生动物如鱼、蟹、蜥蜴等。但是与前朝相比，水生动物明显减少，甚至不再装饰水生动物，例如富阳博物馆收藏的越窑青瓷堆塑罐。

虎子　西晋时期的虎子从造型来看，以蚕茧形为主，口部向上（也有个别是与身体持平的），有的作虎头或其他动物头的堆塑，背部装饰绞索纹提梁，装饰逐渐丰富。故宫博物院、中国国家博物馆、上海博物馆等博物馆均收藏有越窑青瓷虎子。

香炉　西晋时期的香炉形制趋向复杂，纹饰多样化，造型从一体发展到有足，再发展至由炉和承盘两个部分组成。应该说，这是越窑香炉越来越得到重视的体现。香炉的圆孔、三角形孔，逐渐变化为锯齿状、叶状、山形等几何形的规则或不规则的出烟孔。

扁壶　扁壶是一种水器，生产数量颇多，造型丰富。西晋时期称呼扁壶为"埤"。其肩部一般有较多的模印二方连续纹样装饰，两侧面有对称、突出的系口。各地出产扁壶的耳和装饰不一样。1976年出土于枫桥狮子山一号墓的西晋青瓷扁壶，施釉莹润，装饰细腻精致。

鸡首壶　鸡首壶又称鸡头壶、天鸡壶，一般为盘口壶基础造型，因壶嘴为鸡头状而得名。晋时又称鸡首壶为"罂"。从造型来看，在盘口壶的肩部，一面贴鸡头，一面贴鸡尾（把手），另外的两面有系口。西晋出土的鸡首壶数量颇多，各地博物馆均有收藏。

从装饰上看，西晋由越窑青瓷综合采用刻划、堆塑、褐彩加彩等技法，纹样较之前丰富，二方连续由弦纹、斜方格网纹、联珠纹等组成，也有各种动物纹、斜线忍冬纹、菱形纹等，还有模印佛像、铺首衔环等装饰。来自大自然中的植物纹样杉叶纹、蕉叶纹、花草纹也开始作为装饰纹样。香炉、青瓷灯中的镂孔图案除了原来的圆形、三角形，还增加了树叶形、"凸"字形等。个别器物有褐色的点彩装饰。整体上来说，西晋越窑青瓷显得稳重大方、厚重朴实。

图 1.25 至图 1.39 是这一时期的相关器物。

图 1.25　越窑青釉双复系瓷罐　西晋　奉化博物馆藏	图 1.26　越窑青瓷隔盘　西晋　浙江省博物馆藏	图 1.27　越窑青瓷蟾纹水丞　西晋　上海博物馆藏

图 1.28　越窑青瓷堆塑人物亭台罐　西晋　浙东越窑青瓷博物馆藏	图 1.29　越窑青瓷人物堆塑罐　西晋　慈溪市博物馆藏	图 1.30　越窑青釉谷仓罐　晋　奉化博物馆藏

图 1.31　越窑青釉虎子　晋　奉化博物馆藏	图 1.32　越窑青釉虎子　西晋　奉化博物馆藏	图 1.33　越窑青釉虎子　西晋　奉化博物馆藏

| 图 1.34 越窑青瓷提梁鸡首壶 西晋 余姚博物馆藏 | 图 1.35 越窑青瓷鹰首壶 西晋 南京市博物馆藏 | 图 1.36 越窑青瓷盘口鸡首壶 西晋 古越轩藏 |

| 图 1.37 越窑青黄釉壶 西晋 故宫博物院藏 | 图 1.38 越窑青釉壶 西晋 故宫博物院藏 | 图 1.39 越窑青釉羊形插器 西晋 故宫博物院藏 |

四、停滞期（东晋时期）

东晋与北方的五胡十六国并存，这一历史时期又称东晋十六国。东晋地处南方，比北方安定。北方大批劳动力向南迁徙，带来中原先进的生产技术，江南经济得到一定程度的开发。东晋时期，曹娥江附近的窑址大幅度减少，而慈溪上林湖古银锭湖附近四周新增 7 处瓷窑，这说明越窑青瓷产区逐渐向上林湖转移。

东晋初年，越窑青瓷仍旧保持着西晋时期的风格。从窑址和青瓷出土情况看，东晋时期生产的越窑青瓷相比西晋有所减少，越窑青瓷的烧造有所停滞，烧造质量有所下降，器物的规整性减弱。东晋中期以后，青瓷生产出现了普及趋势，瓷器装饰减少，造型更趋简约。越窑青瓷以生活用具为主，冥器大幅度减少。此时，越窑青瓷中常见的生活用具主要有罐、壶、盘、碗、钵、盆、洗、灯、砚、水盂、香炉、唾壶、虎子等。

鸡首壶　东晋时期，鸡首壶的整体造型趋向简练，鸡头和把手各装一侧，鸡头引颈高冠，昂首远眺，形象生动。把手一般为圆弧形，连接盘口与肩部。一般在肩与上腹部之间有系口。圆腹，到下腹逐渐收缩。东晋中晚期，把手的上端装饰龙头、熊纹等，是盛贮器，有点彩装饰的情况。

香炉　东晋时期的香炉造型多样，形制相比前期更加完美。香炉的造型有球形、罐形、豆形、山峰形、塔形、莲花形等。大部分香炉有熏炉和底座，可以分开，也有一部分沿袭传统，采用圈足的形式。

榼　榼又称为格子盘、果盒等，西晋时期主要是圆形、方形，东晋时期逐渐以圆形代替方形。

在装饰纹样上，东晋时期的越窑青瓷最初延续西晋装饰风格，模印纹样较多，网格纹、斜方纹、太阳纹、菱形纹等在口沿下及肩部装饰较多。咸康以后，类似的模印纹样逐渐减少，后来基本不见。弦纹是一种流行的装饰方法。褐彩点彩愈发流行而被广泛采用。点彩多用于口沿、肩部等，到下腹部逐渐减少，或者圈点形状逐渐缩小。动物形状的器皿逐渐减少。总体上看，相比西晋时期，青瓷动物造型开始变得呆板消瘦。越窑青瓷呈现出衰退的迹象。

图 1.40 至图 1.48 是这一时期的相关器物。

图 1.40　越窑青釉点彩四系罐　东晋　奉化博物馆藏	图 1.41　越窑青釉褐彩刻花莲瓣纹盘口壶　东晋　上海博物馆藏	图 1.42　越窑青釉褐彩蛙形洗　东晋　上海博物馆藏

图 1.43 越窑青瓷尊 东晋 浙江省博物馆藏	图 1.44 越窑青瓷鸡首壶 东晋 浙江省博物馆藏	图 1.45 越窑青瓷鸡首壶 东晋 浙江省博物馆藏

图 1.46 越窑青瓷博山炉 东晋 浙江省博物馆藏	图 1.47 越窑青釉山羊瓷尊 东晋 南京博物院藏	图 1.48 越窑青瓷镂空香炉 三国 绍兴市文物保护中心藏

五、低落期（南朝与隋）

南朝（420—589）是中国历史上由汉族建立的四个正统王朝的统称，上承东晋下启隋朝。南朝时期，浙东青瓷生产数量较少，品种也较少，出土的越窑青瓷主要是日常生活器物，如碗、盘、碟、杯、壶、罐、钵、盏托、尊等。民以食为天，日常饮食所用的敞口深腹碗和小碗，为最常见的器物。碗、盘往往多件出现，且大小配套。盘口双耳壶、鸡首壶、香炉、槅、尊等兼顾了实用性和美观性，具有一定的艺术价值。从整体上看，南朝青瓷形制规范，造型趋于修长消瘦。制品的形式较为固定，有统一的规格，例如鸡首壶的造型、规格、釉色、把手似乎出自一个模式。

从装饰来看，早期以素面为多，弦纹为主要装饰，少见波浪纹。到了南齐永明元年（483），莲花花瓣装饰逐渐增多，碗、盘、盏灯的内壁和外壁均有莲花瓣。有单瓣、复瓣、覆瓣，线条与花瓣舒展自如，多少不一，有的器底装饰莲子纹。南齐永明二年（484）之后，越窑青瓷装饰的莲花母题增多，装饰的表现形式更加丰富。莲与佛教有直接关系，大量莲花母题装饰的出现与当时的统治阶级推崇佛教有紧密联系。以莲为母题的工艺美术的发展反映了当时佛教文化的盛行。

隋朝是中国历史上的大一统王朝。南北政治的统一，一定程度上促进了南北方经济、文化各方面的交流与融合。但连年的战争导致瓷业萧条衰落。隋朝越窑青瓷主要器物有盘口壶、碗、罐、高足盘、鸡首壶、多足砚等。

图 1.49 至图 1.57 是这一时期的相关器物。

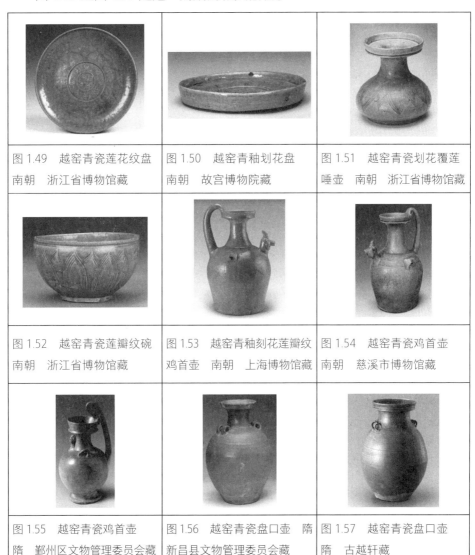

图 1.49　越窑青瓷莲花纹盘　南朝　浙江省博物馆藏

图 1.50　越窑青釉划花盘　南朝　故宫博物院藏

图 1.51　越窑青瓷划花覆莲唾壶　南朝　浙江省博物馆藏

图 1.52　越窑青瓷莲瓣纹碗　南朝　浙江省博物馆藏

图 1.53　越窑青釉刻花莲瓣纹鸡首壶　南朝　上海博物馆藏

图 1.54　越窑青瓷鸡首壶　南朝　慈溪市博物馆藏

图 1.55　越窑青瓷鸡首壶　隋　鄞州区文物管理委员会藏

图 1.56　越窑青瓷盘口壶　隋　新昌县文物管理委员会藏

图 1.57　越窑青瓷盘口壶　隋　古越轩藏

六、恢复期（初盛唐）

唐朝是中国历史上继隋朝之后的大一统中原王朝。唐代的陶瓷业较之六朝时期得到了更大的发展，"南青北白"可以概括唐代陶瓷的总体发展状况。[①]

初唐时期，全国的陶瓷产业处于恢复阶段。这个恢复期的时间可以定为初唐（618—712）、盛唐（712—762）间。《陶录》有言，"陶至唐而盛，始有窑名"[②]。各地制瓷中心开始有了烧造的窑名，此时白瓷发展势头猛烈，各地需求广泛，但总体上看，青瓷生产仍然居首位。越窑青瓷代表着当时制瓷技术的最高水平。

唐代，诸暨、绍兴、镇海、鄞县、奉化、临海、黄岩等地相继制瓷[③]，形成了庞大的南方越窑瓷业系统。其中，寺前窑、上林湖、白洋湖一带窑厂林立，产量巨大。一直到北宋，这里都是大规模的瓷器生产基地。

初唐越窑制品保持南朝和隋朝风格，比较粗糙，胎壁厚重，主要器物有碗、盘、盏、壶、罐、钵、灯、砚等。以侈口外翻、弧腹、假圈足碗和矮圈足碗为大宗。此时已经出现了玉璧底碗、盘口胆囊壶，均为素面。匣钵烧造已经开始，但是数量不多，大部分沿袭之前传统，仍采用明火叠烧。

壶 壶的器型以盘口壶为最多，盘口，有颈，系粘贴在肩部。东汉至唐，壶的演变趋势为由矮变高，盘口逐渐高起，腹部由鼓状发展到椭圆。唐早期的盘口壶，盘口下沿下垂，颈长而直，上腹较大，系的形式多为环状。

钵 钵为圆唇、敛口，上腹较鼓，下腹斜收，平底内凹的居多。另有一种方唇、敛口、平底钵。这种造型延续至晚唐五代。

碗 根据底足不同，碗可分为假圈足碗、圈足碗、平底碗和玉璧底碗。

罐 罐的器型以平底罐为最多，有的高颈、上腹较鼓、下腹斜收，有的直口、深腹、平底。

---

① 中国硅酸盐学会. 中国陶瓷史 [M]. 北京: 文物出版社, 2009: 181.

② 蓝浦, 郑廷桂. 景德镇陶录校注 [M]. 欧阳琛, 周秋生, 校点. 南昌: 江西人民出版社, 1996: 87.

③ 中国硅酸盐学会. 中国陶瓷史 [M]. 北京: 文物出版社, 2009: 191.

盘　盘的数量较多，有假圈足盘、圈足盘、平底盘三类。

盏　唐代时盏的数量减少，造型也减少，造型特征为侈口、弧腹、假圈足。

灯　唐早期的灯有两种造型，一种为浅腹、假圈足，另一种为浅腹、平底内凹。内底口沿部有半环形灯芯环，环高于口沿。这种造型为新式的造型。

砚　砚是文房用具之一。东吴时期的圆形三足砚，到隋唐早期发展为多足、圈足砚。唐早期的砚为圆台形，边缘有凹槽，圈足外撇。圈足上有镂孔装饰。

初唐至盛唐是越窑青瓷的恢复期。总体来讲，没有特别引人注目的造型。

图 1.58 至图 1.60 为上林湖隋唐早期窑址中出土的主要器物。

图 1.58　越窑青瓷盘口壶初唐　鄞州区文物管理委员会藏	图 1.59　越窑青瓷褐彩双耳壶　初唐　奉化区文化管理所藏	图 1.60　越窑青瓷双系直口弦纹渣斗　初唐　越国文化博物馆藏

七、发展期（中唐时期）

中唐时期是越窑青瓷由早期向后期转变的重要阶段。这一时期，越窑窑址数量增加，胎釉、装烧技术有了很大的进步，瓷器质量较高，标志着越窑瓷器产业逐渐繁荣。慈溪上林湖越窑取代上虞成为越窑青瓷中心产地，白洋湖、古银锭湖、里杜湖、上岙湖等开始烧制较高质量的越窑青瓷，整个制瓷业得到了长足的发展。

中唐时期，唐代经济富足，唐玄宗为了抑制奢靡之风，于开元二年（714）七月颁布《禁珠玉锦绣敕》，间接促进了制瓷业的发展。此时社会上饮茶之风盛行，越窑青瓷刚好作为当时上好的茶器，风靡全国，甚至出口国外，影响甚广。瓯是中唐流行的茶具。从文人墨客的诗中可以看到，当时茶"瓯"流行。顾况

《茶赋》写道："舒铁如金之鼎，越泥似玉之瓯。"孟郊《茶赋》写道："蒙茗玉花尽，越瓯荷叶空。"施肩吾《蜀茗词》写道："越碗初盛蜀茗新，薄烟轻处搅来匀。"郑谷的《送吏部曹郎免官南归诗》写道："箧重藏吴画，茶新换越瓯。"

此时，烧造量最大的瓷器为碗、盘、钵、罐之类。碗有宽矮圈足碗、翻口深腹圈足碗、敛口玉璧底碗等，也有假圈足碗。胎质较为细腻轻薄，釉色以青黄、青灰为主，黑釉器很少见到。装饰大多为素面，也有的在器表刻划装饰纹样。刻划纹样有荷花纹、荷叶纹、鱼纹等常见装饰。执壶大部分为青黄釉，釉质薄，有弦纹。有一类执壶的器形特别大，在肩部对称置钮。穿带壶是越窑仿照游牧民族的皮囊壶而烧造的，它可以说是最早出现的背水壶造型，比长沙窑的背水壶要早很多年。不迟于中唐元和时，匣钵开始出现。当时的匣钵体形比较小，仅限于烧制小型的碗、盘等，釉色偏绿。

此时质量上乘的越窑青瓷已经开始上贡朝廷，外销瓷器也开始发达，越窑对外贸易逐渐繁荣。宁波市海曙区和义路码头遗址出土了大量中唐时期的执壶、碗、盘等，日本也出土了中唐时期的越窑青瓷，这说明当时越窑青瓷的外销势头非常好。

图1.61至图1.69是这一时期的相关器物。

图1.61　越窑青瓷四系划花背壶　中唐　河南博物院藏	图1.62　越窑青瓷龟纹多角瓶　中唐　嵊州市文物管理委员会藏	图1.63　越窑青瓷蟠龙罂　中唐　浙江省博物馆藏

图 1.64　越窑青瓷荷叶盘口渣斗　中唐　越国文化博物馆藏	图 1.65　越窑青瓷玉璧底海棠碗　中唐　越国文化博物馆藏	图 1.66　越窑青瓷玉璧底斗笠碗　中唐　越国文化博物馆藏

图 1.67　越窑青瓷执壶　中唐　故宫博物院藏	图 1.68　越窑青瓷胆状执壶　中唐　宁波博物馆藏	图 1.69　越窑青瓷执壶　中唐　宁波博物馆藏

八、繁荣期（晚唐时期）

晚唐时期，越窑瓷业进入鼎盛时期，产品种类繁多。在上林湖，越窑窑厂林立，规模宏大，产品质量高，品种多，主要有碗、盘、壶、盏、托具、杯、罐、灯盏、唾盂、盒、砚台以及瓷塑、墓志、买地券等。此时的装烧普遍使用了匣钵，瓷质匣钵成为主流。瓷质匣钵、盖与瓷胎材料相同，极细腻坚致，匣钵之间用釉封口。器物底足有松子状的泥点支烧痕。这一时期，上林湖越窑"置官监窑"[①]，由贡瓷变成"贡窑"。贡窑烧制上等秘色瓷供皇室使用。贡窑也兼烧民用瓷，这些瓷器中的精品与皇室专用的秘色瓷并无太大差异。从外销瓷的角度来看，此时的上林湖已经成为浙东最大的贸易瓷生产基地。上虞窑主要出产蟠龙罂、执壶、碗、罐、粉盒、多角瓶、灯盏等。

---

① 林士民. 青瓷与越窑 [M]. 上海：上海古籍出版社. 1999: 219.

唐晚期的越窑青瓷造型以仿金银器的花口碗、盘、壶较为多见。高圈足外撇碗的高圈足多粘接而成。碗的审美性大幅度提升，有曲口碗、侈口碗、撇足碗等。玉璧底碗有敞口、敛口之分。荷花（葵口）碗的口沿做成4—5缺，腹部有突筋，内刻花朵，特点是圈足微微外撇。盘有敞口盘、葵口盘、曲口盘、委角盘等，与碗的口沿形状非常接近。壶的造型丰富，有盘口壶、直口壶、长颈壶、短颈壶、喇叭口壶等。其他器物也造型多样，这与当时的多元文化交融有很大关系。新出现的器型主要有方盘、油盒、香炉、净水瓶等。

此时的越窑青瓷器表装饰仍然以素面为主，划花占一定比例，刻划兼施少见，偶见彩绘。主要花纹有荷花、荷叶、小鸟、云鹤、鱼纹等，对称形式的纹样较多。模印的花纹有云鹤纹、鱼喷水纹等。总体上来说，造型趋向轻盈小巧，釉色青绿，釉层深厚如冰玉。胎釉呈现灰白色，胎质细腻致密。晚唐时期是越窑青瓷釉质最好的时期，这与匣钵烧造的普遍采用有很大的关系。

图 1.70 至图 1.84 是这一时期的相关器物。

图 1.70　越窑青瓷花口碗 晚唐　法门寺博物馆藏	图 1.71　越窑青瓷海棠式碗 晚唐　上海博物馆藏	图 1.72　越窑青瓷葵口碗 晚唐　杭州市临安区文化馆藏
图 1.73　越窑青瓷玉璧底碗 晚唐　古越斋藏	图 1.74　越窑青瓷花口碟 晚唐　古越斋藏	图 1.75　越窑青瓷多角器 晚唐　古越斋藏

图1.76 越窑青釉四系壶 晚唐 上海博物馆藏	图1.77 越窑青釉"大中元年"铭划花执壶 晚唐 上海博物馆藏	图1.78 越窑青釉执壶 晚唐 上海博物馆藏

图1.79 越窑青瓷玉璧底碗 晚唐 宁波博物馆藏	图1.80 越窑青瓷莲花托盏 晚唐 宁波博物馆藏	图1.81 越窑青瓷带盖执壶 晚唐 宁波市奉化区文物保护管理所藏

图1.82 越窑青瓷玉璧底碗 晚唐 宁波博物馆藏	图1.83 越窑青瓷荷花盏 晚唐 宁波博物馆藏	图1.84 越窑青釉执壶 晚唐 上海博物馆藏

九、鼎盛期（五代、北宋早期）

后梁开平二年（908），钱镠正式建立割据政权。北宋太平兴国三年（978）五月，钱弘俶上表纳土归宋，结束吴越割据政权。吴越时期共有三世五王［一世钱镠（武肃王），二世钱元瓘（文穆王），三世钱弘佐（忠献王）、钱弘倧（忠逊王）、钱弘俶（忠懿王）］。今未见钱弘倧时期的纪年墓和相关瓷器。

吴越时期，越窑在上贡和外销需求的推动下蓬勃发展。《册府元龟》记载，后唐同光二年（924）九月，钱镠进贡朝廷大量越窑。[1] 钱镠"然自唐朝，于梁室，庄宗中兴以来，每来扬帆越海，贡奉无阙，故中朝亦此善之"[2]。吴越时期海上贸易频繁，越窑青瓷就是其中重要的贸易产品之一。越窑窑厂林立，作坊遍布，规模空前。吴越国加强了对越窑的直接管理和控制。

一世钱镠（武肃王）时期，越窑青瓷的主要造型有碗、盆、罐、粉盒、油盒、香炉、罂、油灯、盘、盏等。此时的越窑青瓷，造型沿袭晚唐形制风格，部分造型受金银器之影响。造型普遍高大，超过前期同类器物，气势恢宏，不同凡响。青釉上绘制褐彩如意云纹、开光莲花纹等图案，是这一时期越窑秘色瓷烧制的最新成就。典型的代表器物有吴越国国王钱镠母亲水丘氏墓出土的褐彩如意云纹熏炉、褐彩如意云纹盖罂、褐彩如意云莲纹油灯（图 1.85 至图 1.87），形制规整，胎质细腻，装饰华丽，纹样精美。更为重要的是，采用了釉下彩绘技法，釉下褐彩如意云纹布局严谨，技法娴熟，体现了唐代越窑匠师炉火纯青的技艺，堪称唐代越窑青瓷巅峰之作。

这一阶段的越窑青瓷装饰多用弦纹、褐彩云纹，灵活应用镂孔等多种技法，有些共用在一件器物中。釉下褐彩是装饰的亮点。有的是纯正的青翠釉色，有的是青釉中微泛黄色。釉下褐彩瓷釉色普遍是青中泛黄。葵口碗、盒等小件器物呈色纯正，显青绿色。

图 1.85　越窑青瓷褐彩如意云纹熏炉　吴越时期　吴越文化博物馆藏	图 1.86　越窑青瓷褐彩如意云纹盖罂　吴越时期　吴越文化博物馆藏	图 1.87　越窑青瓷褐彩如意云莲纹油灯　吴越时期　吴越文化博物馆藏

① 牟宝蕾.越窑通鉴 [M]. 杭州:浙江人民出版社, 2017: 90.

② 中华书局编辑部.二十四史（简体字本）[M]. 北京:中华书局, 2000: 1232.

二世钱元瓘（文穆王）时期，为求地域稳定发展，基本沿袭前代管理模式。此时秘色瓷已经成为钱氏宫廷日常生活的最主要瓷器，器物有碗、圈足盘、瓜棱盖罐、注子、盏托、托盘、葵口杯、四系罐、盒、水盂、唾壶、盆、委角方形套盘等。器物造型已经由粗犷高大转变为轻盈细巧，优美典雅，釉色莹润，出现了许多新的形制。例如圈足盘、葵口杯、柿形钮水盂、委角方形套盘等。从装饰来说，流行素面，装饰较少，简洁干净、纹饰单一。盒、盏托上装饰弦纹。委角方形套盘中装饰凸线与镂孔。金银扣成为重要的奢靡装饰物，但是这种装饰并不俗气，镶边的金银更加突出了越窑秘色瓷的美感，可谓锦上添花。秘色瓷胎体轻薄，呈色稳定，多数器物显现出青中泛灰的青绿色，给人以清新明亮、晶莹滋润、典雅秀丽的美感。从底部支烧点观察，相当部分采用了裹足支烧的方法。原来是厚底宽矮圈足，改为美观而可以承重的外撇形窄圈足。这些改进和提高，使越窑在制瓷业中始终处于领先地位。整体来说，这个时期的秘色瓷改变了晚唐至前朝流行的刻划花与釉下褐彩的装饰趋势，重新将审美价值定位于瓷器本身的造型和釉色之美。

　　三世钱弘佐朝时期，境内丰阜，"航海所入，岁贡百万，王人一至，所遗至广，故朝廷宠之，为群藩之冠"[①]，越窑得到空前的发展。代表器物有方形委角套盘、碗、双耳四系盖罐、"官"字款罐、划花开光花草纹注子等。双耳四系盖罐为流行器物。器盖造型丰富，除宝珠形钮盖且盖面划花之外，还出现了以动物首面为造型的拟形器盖。造型富于变化，装饰新颖独特，远超前代。划花继承晚唐技法，但在风格上有了创新，体现为线条纤细流畅，构图匀称规整，已趋向图案化装饰。浮雕贴金，显得雍容华贵，身价倍增。器盖上装饰拟动物形雕饰，使得器物整体形象传神，具有生命力。这引领了之后越窑秘色瓷的繁缛装饰的时尚之风。

　　钱弘俶时期，秘色瓷器型种类丰富，有瓜棱注子、葵口碗、敞口碗、莲瓣纹碗、莲瓣纹盏托等。注子作喇叭口，长颈、瓜棱腹、颈肩部装饰凸弦纹一周。器物装饰技法集成了前朝的刻划技法，纹饰作流云纹等。在钱弘俶时期，出现了大量具有浅浮雕效果的刻花莲瓣纹装饰。典型的如出土于辽赵德钧墓的越窑

①　中华书局编辑部.二十四史（简体字本）[M].北京：中华书局，2000：1233.

青瓷刻花莲瓣纹带托茶盏。莲花纹的大量出现，与吴越国王钱弘俶"天性敬佛"有着密切的关系。

北宋立国后，吴越国王钱弘俶"始倾其国以事贡献"[1]。北宋建隆元年（960）至太平兴国三年（978），吴越进贡北宋朝廷越窑青瓷14万多件。[2] 这需要越窑青瓷巨大的烧造规模。除上贡朝廷、下供市场外，吴越国的越窑青瓷还大量出口。印度尼西亚井里汶沉船出土的30万余件瓷器可推测为钱弘俶后期968年前后的器物。[3] 以此可以推论，当时越窑青瓷的产量实在惊人。

北宋太平兴国三年（978）五月，钱俶纳土归宋，这标志着吴越钱氏在两浙统治的结束。北宋朝廷开始全方位接管越窑窑务。在宋廷的管理下，越窑青瓷迎来了唐五代以来的第二个高峰。宋代周密的《志雅堂杂钞·诸玩》提到了"越州瓷窑务"，即越窑。其产品呈现出了不同于吴越王朝的新风格、新气象和新面貌。大量出土于上林湖越窑遗址和海外博物馆收藏的"太平戊寅"款越窑青瓷和残片能够说明这一点。龙、凤、鹦鹉、双蝶、龟荷纹、四荷纹、鸳鸯荷花、摩羯、莲瓣、云鹤、鸿雁、缠枝花、折枝花为这一时期典型的装饰纹样。卷云、卷草、折枝花卉为辅助纹饰，线条纤细流畅、构图规整对称、图样严谨繁密，体现出鲜明的宋代工艺美术特征。北宋有"制样须索"制度，即宫廷制作画样图稿，由"越州瓷窑务"监官指定烧制技术水平高的民窑按此样式和规定数量烧造瓷器。[4] 上林湖后施岙、菱白湾、马溪滩等窑址中发现的越窑官样青瓷可以为证。

1981年，北京石景山辽统和十三年（995）韩佚墓出土的越窑青釉划花宴乐人物纹注壶，是这一时期越窑青瓷的代表性器物。壶分为盖和身两部分。盖为分层塔式，有瓜棱状分割。壶为直口，口呈花曲形，腹部为瓜棱状，圈足较矮，微微外撇。有长流口，高曲柄。盖面刻划有云纹装饰，柄和流有卷草纹装饰，腹部刻划有四人宴饮图，描绘的应是当时流行的酒宴场景。壶的胎色呈灰

① 中华书局编辑部. 二十四史（简体字本）[M]. 北京：中华书局，2000：554.
② 牟宝蕾. 也谈"秘色瓷"[J]. 南方文物，2024（3）：289-295.
③ 沈岳明. 越窑的发展及井里汶沉船的越窑瓷器 [J]. 故宫博物院院刊，2007（6）：102-106.
④ 李军. 千峰翠色：中国越窑青瓷 [M]. 宁波：宁波出版社，2011：27.

白，釉色青中泛绿，花纹清晰，制作工艺可谓精湛。

图 1.88 至图 1.111 是这一时期的相关器物。

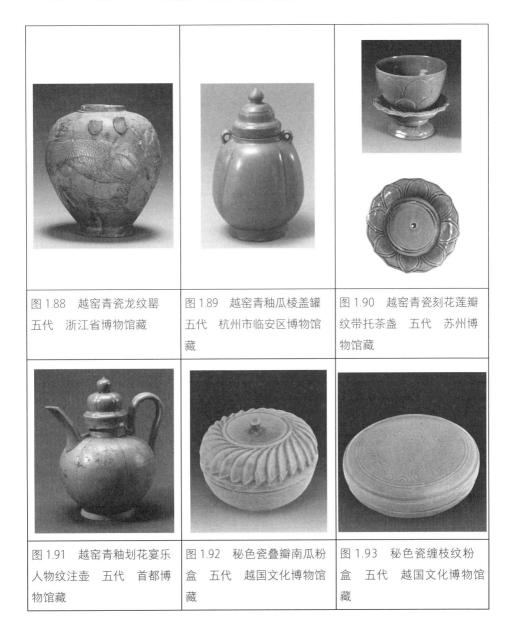

图 1.88　越窑青瓷龙纹罂　五代　浙江省博物馆藏

图 1.89　越窑青釉瓜棱盖罐　五代　杭州市临安区博物馆藏

图 1.90　越窑青瓷刻花莲瓣纹带托茶盏　五代　苏州博物馆藏

图 1.91　越窑青釉划花宴乐人物纹注壶　五代　首都博物馆藏

图 1.92　秘色瓷叠瓣南瓜粉盒　五代　越国文化博物馆藏

图 1.93　秘色瓷缠枝纹粉盒　五代　越国文化博物馆藏

图 1.94　越窑青瓷缠枝纹粉盒　五代　越国文化博物馆藏	图 1.95　越窑青瓷杯　五代　浙江省博物馆藏	图 1.96　越窑青瓷盖罐　五代　浙江省博物馆藏

图 1.97　越窑青瓷花口碟　五代　浙江省博物馆藏	图 1.98　越窑青瓷盂　五代　浙江省博物馆藏	图 1.99　越窑青釉双系执壶　五代　故宫博物院藏

图 1.100　越窑青釉刻划花龙涛纹碗　五代至北宋　上海博物馆藏	图 1.101　越窑青釉刻花小口罐　五代　故宫博物院藏	图 1.102　越窑青釉莲花式渣斗　五代　故宫博物院藏

图 1.103　秘色瓷菊花图粉盒盖　北宋　越国文化博物馆藏

图 1.104　秘色瓷葵花瓣粉盒盖　北宋　越国文化博物馆藏

图 1.105　越窑青釉灯及鸳鸯形盖　北宋　上海博物馆藏

图 1.106　越窑青釉刻划花卉纹粮罂瓶　北宋　故宫博物院藏

图 1.107　越窑青瓷刻划花鸟纹盒　北宋　余姚市博物馆藏

图 1.108　越窑青釉瓜棱执壶　北宋　故宫博物院藏

图 1.110　秘色瓷牡丹图粉盒　北宋　越国文化博物馆藏

图 1.110　越窑青瓷刻花枕　北宋　上海博物馆藏

图 1.111　越窑青瓷瓜形盖盒　北宋　上海博物馆藏

十、衰落期（北宋晚期）

北宋晚期，生产越窑的瓷窑数量开始下降，东钱湖窑场和曹娥江中游地区的窑场持续停烧。上林湖、古银锭湖、白洋里、里杜湖仍在烧造，但是窑场也在不断减少，瓷器生产规模缩小。[①]

从装烧工艺来说，匣钵烧造的数量大幅度减少，到北宋晚期几乎很难见到匣钵烧造，大部分越窑瓷器开始恢复到明火烧造，将所需要烧造的瓷器直接堆叠，瓷器中间用泥条间隔，产品质量明显下降。从余姚知县谢景初《观上林坦器》、徐松《宋会要辑稿·食货》"诸郡进贡"条、王存《元丰九域志》等记载来看，越窑已经逐渐失去了宫廷用瓷的特殊优势，开始走向衰落。

从装饰技法来说，刻花大量出现，但风格粗放，质量粗糙，很难觅得精细产品。刻划花纹、图案成为当时的流行样式。从刻划的母题来看，有动物、植物、自然现象等，例如成对的蝴蝶、鹦鹉（小鸟）等十分流行。摩羯纹也时常出现。还有缠枝纹、折枝纹等花卉装饰，母题主要有莲花纹、牡丹纹、莲叶纹等，其中刻划的莲瓣纹最为常见，当然，此类纹饰在越窑青瓷中一直是非常重要的类型。

十一、停烧期（北宋元祐政和朝）

北宋晚期，北方名窑兴起，积极参与朝贡，朝廷在北方另立官窑。越窑窑址大量减少，产品质量急剧下降。上林湖地区的窑址锐减到 14 处，留存至今的龙窑遗址仅有 27 处。[②] 其他地区的青瓷生产规模也大规模缩小，不断停烧。

停烧前期的越窑青瓷产品以日常生活用瓷为主，种类单一，以注子、碗为大宗，最大产量为高圈足碗。盘、盏、碟、盒、钵、壶、灯盏、韩瓶等，修坯不精，胎色灰暗，缺乏釉色光泽。装饰的刻划纹样潦草，器表粗糙。总体来说，器物的腿足部分相对矮小。印花纹样开始大量出现，这应该是批量快速制作的一种方法，也是降低劳动力成本的一种做法。

---

① 魏建钢.千年越窑兴衰研究 [M].北京：中国科学技术出版社，2008：77.
② 魏建钢.千年越窑兴衰研究 [M].北京：中国科学技术出版社，2008：77.

关于越窑停烧的时间，当下有不同的说法，代表性的有以下两种：一为停烧在北宋元祐政和朝[①]；二为停烧在南宋绍兴十四年（1144）前后[②]。越窑青瓷自北宋晚期后开始迅速衰落，无论是质量还是数量都不再有往日的荣光，这已是不争的事实。

附：越窑青瓷 3D 虚拟动态展示

秘色瓷牡丹图粉盒 北宋	越窑青黄釉壶 西晋	越窑青釉壶 西晋	越窑青釉直颈瓶 五代
越窑青瓷带盖执壶 晚唐	越窑青瓷胆状执壶 中唐	越窑青瓷荷花盏 晚唐	越窑青瓷玉璧底碗 晚唐
越窑青瓷玉璧底碗 晚唐	越窑青瓷执壶 中唐		

① 林士民 . 青瓷与越窑 [M]. 上海：上海古籍出版社，1999：3.

② 魏建钢 . 千年越窑兴衰研究 [M]. 北京：中国科学技术出版社，2008：78.

第二章

越窑青瓷在朝鲜半岛的传播与影响

自古以来，中国与朝鲜半岛就交往频繁、联系密切，双方的关系堪称"东方世界史上的典范"①。

《三国遗事·古朝鲜》记录了古朝鲜的檀君神话。《史记》中也有"箕子封朝鲜"的记录，认为箕子是殷商纣王的叔父。②箕子带领商朝遗民五千人，东渡来到朝鲜北部并建立国家，武王封箕子为朝鲜侯，承认其国，史称"箕子朝鲜"。《宣和奉使高丽图经》记载："高丽之先，盖周武王封箕子胥余于朝鲜，实子姓也。"③《汉书·地理志》中也有关于箕子的记载："殷道衰，箕子去之朝鲜，教其民以礼义，田蚕织作。……可贵哉，仁贤之化也！"④《后汉书·东夷列传》记载："昔武王封箕子于朝鲜，箕子教以礼义田蚕，又制八条之教。"⑤高句丽时期，所祭祀的神祇以箕子为主。到了高丽时代，人们尊箕子为理想的君主。在高丽末期，高丽以"箕子故国"自称。朝鲜王朝时期，曾出版《箕子志》《箕子外纪》等书籍。⑥《箕子志》《箕子外纪》《箕田考》等古籍都详细记载了箕子到朝鲜开国的历史。由此可以推测，中国与朝鲜半岛的交往在前10世纪就已经存在了。

① 拜根兴.唐朝与新罗关系史论 [M]. 北京：中国社会科学出版社，2009：7.

② 魏常海.中国文化在朝鲜半岛 [M]. 北京：新华出版社，1993：5.

③ 孙希国.《宣和奉使高丽图经》整理与研究 [M]. 哈尔滨：黑龙江人民出版社，2019：78.

④ 中华书局编辑部.二十四史（简体字本）[M]. 北京：中华书局，2000：1322.

⑤ 范晔.后汉书 [M]. 北京：中华书局，1999：1904.

⑥ 魏常海.中国文化在朝鲜半岛 [M]. 北京：新华出版社，1993：6.

考古学也证明，中国与朝鲜半岛拥有共同的"巨石文化"。[①]

一、中国与朝鲜半岛的古代交往

早在先秦时期，中国先进的农业文明与青铜文化就传入朝鲜。在战国后期，部分中国人由于战乱来到朝鲜半岛避世，使中国的铁器文化在朝鲜半岛开始生根发芽。朝鲜半岛发掘出土了来自中国的青铜器和自制的青铜器。铁器文化传入后，朝鲜半岛开始出现了铁制的武器和农具，战斗水平、经济水平大幅度提高。后来，朝鲜半岛的铁器、青铜器等又传入日本列岛，促进了日本弥生文化的发展。

《舆地胜览》载："汉惠帝元年丁未，燕人卫满来侵，率左右宫人浮海南出，立国金马郡今谷山，改国号马韩。"[②]卫满是战国末期燕国人，后成为汉高祖刘邦所封的燕王卢绾的部将。卢绾逃亡匈奴，卫满投靠箕子朝鲜。前194年，卫满在朝鲜半岛自立为王，"依靠中国先进的铁器文化，统治了古朝鲜"[③]，历史上称之为"卫满朝鲜"时期。《史记·朝鲜列传》载："朝鲜王满者，故燕人也。自始全燕时，尝略属真番、朝鲜，为置吏，筑鄣塞。秦灭燕，属辽东外徼。"卫氏朝鲜和南越一样是西汉王朝的"外臣"。[④]

前109年，汉武帝派兵攻打卫满朝鲜。前110年，卫满朝鲜覆灭。汉武帝在朝鲜半岛北部和中部设立了汉四郡，分别是乐浪郡、玄菟郡、真番郡、临屯郡，这对朝鲜半岛北部的政治、经济、文化的影响是深刻的。《汉书·武帝纪》载，元封三年（前108）"夏，朝鲜斩其王右渠降，以其地为乐浪、临屯、玄菟、真番郡"[⑤]。乐浪、临屯在前82年废止，玄菟在前75年迁至北方，而乐浪郡一直到313年才被高句丽占领，其间400余年，汉代朝廷对乐浪具有真正的统

① 魏常海. 中国文化在朝鲜半岛 [M]. 北京：新华出版社，1993：6-7.

② 孙卫国. 传说、历史与认同：檀君朝鲜与箕子朝鲜历史之塑造与演变 [J]. 复旦学报（社会科学版），2008（5）：19-32.

③ 魏常海. 中国文化在朝鲜半岛 [M]. 北京：新华出版社，1993：7.

④ 李大龙. 汉武帝"大一统"思想的形成及实践 [J]. 北方民族大学学报（哲学社会科学版），2013（1）：38-49.

⑤ 耿铁华. 中国高句丽史 [M]. 长春：吉林人民出版社，2002：35.

治权。因此，这 400 年间，中国的汉文化在乐浪地区随处可见，诸多的汉风俗礼仪也影响了乐浪的各种文化，例如乐浪的丧葬文化与汉时的并无区别。①

（一）汉唐时期

新罗、百济、高句丽是朝鲜半岛最早形成的国家。②

前 108 年（汉武帝元封三年），汉武帝在玄菟郡内高句丽族人聚居之地设立高句丽县，隶属汉朝幽州辽东郡。高句丽民族在形成过程中，始终与汉文化保持着密切的关系。前 37 年，高句丽建国。此后历史，均以高句丽民族为主体，是汉族、鲜卑、靺鞨、百济、新罗等多民族相互融合的历史。③

《三国志·高句丽传》记载："高句丽在辽东之东千里，南与朝鲜、涉貊，东与沃沮，北与夫余接。"④《后汉书·东夷列传》记载："高句骊……地方二千里，多大山深谷，人随而为居。"⑤

古代朝鲜半岛中部、南部有三个小部族，它们是马韩、辰韩、弁韩，合称"三韩"。《三国志》最早对三韩作了记载："韩在带方之南，东西以海为限，南与倭接，方可四千里。有三种，一曰马韩，二曰辰韩，三曰弁韩。辰韩者，古之辰国也。"⑥《后汉书》《晋书》也有记载。这一时期是部落联盟阶段。根据《翰苑》《三国志》等的记载，由于中国文化的传播，三韩的农业、养蚕业等已经有相当高的水平。⑦

中国史书中并没有关于新罗、百济、高句丽建国的准确时间记载。根据朝鲜史书《三国史记》记载，前 59 年，新罗建立；前 37 年，高句丽建国。⑧前 18 年，百济建立。⑨建立之初，势力较弱，新罗属于辰韩，百济属于马韩。弁韩则逐渐融合成为伽倻国，后又被新罗国兼并。到了西晋时期，新罗、百济的

---

① 杨军，王秋彬．中国与朝鲜半岛关系史论 [M]．北京：社会科学文献出版社，2006：18.

② 杨军，王秋彬．中国与朝鲜半岛关系史论 [M]．北京：社会科学文献出版社，2006：18.

③ 耿铁华．中国高句丽史 [M]．长春：吉林人民出版社，2002：43.

④ 陈寿．三国志 [M]．杭州：浙江古籍出版社，2000：525.

⑤ 范晔．后汉书 [M]．北京：中华书局，1999：1901.

⑥ 周国林，等注．三国志（注释本）[M]．长沙：岳麓书社，2010：667.

⑦ 全春元．早期东北亚文化圈中的朝鲜 [M]．延边：延边大学出版社，1995：14.

⑧ 杨军，王秋彬．中国与朝鲜半岛关系史论 [M]．北京：社会科学文献出版社，2006：18.

⑨ 赵智滨．百济历史编年 [M]．北京：科学出版社，2016：9.

势力逐渐增强。东晋时期，朝鲜半岛的百济势力逐渐强大，取代原来马韩、辰韩之地。660年，百济被中国唐朝所灭，王室成员向中国唐朝称臣，唐朝将百济从前的领土设置为熊津都督府，后又被新罗占领。其存在时期后来被称作"前三国时代"。

1. 新罗

新罗开国较晚。新罗又称徐罗伐、鸡林、新（斯）卢等，位于朝鲜半岛西南部，最早为上古辰韩十二国中的斯卢国。[①] 新罗与中国的交通，必须通过高句丽和百济，因此，与中国王权交往最晚，相比其他两国来说文化开蒙较晚。《梁书》记载："其国小，不能自通聘使。……无文字，刻木为信，语言待百济而后通焉。"但需要强调的是，新罗的前身是辰韩（朝鲜半岛南部三韩之一），辰韩还有一个名称叫"秦韩"，因辰韩人中有较多秦朝遗民（秦朝时期流亡到朝鲜半岛的中国人）。

唐代，中国与朝鲜半岛交往更加频繁。朝鲜半岛的新罗、高句丽、百济三国与唐朝来往密切。根据《朝鲜通史》记载，唐代进行使节往来与贸易交往，有的从西岸穴口镇（汉江口）、唐城浦（南阳湾）等地出发[②]，到达中国山东半岛。再通过水路或陆路北上，直接抵达首都长安。两地交通已经相当方便。唐贞元时的宰相、著名的地理学家贾耽在《皇华四达记》中就有了"登州海行入高丽渤海道"等记载。《唐会要》《新唐书·地理志》等史籍中有更具体的描述。由于唐朝与朝鲜半岛贸易频繁，其中新罗人往返两地最多，在当时的中国沿海地区形成了以新罗商人为主的侨民聚居区——新罗坊。

唐高祖武德四年（621），新罗王真平者入朝。唐太宗贞观初年，新罗就派出大批留学生、留学僧等来唐留学学习汉文化。唐时，新罗是派遣留学生最多的国家，有些留学生甚至还在唐朝做官。唐开成五年（840），新罗一次性派遣150人入唐。[③] 唐末来华的杰出新罗文人崔致远，咸通十五年（874）在

① 党银平.唐与新罗文化关系研究 [M].北京：中华书局，2007：5.

② 林士民.北洋航路拓展与朝鲜半岛制瓷文化的交流 [M]// 中国中外关系史学会.中外关系史论丛（第 4 辑）.天津：天津古籍出版社，1992：184-196.

③ 林士民.再现昔日的文明：东方大港宁波考古研究 [M].上海：上海三联书店，2005：458.

唐朝科举及第，后被尊奉为韩国汉文学的开山鼻祖。① 唐元和年间，新罗王子金士信乘舟入唐②，中途被狂风刮到楚州。留存至今的许多碑文，都记载了唐与朝鲜半岛的交流。例如，真澈大师宝月乘空塔碑文记载："天祐八年，乘差巨滠，达于罗州之会津。"③ 崔致远写的著名的四山碑中，三个题名中均有"唐新罗国"。

汉字传入朝鲜半岛的时间最早可以推到前1000多年，即周武王建立西周、箕子东走朝鲜之时。百济、新罗时期，朝鲜人民已经广泛使用汉字。百济在3世纪开始使用汉字、撰写汉文。《日本书记》记载了百济应日本邀请三次派人去日本讲授汉文。④3世纪中叶，汉字已传入新罗，并且新罗文人能熟练运用汉字。503年，即新罗智证王四年，汉文已经被确立为新罗的官方通用文字。⑤6世纪初，新罗用汉字来记录国号、王号等。6世纪中叶，新罗用汉字写成新罗国史。747年，新罗扩充国学，"置国学诸业博士、助教"⑥，培养了一大批深谙中国文化的人才。7世纪后期，强首、薛聪等人创造了朝鲜"吏读"文字。⑦"吏读"文字可以用汉字的音表示当地语言中的助词、助动词等，更便于释读汉文书籍。"吏读"文字是新罗人民的伟大创造，推动了汉字文化的传播。

遗存至今的碑文是文化交往的重要证据。新罗的碑志中广泛使用唐朝年号，在新罗和唐朝关系紧张阶段也毫不例外；在皇帝、诏敕、宫阙等词前空2格字，以表示对唐朝的尊崇，这是新罗与唐朝藩属关系的突出表现。⑧ 唐文化在当时的东亚世界占据无可匹敌的优势地位，始终处于东亚文化圈的核心地位。⑨

① 刘后滨.从宿卫学生到宾贡进士：入唐新罗留学生的习业状况 [J].社会科学战线，2013（1）：123-128.
② 林士民.再现昔日的文明：东方大港宁波考古研究 [M].上海：上海三联书店，2005：458.
③ 拜根兴.论罗唐战争的性质及其双方的交往 [J].中国边疆史地研究，2005（1）：43-50，146-147.
④ 杨昭全，何彤梅.中国—朝鲜·韩国关系史 [M].天津：天津人民出版社，2001：102.
⑤ 杨昭全，何彤梅.中国—朝鲜·韩国关系史 [M].天津：天津人民出版社，2001：103.
⑥ 魏常海.中国文化在朝鲜半岛 [M].北京：新华出版社，1993：13.
⑦ 魏常海.中国文化在朝鲜半岛 [M].北京：新华出版社，1993：13.
⑧ 拜根兴.唐朝与新罗关系史论 [M].北京：中国社会科学出版社，2009：8.
⑨ 拜根兴.朝鲜半岛现存金石碑志与古代中韩交往：以唐与新罗关系为中心 [J].陕西师范大学学报(哲学社会科学版)，2007（4）：47-53.

唐与新罗的文化交流堪称频繁而广泛，对新罗社会发展有极大的促进作用。以工艺美术为例，陶器等各种手工艺都受到了唐朝的影响。[①]新罗旧都的庆州古墓中的瓦，有的装饰莲花、忍冬、葡萄等纹样，均为唐朝艺术品的纹样装饰母题。纹样造型与唐朝的也大体相似。

新罗统一朝鲜半岛之后，唐朝、日本列岛（奈良、平安文化兴盛时期）等处于相对安定和平的环境中，出现了长达 200 余年的相互交往时期，这奠定了东亚文化圈的基础。这个文化圈的核心基础是以五经、《论语》等为代表的儒家文化和佛教文化。在这个文化圈内，中国文化始终处于领先且核心的地位，先在朝鲜半岛传播，后传播至日本列岛。

2. 高句丽

前 37 年，邹牟在高句丽县建国，名曰高句丽。668 年，高句丽亡。高句丽在汉唐之际共 705 年，传 28 代王。[②]高句丽最早的首都在纥升骨城（今辽宁省桓仁县），后在公元 3 年迁都到国内城（今吉林省集安市），427 年迁都到平壤。

自始祖东明圣王开始，高句丽国王的称谓基本采用了汉字语义明确的雅称王号。[③]根据《三国史记》记载，高句丽很早就使用汉字，第二代王琉璃王还会用中文写四言汉诗。[④]根据《旧唐书》记载，高句丽后期，民间兴办"扃堂"等，教授平民子弟读中国儒家典籍[⑤]，这是汉文化普及和深入的表现。

佛教也通过中国传入高句丽。前秦苻坚于建元八年（372）夏六月派遣使者、僧侣顺道并赠送佛像及经论到高句丽；越二年（374），秦僧阿道来到高句丽传授佛法。[⑥]翌年春，高句丽开始新建寺院，例如肖门寺、伊弗兰寺等，这是高句丽寺院建筑的开端。

---

① 杨昭全，何彤梅．中国—朝鲜·韩国关系史 [M]．天津：天津人民出版社，2001：214−215.

② 耿铁华，李乐营．高句丽研究史 [M]．长春：吉林大学出版社，2011：3.

③ 宋有成．中国与朝鲜韩国文化交流史 [M]．北京：国际文化出版公司，2020：51.

④ 魏常海．中国文化在朝鲜半岛 [M]．北京：新华出版社，1993：11.

⑤ 魏常海．中国文化在朝鲜半岛 [M]．北京：新华出版社，1993：11.

⑥ 朴文一，金龟春．中国古代文化对朝鲜和日本的影响 [M]．牡丹江：黑龙江朝鲜民族出版社，1999：280.

中国艺术对高句丽的影响极大。例如，在 6 世纪后期至 7 世纪末，高句丽古坟中的壁画艺术描绘有青龙、白虎、朱雀、玄武四神图[①]，这些图案在中国汉代坟墓中早就出现。

3. 百济

百济初期建都于汉江流域，最初的都城在慰礼城（今首尔附近）。3 世纪后期，百济就建立了儒家教育制度，儒家文化在百济得到了普及。后，百济迁都到汉山城（今京畿道）。475 年，又迁都熊津（今公州）。538 年，百济的第 26 代君主圣王带领文武大臣迁都泗沘，即现在的韩国扶余郡。在一次又一次迁都中，汉字和汉文化更加深入地传播到百济。

《南史·梁武帝纪》记载："百济求《涅槃》等经疏及医工、画师、《毛诗》博士，并许之。"史书记载，5 世纪百济的博士王仁，6 世纪段杨尔等赴日，传播儒家文化，对日本的文化产生了重要的影响。[②]

中国的摩崖造像从河西走廊向东传播到云冈、龙门等地，再传入山东半岛，又从山东半岛传播入朝鲜半岛。百济、新罗的摩崖造像均受到中国的影响。[③]《隋书·东夷传》记载："百济之先，出自高丽国。……汉辽东太守公孙度以女妻之，渐以昌盛，为东盛强国。"[④] 与中国的文化交往，是百济迅速富强的重要原因。[⑤]

（二）宋元时期

918 年，松岳（开成）豪族王建（高丽太祖）取代后高句丽王弓裔，建立高丽王朝，第二年定都开京（开成）。后统一朝鲜半岛新罗、百济（935 年，新罗和高丽合并）。高丽王朝一直延续到 1392 年被朝鲜王朝取代。

960 年，北宋建立。962 年，高丽派遣广评侍郎李兴祐来到北宋朝廷进行朝贡活动。963 年春，宋太祖册封高丽光宗并加食邑。高丽向北宋称臣纳贡，行宋年号。965 年、972 年，高丽派遣使者到北宋朝贡；988 年、990 年，宋

---

① 魏常海. 中国文化在朝鲜半岛 [M]. 北京：新华出版社，1993：12.

② 魏常海. 中国文化在朝鲜半岛 [M]. 北京：新华出版社，1993：12.

③ 杨昭全. 中国—朝鲜·韩国文化交流史（Ⅲ）[M]. 北京：昆仑出版社，2004：1213.

④ 中华书局编辑部. 二十四史（简体字本）[M]. 北京：中华书局，2000：1220.

⑤ 宋有成. 中国与朝鲜韩国文化交流史 [M]. 北京：国际文化出版公司，2020：53.

太宗二次加封高丽成宗。[①]北宋时期，北宋使节去往高丽27次，高丽派遣使者到北宋共有51次，双方往来频繁。[②]

1127年，南宋定都临安（今杭州）。宋康王赵构即位为宋高宗，史称南宋。南宋官方4次派遣使者去往高丽，高丽8次遣使来南宋。相比北宋，南宋与高丽的政治交往很少，双方关系疏远，但也有不少民间往来。

宋代的经济不断发展，在造船工艺和航海技术上也有较大的进步，这为宋代的海外交流和海外贸易打下了良好的基础。北宋官方贸易通过"赐物"形式输往高丽的物品，种类众多，瓷器是其中重要的一种。[③]宋晞统计宋朝去往高丽贸易人数达5000多人，韩国学者朴玉杰认为人数达7200多人[④]，杨昭全先生统计人数达4940人[⑤]。人数虽不同，但都相当可观。

两宋时期，官方的友好往来促进了民间的交往。无论形势如何变化，高丽王朝与宋朝始终未停止文化上的交流，宋朝的文物、书籍、织物、药材、乐器等，对高丽贵族具有很大的吸引力。

元朝与高丽之间交往频繁。1218—1368年，元朝（包括建元前）向高丽派遣使者多达277次。1233—1369年，高丽向元朝（包括建元前）派遣使者多达479次。[⑥]

元朝时期，高丽处于元朝统治之下，高丽王室子弟多去元大都留学，成为传播程朱理学的先驱。

中国五代和北宋时期，曾有文人学士移居高丽，传播了中国文化。例如在后周人双翼的建议下，高丽设立了科举制，这是对高丽文化发展的重要贡献。高丽的官学、私学都非常发达，其中中国的经史资料成为重要的教学内容，中国的程朱理学在高丽产生了重要的影响。

① 杨昭全，何彤梅．中国—朝鲜·韩国关系史 [M]．天津：天津人民出版社，2001：223-224．
② 杨昭全，何彤梅．中国—朝鲜·韩国关系史 [M]．天津：天津人民出版社，2001：238．
③ 杨昭全，何彤梅．中国—朝鲜·韩国关系史 [M]．天津：天津人民出版社，2001：250．
④ 朴玉杰．宋代商人来航高丽与丽宋贸易政策 [M]// 浙江大学韩国研究所．韩国传统文化·历史卷：第二届韩国传统文化学术研讨会论文集．北京：学苑出版社，1997：47-70．
⑤ 杨昭全，何彤梅．中国—朝鲜·韩国关系史 [M]．天津：天津人民出版社，2001：260．
⑥ 杨昭全，韩俊光．中朝关系简史 [M]．辽宁：辽宁民族出版社，1992：202-203．

高丽王朝的创立者王建是一位虔诚的佛教信徒，他在登基的当年（918）即设八关斋会。根据史书记载，高丽王朝的有些寺院是元代工匠参与建设的，例如 1319 年建设的大都报恩光教寺。

宋代，朝廷经常向高丽赠送文史、医学、佛经等方面的书籍。[1] 高丽也通过民间途径购买各类中国书籍，收回到高丽后重新刊行。高丽史书《三国史记》《三国遗事》都是用汉文书写的，《三国史记》体例完全按照中国正史编写方法。

高丽的工艺美术受到中国的极大影响。其中制瓷技术的交流是这种关系的重要体现。瓷器的不断输入，推动了高丽陶瓷业的发展。

（三）明清时期

1392 年，李氏建立朝鲜王朝，以开京为首都。1394 年迁入汉阳（今首尔），朝鲜王朝一直统治到 1910 年。

明清时期，李氏朝鲜派遣使臣出使的朝贡活动称为"朝天""燕行"，这是明清与朝鲜半岛文化交流的重要纽带。李氏朝鲜初期，频繁派遣朝天使臣。据杨昭全的统计，李朝太祖、太宗时期遣使的次数分别为 57 次和 137 次，年平均出使次数分别达到 8 次和 7.6 次；明朝派遣使者到李朝，在太祖、太宗、世宗时期，年平均出使次数为 1.3 次、2.8 次、1.1 次。[2] 清朝时期，李氏朝鲜入贡使团的总次数为 678 次，年平均达到 2.77 次。[3] 其中，崇德年间的朝贡最为频繁，年均达 8 次之多，1638—1639 年每年多达 13 次。

朝鲜半岛使臣到中国来访之时，皇帝常常会赠书。例如，明洪武二年（1369），朱元璋赠送中国书籍《六经》《四书》《通鉴》。明永乐元年（1403），永乐帝赠送《五经》《四书》。永乐五年（1407），赠送朝鲜世子李禔《通鉴纲目》《大学衍义》等。朝鲜半岛李氏的"朝天""燕行"活动在文化方面的目的是求购中国书籍并将其带回，朝鲜燕行使还通过民间渠道向中国购买书籍，并在国内印刷发行，供民众学习。

1444 年，朝鲜创制"训民正音"（又称谚文、朝鲜文，中国书籍大量留在

---

① 宋成有. 中国与朝鲜韩国文化交流史 [M]. 北京：国际文化出版公司，2020：71-73.

② 杨昭全，何彤梅. 中国—朝鲜·韩国关系史 [M]. 天津：天津人民出版社，2001：466.

③ 全海宗. 中韩关系史论集 [M]. 全善姬，译. 北京：中国社会科学出版社，1997：194-196.

朝鲜半岛，朝鲜半岛在文化发展过程中吸收了大量的中华文化资源，用于发展自己的文化学说①）。从此以后，朝鲜有了本国的文字，用以表记本国人的语言。

18世纪后半叶，朝鲜王朝有许多著名人士（如洪大容、朴趾源、朴齐家、金正喜、柳得恭等）到中国学习先进文化，为中国和朝鲜的文化交流做出了重大贡献。

朝鲜王朝的绘画、音乐、书法、科学技术、农耕技术等均受到中国的影响。朝鲜李朝烧制的陶瓷器，主要有三岛手、黑釉、青花、铁砂釉、铜红釉（釉里红）等，品种丰富。

二、中国与朝鲜半岛的陶瓷之路

中国与朝鲜半岛接壤，中国陶瓷运往朝鲜半岛既可以通过陆路，也可以通过海路。海路运输瓷器安全性高，运送数量大，若不考虑突发海域险情之外，海运是最好的瓷器运输方式。

（一）秦汉时期

秦代，通过辽东半岛和山东半岛就可到朝鲜半岛。据记载，徐福两次（前219年、前210年）入海东渡日本，其启航的地方均为山东琅琊港，最先到达朝鲜半岛，再去往日本。② 按照《史记·淮南衡山王列传》，徐福东渡的终点是"平原广泽"。徐福东渡日本是传说还是史实，一直颇有争论。但东亚的海上交通路线在秦代已经打开，是不争的事实。

西汉时国力强盛，经济繁荣，工商业发达，为丝绸、漆器、铁器等的对外贸易提供了物质条件。西汉对外贸易通道以陆路为主，兼行海路，对朝鲜半岛的海外贸易甚是发达。灭卫氏朝鲜和建立四郡以前，西汉在朝鲜半岛的贸易对象主要是北部的卫氏朝鲜及南部的马韩、辰韩、弁韩。汉四郡建立之后，西汉与南部的三韩进行贸易。

---

① 张乃禹."朝天""燕行"与文化博弈:兼论明清与朝鲜半岛间的"书籍之路"[J].社会科学，2019（12）：175-185.

② 韩玉德.徐福其人及其东渡的几个问题[J].陕西师范大学学报（哲学社会科学版），2000（2）：80-85.

西汉时期，从山东半岛的"齐地"出发，可到达朝鲜半岛，再通往日本列岛。汉四郡建立之后，从乐浪郡出发，沿着朝鲜西南海岸航行至朝鲜东南段，再渡海去日本。"古时的辰韩到达日本山阴、北陆地区的一条航线"，被称为"日本海环流路"。[①]

西汉时期，陆路是与朝鲜半岛贸易往来的主要通道。128 年，汉武帝设置沧海郡，目的之一是开拓通往朝鲜的商路。汉四郡设置后，中国人前往四郡做生意或者定居，往来交通更为便利。

东汉至南北朝时期，陆路、海路均较为发达。陆路是从中国东北地区进入朝鲜半岛。海路，传统路线称为"北路北线"，是从秦代开始的辽东半岛、山东半岛通往朝鲜半岛之路线。大宗货物通过海上航运更加方便，当时的航线十分成熟。三国到南北朝时期，由于东吴、东晋和宋、齐、梁、陈主要位于长江南岸，因此与朝鲜半岛的海路交往开辟了新的路线：从长江口出发，沿着东海、黄海北上，直达朝鲜半岛西岸江华湾沿岸，到达百济等地。这也被称为"南路航线"。

（二）隋唐时期

隋与新罗、百济保持宗藩关系，与新罗、百济的民间贸易并不多见。

唐与新罗、百济之往来有陆路和海路两条。《新唐书·地理志》有这样的记载："一曰营州入安东道，二曰登州海行入高丽渤海道……"[②]陆路，中国辽东经过高句丽，到达百济、新罗。海路，与魏晋南北朝时期一样，走传统的北路北线和南路航线。但此时港口增加，说明双方交往频繁，贸易繁荣。

根据孙光圻在《中国古代航海史》中的分析，唐与朝鲜半岛有四条航路。[③]第一条就是贾耽所写"登州海行入高丽渤海道"，航路较长，较为安全，是主要航路。第二条是从山东半岛的登莱直接向东航行或向东北航行，到达朝鲜半岛的江华湾或平壤的大同江口。第三条是从江浙沿海明州港或其他港口出发北上，到山东半岛之后的航线与第二条航线一致，可以看作上述航线的延伸。第

---

① 木宫泰彦. 中日文化交流史 [M]. 胡锡年，译. 北京：商务印书馆，1980：1.

② 中华书局编辑部. 二十四史（简体字本）[M]. 北京：中华书局，2000：751.

③ 孙光圻. 中国古代航海史 [M]. 北京：海洋出版社，2005：217.

四条是从江浙沿海明州港或其他港口出发,向东北斜穿直接到达朝鲜半岛的海岸,再进入岛内港口。

五代时期,海道通商更加频繁。航线与唐时无异,此处不再赘述。

(三)两宋时期

《宋史·列传》记载:高丽"王城有华人数百,多闽人,因贾船而至者"[①]。两宋时期,造船技术不断提升,促进了航海业的发展。宋朝政府派遣使者出使海外乘坐的大船称为"神舟",随行人员乘坐的船称为"客舟"。明州港所在之地今宁波,古来就有较高的造船技艺。宋代,明州港的造船技艺居于全国首位,在国际上也属于先进水平。[②]因此,明州港成为朝廷制定打造专供遣使出国的大海船的定点造船场,这些船也被称为"神舟"。以上均是越窑青瓷运往朝鲜半岛的必要条件。

从陶瓷之路来说,北宋去往高丽的航线可以分为南北两条。《宣和奉使高丽图经》卷三"封镜"条载:"高丽,南隔辽海,西距辽水,北接契丹旧地,东距大金。……若海道,则河北、京东、淮南、两浙、广南、福建皆可往。"[③]《宣和奉使高丽图经》卷三十四至三十九详细记载了从明州到高丽的航线、水情以及经过的港口、岛屿等。[④]例如,1123年5月16日,两艘"神舟"、六艘客舟从明州港出发,6月12日抵达高丽礼成港,受到了高丽人民的热烈欢迎。[⑤]

高丽使者、商人若来北宋,一般在明州、密州港登陆,再由陆路或水路到全国各地,去往北宋京都汴梁(汴京,今开封)的人数为最多。宋代朱彧《萍洲可谈》卷二记载:"高丽人泛海而至明州,则由二浙溯汴至都下,谓之南路。或至密州,则由京东陆行至京师,谓之东路。二路亭传一新。常由南路,未有

---

① 中华书局编辑部.二十四史(简体字本)[M].北京:中华书局,2000:10847.

② 林士民.古代的港口城市——宁波[J].海交史研究,1981(2):63-72.

③ 孙希国.《宣和奉使高丽图经》整理与研究[M].哈尔滨:黑龙江人民出版社,2019:85.

④ 孙希国.《宣和奉使高丽图经》整理与研究[M].哈尔滨:黑龙江人民出版社,2019:161-174.

⑤ 张佩国,黄小莉.宋代明州"神舟"出使高丽与地域文化认同[J].思想战线,2024(2):78-89.

由东路者。"① 根据《萍洲可谈》可以推知，高丽使者、商人、僧人等来中国，南路为水路，东路是从山东半岛循陆路到汴京。

北路，从登州或密州出发，渡过黄海，到达朝鲜大同江口的椒岛。再向南航行，到达礼成江口。礼成江口的礼成港，当时是高丽京城开京附近的最重要港口，也是高丽与宋朝往来的港口。《朝鲜志》卷下记载，礼成江，一在府西三十里，高丽朝宋，皆于此发船。南，到登州，或到明州。前者叫东路，后者叫南路。② 当时的礼成港口因海运贸易而繁荣，高丽著名诗人李奎留下的诗句描绘了当时的盛况："潮来复潮去，来船去舶首尾相连。朝发此楼底，未午棹入南蛮天。"③ 这是对当时礼成港口船只往来、客来客往的繁盛景象的真实描写。

辽与北宋对峙时期，为防宋商船夹带禁运物资去往辽国，朝廷禁止宋"客旅于海路商贩"往"登州界"。《庆历编敕》记载："客旅于海路商贩者，不得往高丽、新罗及登、莱州界。"④ 密州也是北宋去往高丽的港口，密州可发船到高丽。⑤ 宋初，密州板桥镇是国内南北商业往来的重要中转站，亦是官府贡赋的海运终点。宋朝熙宁年间以后，密州迅速成为前往高丽等地的繁忙港口。密州港封闭之后，北宋与高丽的往来主要依靠南路。

南路，明州、泉州、杭州、广州皆为北宋去往高丽之南路航线港口。

明州港，《乾道四明志》卷一记载："……南则闽、广，东则倭人，北则高句丽，商舶往来，物货丰衍。"⑥ 自明州出发，往东北航行，可到达朝鲜黑山岛，再向北航行，经过朝鲜半岛西南海岸的众多岛屿，最后抵达礼成江口。《宣和奉使高丽图经》详细记载了北宋船队从明州出发，往来高丽的海上行程和路径。北宋熙宁七年（1074），高丽使臣金良鉴，为了远避契丹，请求改在明州登陆。在明州登陆后，沿着姚江、钱塘江再入运河北上，到达汴京。明州港成为朝廷

① 顾吉辰. 徐兢和他的《宣和奉使高丽图经》[J]. 东疆学刊，1987（3）：44-52.

② 顾吉辰. 徐兢和他的《宣和奉使高丽图经》[J]. 东疆学刊，1987（3）：44-52.

③ 杨昭全，何彤梅. 中国—朝鲜·韩国关系史 [M]. 天津：天津人民出版社，2001：268.

④ 山崎觉士. 宋代两浙地区的市舶司行政 [J]. 高雅云，陈硕炫，译. 海交史研究，2022（2）：95-110.

⑤ 吕英亭. 宋丽关系与密州板桥镇 [J]. 海交史研究，2003（2）：65-71.

⑥ 林士民. 再现昔日的文明：东方大港宁波考古研究 [M]. 上海：上海三联书店，2005：256.

指定通往高丽的主要出入口岸。新罗青海镇港与日本的值嘉岛港、博多港和长崎港成为东亚贸易港口中的主要港埠。青海镇港口位于全罗南道的南端，地理位置优越，自古以来就是中、朝、日三国交通之要冲，在三国海外贸易中独占鳌头。

元丰三年（1080）起，明州成为宋朝与高丽的贸易口岸。朝廷规定，去往日本、高丽者，必须向明州市舶司申报，领取出海许可凭证。我国南方沿海的州、县船舶，去日本、高丽者也必须在明州签证。因此，明州成为南洋、北洋的主要中转停靠站。政和七年（1117），明州设立高丽使馆。此后，由于航路的不断拓展，海道交往日益增加，为制瓷技术的直接传播创造了条件。

泉州港，在北宋时期已经是一个繁华港口，是当时去往高丽海外贸易航线的重要港口。《宋史》载："泉有蕃舶之饶，杂货山积。"[1] 从史料来看，《高丽史》明确记载的泉州舶商与高丽往来的次数就有 19 次之多。[2]

南宋与高丽之航线，只有南路。政和七年（1117），南宋朝廷在明州月湖东岸建设了高丽使馆，又称高丽行使馆，专门负责接待高丽使臣，目的是加强与高丽的贸易与文化交流。南宋时，泉州与高丽的往来次数超过明州与高丽的往来次数，此时越窑青瓷已经逐渐衰落。

（四）元代

元代领土辽阔，交通发达。海外贸易东到高丽、日本，南到印度和南洋，西南可达阿拉伯、地中海东部，西边远达非洲，贸易频繁。元代汪大渊的《岛夷志略》中列举的世界各地地名达到 100 多处。元代的主要贸易港口有泉州、广州、庆元（今宁波）、杭州、上海、澉浦（今海盐）、温州等地。这也是元朝当时设置的市舶司所在地。至元三十年（1293）四月，温州的市舶司并入庆元，杭州的市舶司也并入庆元。元贞二年（1296），澉浦和上海市舶司并入庆元，隶属中书省。

高丽来元朝进行贸易的路线，有海路和陆路。元成宗大德七年（1303）

---

① 中华书局编辑部 . 二十四史（简体字本）[M]. 北京：中华书局，2000：8520.
② 陈高华 . 北宋时期前往高丽贸易的泉州舶商：兼论泉州市舶司的设置 [J]. 海交史研究，1980（2）：48-54.

实施了禁海令，江南地区经由海路前往高丽的商人开始减少。北方商人多由陆路去往高丽进行贸易，也有小部分商人选择海路往来。高丽的《朴通事谚解》中记载了"旱路"和"船路"。[①]旱路说的就是陆路。

（五）明代

明朝与朝鲜李朝的民间贸易路线主要有海路和陆路。

明初，明太祖朱元璋定国都为金陵（今江苏南京）。明朝与李朝的官方往来多为海路。1421年，明成祖迁都燕京（今北京）之后，明朝与李朝的官方往来更多地采用陆路，其路线为：燕京——山海关——辽阳（李朝）义州——平壤——汉城（今首尔）。[②]陆路民间贸易，是明朝东北地区少数民族女真族与李朝的贸易。

三、朝鲜半岛陶瓷发展简述

从新石器时代开始，朝鲜半岛已经开始烧制土陶了。前5000—前4000年，无纹陶向有装饰纹样的陶器转化。前4000—前3000年，栉纹陶开始大批量生产，且有较大型器物出现。部分陶瓷史书记载了篦纹陶。篦纹陶的上限时间约为前3000年，下限时间为前1090年，且不同地域的篦纹陶在造型和纹样上存在差异（图2.1）。

前3000—前2000年，受中国华北地区彩陶影响，朝鲜半岛的陶器上出现曲线装饰，尖底瓶（圆底瓶）开始变为扁瓶，且有圈足出现了。前2000—前1000年，无纹陶居多，有仿青铜器造型，开始出现深腹碗、壶等新的器型。前1000年至公元前后，为朝鲜半岛青铜器时代（关于这一点学界有一定的争议），韩国学界认为是"无纹陶器"时期。无纹陶取代篦纹陶，成为新时代的象征。[③]

朝鲜半岛西北地区烧造的陶器以倒圆锥形的陀螺形器皿为主，这应该与当时世界上的大部分陶器相类似。东北地区以黑陶、红陶、孔裂纹陶器为主，韩

---

① 杨昭全，何彤梅. 中国—朝鲜·韩国关系史 [M]. 天津：天津人民出版社，2001：412.

② 杨昭全，何彤梅. 中国—朝鲜·韩国关系史 [M]. 天津：天津人民出版社，2001：511.

③ 陈进海. 世界陶瓷（第1卷）[M]. 沈阳：万卷出版公司，2006：150.

图2.1 篦纹尖底陶 约前3000—前 1090年 韩国国立中央博物馆藏

图2.2 红陶短颈圆底壶 朝鲜半岛青铜器 时代 韩国国立中央博物馆藏

国部分学者认为这种红陶受到仰韶文化影响。[①] 典型器物如现收藏于釜山大学博物馆的红陶罐，收藏于韩国国立中央博物馆的红陶短颈圆底壶（图2.2）。

（一）前三国时代

前300年前后是朝鲜半岛铁器时期。其陶器与前期保持差不多的样貌，与"无纹陶器"的特征基本一致。此后到300年前后，称为前三国时期，此时的软陶、硬陶、灰陶带有按压纹（印纹陶）、打捺纹。这些陶器受到了中国灰陶烧制技艺的影响。[②] 这个阶段，制陶的工具有所改进，开始使用轮制、陶拍等。这些陶器已经开始在较为封闭的龙窑或者仿洞窟里面烧制，陶器的表面颜色由赤褐色变成灰青色或灰色，部分陶器敲击可以发出清脆悦耳的声音。有些陶窑的窑温达到了1000摄氏度以上[③]，这可以称得上是朝鲜半岛制陶史的一个里程碑。

---

① 金银珍. 影响学视阈下的朝鲜白瓷 [M]. 上海：同济大学出版社，2015：9.

② 金银珍. 影响学视阈下的朝鲜白瓷 [M]. 上海：同济大学出版社，2015：11.

③ 金银珍. 影响学视阈下的朝鲜白瓷 [M]. 上海：同济大学出版社，2015：11.

（二）三国时代

朝鲜半岛三国时代，指的是高句丽、百济、新罗三国并立的时代。这个时期的陶器，"明显保存着汉唐风采，尤其是潜留汉陶质朴之痕"[①]。前100—200年，金海式陶器出现，这是一种硬纹硬质陶，可以分成红陶和灰陶。金海式陶

图2.3 双耳壶 朝鲜三国时代（高句丽） 韩国国立中央博物馆藏

器的名称来自庆尚南道的金海邑，是在百济和新罗形成国家的过渡时期烧制而成的，主要分布在汉江以南，特别是汉江中下游和庆尚南道的海岸线一带。[②] 高句丽陶器对应的是时间为前37—668年，软陶、黑色硬陶、黄褐铅釉陶等均明显受到中国影响，韩国学界认为黄褐铅釉陶受到了中国六朝彩陶的影响。[③] 这些陶器中以罐类居多，大多为宽口、平底，实用性强，纹样为较为简洁的波浪纹、齿纹、绳纹等（图2.3）。高句丽的陶器主要受到汉代陶器的影响，并以此为基础进行发展。

1. 百济陶器

百济位于朝鲜半岛的西南部，居民以马韩部落联盟中的百济人为主。百济国的中心地区汉江流域和江原道出土的陶器有铁器时代的灰陶、高句丽的褐色有耳陶器、百济独有的席纹陶器。从造型来说，百济的陶器有平底器、三足器、器台、圆锥形底罐等。百济与当时中国的华南地区交流频繁，这些陶器的造型主要受到华南地区制陶业的影响。[④]

百济陶瓷按发展阶段可以分为早期汉城时期、中期熊津时期、晚期泗沘时期。

① 陈进海. 世界陶瓷（第2卷）[M]. 沈阳: 万卷出版公司, 2006: 383.

② 陈进海. 世界陶瓷（第1卷）[M]. 沈阳: 万卷出版公司, 2006: 153.

③ 金银珍. 影响学视阈下的朝鲜白瓷 [M]. 上海: 同济大学出版社, 2015: 14.

④ 金银珍. 影响学视阈下的朝鲜白瓷 [M]. 上海: 同济大学出版社, 2015: 15.

汉城时期的百济陶瓷遗址主要分布在汉江流域的风纳洞土城、梦村土城等。出土的主要陶器有赤褐色软陶、黄褐色软陶、灰青色硬陶、席纹陶、灰白陶等。京畿道华城郡麻道面白谷里石椁墓出土有席纹陶和灰白陶。最重要的是，中国陶瓷器与百济的陶器一起出现在同一个墓穴里，说明当时的中国陶瓷器已经大批流入百济。例如，江原道原城郡富论面法泉里石椁墓出土了中国东晋时期的青瓷羊形器（图2.4）。忠清南道天原郡华城里出土了中国东晋时期的青瓷四耳壶。[①] 这说明当时的贵族阶层将来自中国的青瓷作为陪葬品，越窑青瓷可谓是不可多得的器物。

图2.4　越窑青瓷羊形器　东晋　韩国国立中央博物馆藏

中期熊津时期，百济国首都迁都到熊津（今忠清南道公州市）。此时的百济与中国南朝交往频繁，因此百济陶器中的高足杯、三足器、器台（图2.5）、骨壶（图2.6）等明显带有中国烙印。[②] 墓室形制也受到中国影响，例如公州市松山里的6号墓和武宁王陵都是受中国影响的砖墓。[③]

图2.5　器台　朝鲜三国时代（百济）　韩国国立扶余博物馆藏

晚期泗沘时期，百济首都从熊津迁到忠清道扶余郡（古名泗沘）。这时已经开始生产绿釉陶（图2.7）。这一时期的主要出土器物有广口瓶、骨壶、陶砚、三足器、器台、便器等，其中骨壶的数量剧增。骨壶是佛教藏骨之器，骨壶的大量出现与当时佛教的流行有直接关联。[④]

①　金银珍. 影响学视阈下的朝鲜白瓷 [M]. 上海: 同济大学出版社, 2015: 17.

②　金银珍. 影响学视阈下的朝鲜白瓷 [M]. 上海: 同济大学出版社, 2015: 18.

③　金银珍. 影响学视阈下的朝鲜白瓷 [M]. 上海: 同济大学出版社, 2015: 18.

④　金银珍. 影响学视阈下的朝鲜白瓷 [M]. 上海: 同济大学出版社, 2015: 19.

图2.6　骨壶　朝鲜三国时代（百济）　　　图2.7　绿釉长颈瓶　朝鲜三国时代
韩国国立扶余博物馆藏　　　　　　　　　　（百济）　日本小仓文物保存会藏

2. 新罗陶器

新罗最早是朝鲜半岛东南部的一个部落联盟，以三韩之中的辰韩为母体。《三国志》中的《魏书》"东夷"条记载了辰韩地区的地理位置及基本状况。7世纪之后，统一的新罗王朝建立了。

新罗陶器是一个广义的概念，指以庆州为中心的区域和伽倻文化圈出土的陶器，涵盖洛东江以东和以西地区。这种陶器是灰色系硬质陶。大概延续了800年。伽倻是由弁韩发展起来的一个国家联盟，后被新罗合并，由于出土文物很难区分两国陶器特征，在陶器文化研究中常将两国陶器列在一起。新罗陶器烧成温度已经达到1000多摄氏度，质量接近炻器。新罗陶器大部分均没有纹样，在公元前后受到中国影响，开始制作印纹陶、灰色瓦质陶、赤色软陶等。1世纪，印纹陶的烧制数量减少，无纹灰陶开始出现。2世纪前后，新罗开始出现高足杯。3世纪前后，真正的新罗陶器开始烧制，器物具有一定的民族特色。

早期（250—350）的新罗陶器材质有砂质和精质，主要造型有碗、钵、壶、高足杯等。成型采用泥条盘筑。轮制并未普及。

到了4世纪中叶，轮制开始全面普及。前期（350—450）的新罗陶器主要有灰青色和灰褐色硬陶，也有祭祀时所用的赤褐色礼器或随葬品。随葬品中出现了异形陶器，这是当时厚葬风俗的表现。主要器物有角杯陶器、舟形陶器、土偶装饰长颈壶、人偶陶器、灯盏陶器、车形陶器、家形陶器等（图2.9至图

2.11）。这一时期还出现了长颈壶，装饰采用突带纹和平行纹。

中期（450—550）的新罗陶器陶土非常精细，几乎没有杂质。陶胎显灰白，陶器的器壁变薄，装饰性有所加强，纹样有锯齿纹、半圈纹、集线纹等。也有瑞兽形陶器。

晚期（550—650）的新罗陶器，出土遗物中有高足杯，其他器型几乎未见，器表装饰减少，向无纹陶发展。

图2.8　角杯　朝鲜三国时代（伽倻）　韩国东亚大学博物馆藏

图2.9　舟形陶器　朝鲜三国时代（新罗）　韩国国立中央博物馆藏

图2.10　土偶装饰长颈壶　朝鲜三国时代（新罗）　韩国国立庆州博物馆藏

图2.11　垂环长颈壶　朝鲜三国时代（新罗）　韩国国立庆州博物馆藏

（三）统一新罗时代

660年，百济亡。668年，高句丽亡。[1]676年，朝鲜半岛进入统一新罗时代。892年，后百济建立。统一新罗时代末年，朝鲜半岛群雄割据。10世纪初，朝鲜半岛形成了短暂的后高丽、后百济、新罗鼎立的后三国时代。统一新罗时代结束。

新罗陶器属于硬质灰陶，主要采用泥条盘筑与辘轳旋转成型相结合的制作方法。[2]陶瓷器的日用器皿有高足杯、碗、盘、壶、瓶、灯盏、砚台等。另外还有随葬品和火葬陶器。碗的使用很普遍，出土数量较多。碗内装饰有云纹、草花纹、连珠纹、松叶纹等，与中国的陶瓷装饰纹样类似。统一新罗时代的陶器，

---

① 杨军．4—6世纪朝鲜半岛研究[M]．长春：吉林大学出版社，2015：187.

② 吴焯．朝鲜半岛美术[M]．北京：中国人民大学出版社，2004：176.

图2.12 大口长颈壶 朝鲜统一新罗时代 韩国国立庆州博物馆藏

图2.13 绿釉骨壶 朝鲜统一新罗时代 韩国国立中央博物馆藏

明显受到中国六朝和唐朝样式的影响，实用功能增强。此时的古墓出土的主要器型有碗、高足杯、长颈壶（图2.12）、盖盒、宽口四角壶、半球形扁瓶等。墓葬用的骨壶其实是火化后的骨灰盒。

8世纪，新罗文化进入全盛期。新罗骨壶的造型增多，装饰花纹开始流行，显示了华丽的外表。骨壶的印花纹样主要包括绳纹、花瓣纹、树叶纹、云纹、鸟兽纹、圆点纹、鱼鳞纹等与生活密切相关的纹样。此外，类似中国唐三彩的彩色釉陶出现。因此也称之为"新罗三彩"。其中，绿釉骨壶（图2.13）、云鹤纹骨壶（图2.14）、绿釉四耳骨壶（图2.15）、三彩高足带盖杯（图2.16）等都具有代表性。[1]

中国唐三彩在日本、朝鲜、印度、巴基斯坦、埃及、伊朗以及东南亚国家均有出土。[2]最迟在魏晋之际，新罗就已经掌握了中国釉陶的烧造技艺。唐三彩传入新罗之后，新罗的制陶业以唐三彩为蓝本，烧制出了"新罗三彩"。[3]新罗三彩是一种低温铅釉陶。918年，新罗在全罗南道康津等地设窑，模仿越

① 金银珍.影响学视阈下的朝鲜白瓷 [M].上海：同济大学出版社，2015：30.
② 中国古陶瓷研究会，中国古外销陶瓷研究会.中国古代陶瓷的外销 [C].北京：紫禁城出版社，1988：3.
③ 唐星煌.中国古陶瓷与朝鲜窑业 [J].求索，1990（4）：125-128.

图2.14 云鹤纹骨壶 朝鲜统一新罗时代 韩国国立中央博物馆藏

图2.15 绿釉四耳骨壶 朝鲜统一新罗时代 韩国国立中央博物馆藏

图2.16 三彩高足带盖杯 朝鲜统一新罗时代 韩国国立中央博物馆藏

窑青瓷，创制"新罗烧"，亦称"翡色"瓷器。[1]上海博物馆收藏的高丽镶嵌青瓷上的菊花状的小团花样式，是统一新罗时代的"新罗烧"上常见的。[2]

统一新罗时代后期烧制的"盛放骨灰的陶壶，多在其内套装来自中国的越窑青瓷为内壶，而且陶器的装饰也日趋单纯"[3]。从陶器到瓷器，在技术上是一个飞跃，"新罗烧"的创制为朝鲜半岛陶瓷业的发展奠定了良好的基础。秦大树曾评价：统一新罗时代受唐三彩影响烧制的"新罗三彩"，体现了低温彩釉技术的传播；朝鲜半岛早期生产的"绿青瓷"则不同程度地受到了越窑、耀州窑的影响。[4]

（四）高丽时期

高丽，又称高丽王朝、王氏高丽，朝鲜半岛古王朝之一。918 年，后高句丽大将王建（泰封国王弓裔的部将）自立为王，国号高丽，定都开京。935 年，高丽合并新罗。936 年，灭后百济，统一朝鲜半岛，实现了"三韩一统"。高

① 苏垂昌. 唐五代中国古陶瓷的输出 [J]. 厦门大学学报（哲学社会科学版），1986（2）：93-101.

② 陆明华. 略谈上海博物馆所藏高丽瓷 [J]. 文物，1988（6）：80-85.

③ 陈进海. 世界陶瓷（第 2 卷）[M]. 沈阳：万卷出版公司，2006：392.

④ 秦大树. 高丽镶嵌青瓷与中国瓷器镶嵌装饰工艺的联系与传承 [J]. 故宫博物院院刊，2020（9）：4-27，123.

丽王朝学习唐宋制度，加强中央集权，史称高丽时代。1392 年，李成桂废高丽恭让王而自立，建立朝鲜王朝，高丽王朝遂亡。1393 年，朝鲜王朝建立。

高丽时期是朝鲜半岛陶瓷业的鼎盛时期。高丽青瓷和高丽镶嵌青瓷是这一时期的代表性瓷器。从陶瓷种类来说，高丽瓷器大体可以分为青瓷和白瓷两种。高丽青瓷制作工艺精湛，是朝鲜半岛代表性瓷器品种，闻名世界。从广义上来说，高丽青瓷包括纯青瓷、镶嵌青瓷、镂孔青瓷、描金青瓷、铁画青瓷、绞胎青瓷（也作练理纹青瓷）等多个品种。高丽白瓷虽与青瓷同时起步，但直到朝鲜王朝才发展至鼎盛。从考古发掘来看，高丽时期，最主要的窑址位于京畿道、首尔市、忠清南道、庆尚北道、全罗北道、全罗南道等。①

1. 高丽青瓷

统一新罗时代的新罗烧为高丽青瓷的烧制奠定了基础。9 世纪末 10 世纪初，高丽青瓷开始烧制。10 世纪后半叶，高丽青瓷的胎质和制作还比较粗糙。11 世纪前半叶，高丽青瓷的烧制水平有所提升。高丽青瓷的釉色呈深绿色、黄褐色，并未完全发展成熟，但是这种色彩和越窑青瓷已非常接近。11 世纪中叶，高丽已能够烧制灰青色的高丽青瓷，还有铅釉系绿釉陶、无釉素纹灰陶、白瓷等。到了 12 世纪初，高丽青瓷已经发展成熟。北宋徐兢于 1123 年出使高丽，回国后完成《宣和奉使高丽图经》。根据书中的描述，此时的高丽青瓷已经达到技术高峰。

高丽青瓷可以按发展阶段分为初期、中期、晚期、末期四个时期。② 初期是高丽青瓷的产生与发展时期，时间范围为高丽王朝成立到 1046 年前后。这一时期，高丽的陶器工艺向瓷器工艺转变并有所发展。中期是高丽青瓷发展的鼎盛时期，时间范围是 1047—1146 年。晚期的时间范围是 1147—1274 年，高丽镶嵌青瓷产生于这一时期，并持续发展。末期的时间范围是 1275—1391 年，高丽镶嵌青瓷开始呈现衰退的迹象。有学者以韩国学界评判的高丽青瓷中有无中国陶瓷元素为标准做了分期：前期是"高丽青瓷创制至 12 世纪中叶"，这是一个纯青瓷的时代，这些高丽青瓷均不同程度地受到越窑青瓷的影响；中

---

① 沈琼华. 翡色出高丽：韩国康津高丽青瓷特展 [M]. 北京：文物出版社，2012：11.

② 金银珍. 影响学视阈下的朝鲜白瓷 [M]. 上海：同济大学出版社，2015：37.

期是 12 世纪中叶到 1231 年前后；元朝蒙古军队占领高丽时期是镶嵌青瓷的精致期和衰退期。[①]

图2.17　"淳化四年"底款壶 高丽韩国梨花女子大学博物馆藏

初期，朝鲜半岛的陶器向瓷器发展。10 世纪前半叶，统一新罗时代的灰青色硬陶仍然是主流。此时的灰青色硬陶有向灰釉陶转变的趋势。9 世纪末 10 世纪初，高丽的瓷窑已经有绿青瓷（关于该瓷是否属于白瓷、青瓷、黄釉瓷等，学界尚有争议）。最有代表性的是现在收藏于梨花女子大学博物馆的"淳化四年"底款壶（图 2.17），这是祭祀高丽太祖王建的太庙用瓷。

高丽青瓷中的无纹纯青瓷在 12 世纪前半叶达到鼎盛期。鼎盛时期的青瓷是翡翠青色的无纹青瓷，镶嵌青瓷即以此为基础。国内关于高丽青瓷最早的文献记载，应该是徐兢的《宣和奉使高丽图经》。该书"燕饮"条记载："器皿多以涂金或以银，而以青陶器为贵。"[②] 根据徐兢的记录，皇宫宴席的器物基本是金银器，青瓷数量不多且"贵"，一是价格昂贵，二是气质高贵。该书"陶炉"条记载："狻猊出香，亦翡色也，上有蹲兽，下有仰莲以承之，诸器惟此物最精绝。其余则越州古秘色、汝州新窑器大概相类。"[③]12 世纪，仿动物、植物的青瓷在高丽大量出现。

《宣和奉使高丽图经》"民庶"条记载："高丽工技至巧，其绝艺悉归于公。"[④] 高丽青瓷烧制技艺突飞猛进，但是高丽青瓷依然是贵族才有条件使用，并且贵族也只在重要的礼仪场所才使用，日用杂器仍然是陶器或者金属器。高丽贵族往往以"巧"和"美"作为检验文化的尺度[⑤]，这一点在精美的高丽青瓷上多有体现（图 2.18 至图 2.21）。徐兢《宣和奉使高丽图经》评价："陶器色之青者，

①　秦大树.高丽镶嵌青瓷与中国瓷器镶嵌装饰工艺的联系与传承 [J]. 故宫博物院院刊，2020（9）：5-27.

②　孙希国.《宣和奉使高丽图经》整理与研究 [M]. 哈尔滨：黑龙江人民出版社，2019：143.

③　孙希国.《宣和奉使高丽图经》整理与研究 [M]. 哈尔滨：黑龙江人民出版社，2019：157.

④　孙希国.《宣和奉使高丽图经》整理与研究 [M]. 哈尔滨：黑龙江人民出版社，2019：127.

⑤　陈进海.世界陶瓷（第 2 卷）[M]. 沈阳：万卷出版公司，2006：392.

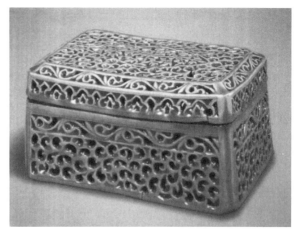

图2.18　青瓷透刻七宝纹香炉　高丽　韩国国立中央博物馆藏

图2.19　青瓷透刻唐草纹盒子　高丽　日本东京国立博物馆藏

图2.20　青瓷鲸形水注　高丽　韩国国立中央博物馆藏

图2.21　青瓷龙形注子　高丽　韩国国立中央博物馆藏

图2.22　青瓷阳刻牡丹唐草纹瓦　高丽　韩国国立中央博物馆藏

丽人谓之翡色，近年以来制作工巧，色泽尤佳。"[1]"翡色"的意思为像翡翠之色，这里是专指高丽青瓷之青色。宋太平老人在《袖中锦》将高丽青瓷与中国的端砚、徽墨相比，认为"高丽秘色"亦属"天下第一"[2]。

《1927年，日本学者小川敬吉氏在开城满月台高丽王宫遗址找到了一片青瓷瓦[3]（图2.22）。1964—1965年，韩国国立中央博物馆在全罗南道康津郡大口面沙堂里发现了数十件瓦片，根据其瓷土、釉料、纹样、技法等推断，是12世纪中叶高丽烧制的青瓷。

11世纪后半叶散落在西海岸一带的高丽青瓷窑厂，到了12世纪逐渐转移并集中到全罗南道的康津和全罗北道的扶安一带。14世纪后半叶，随着高丽王朝的衰落，全罗南道的康津和全罗北道的扶安一带的制瓷匠人开始向全国范围移动，这也是此后产瓷区逐渐向全国范围扩散的重要原因之一。

从龙溪里、梅月里、三和里等窑址出土的遗物来看，高丽青瓷有效仿龙泉青瓷工艺的痕迹。例如，京畿道阳平郡梅月里古墓出土的青瓷广口瓶、青瓷铁彩白堆花线纹枕等均仿制龙泉青瓷的装饰工艺。[4]

---

① 　孙希国.《宣和奉使高丽图经》整理与研究[M].哈尔滨：黑龙江人民出版社，2019：150.

② 　太平老人.袖中锦[M].北京：中华书局，1985：1.

③ 　秦大树.高丽镶嵌青瓷与中国瓷器镶嵌装饰工艺的联系与传承[J].故宫博物院院刊，2020（9）：5—27.

④ 　金银珍.影响学视阈下的朝鲜白瓷[M].上海：同济大学出版社，2015：41.

2.高丽镶嵌（象嵌）青瓷

镶嵌青瓷以无纹青瓷为基础，借鉴新罗白陶镶嵌技术，进行了技术和装饰的创造，最晚出现在高丽王朝毅宗初期。[①]镶嵌以刻划或者模印实现，高丽一朝多采用刻划，李朝则以模印为主。

12世纪中叶到13世纪后半叶，是镶嵌青瓷的大发展时期。12世纪上半叶，已经有青瓷镶嵌这样的装饰形式了。12世纪中叶开始，出现少量的镶嵌青瓷。全罗南道康津郡大口面沙堂里堂前窑址出土了12世纪中叶的青瓷瓦、翡色青瓷、初期镶嵌青瓷、白瓷、铁彩、铁釉、练理纹（绞胎）、透刻青瓷等各种高丽瓷器片。[②]

12世纪后半叶，镶嵌青瓷达到鼎盛。此时的高丽青瓷以青瓷瓦和镶嵌青瓷最为精致，装饰纹样繁缛华丽，瓷器内外均有繁密的镶嵌纹样。镶嵌青瓷从12世纪中叶一直延续至14世纪。15世纪的粉青沙器和白瓷的诸多工艺中广泛采用这一技法。此时，青瓷铁锈花渐渐衰落，辰砂彩绘（釉里红）的工艺有所发展，白瓷镶嵌的瓷器开始增多。支烧工艺也有了进步，硅石支钉垫烧工艺取代了原来的耐火土垫烧、耐火土支烧。

镶嵌青瓷的造型受到中国陶瓷的影响，最主要的是受到唐宋乃至元代的瓷器造型的影响。菱花形碗、广口细颈瓶、梅瓶、香炉等来自中国陶瓷的形制均可以在镶嵌青瓷中找到。

镶嵌青瓷是在还没有上釉的胎体表面，采用划花、戳印、剔花、刻花等技法阴刻出许多纹样，然后在这些刻好的印痕、刻槽、减地部分填入白色化妆土、含高铁的彩料等，再用透明的青釉饰以表面。待烧制之后，釉下用镶嵌手法制作的纹样图案就显现出来，特色鲜明。镶嵌青瓷的图案以花草、禽鸟为主，"诸如江边垂柳、湖中鸳鸯、野鸭、飞翔的白鹤、葡萄与童子、牡丹、唐草等"[③]。整体色彩显示出青色、白色、黑色等颜色的相互对比，呈现出清新秀丽的装饰效果（图2.23）。

---

① 吴焯.朝鲜半岛美术[M].北京：中国人民大学出版社，2004：216.

② 金银珍.影响学视阈下的朝鲜白瓷[M].上海：同济大学出版社，2015：45.

③ 吴焯.朝鲜半岛美术[M].北京：中国人民大学出版社，2004：221.

图2.23 镶嵌青瓷云鹤纹梅瓶（现代仿制品）
高丽 韩国涧松美术馆藏

　　1231—1273 年为丽蒙战争时期。40 余年的战争给高丽王朝带来了巨大的灾难，其最终走向了灭亡。受元朝装饰风格影响，镶嵌纹样中出现了龙纹、鱼纹、水波纹、双凤纹、宝相纹、唐草纹等。高丽末期，全国各地都有窑址分布。这表明前期康津、扶安之地的类似官窑形制的陶瓷窑已经逐渐淡化，陶瓷品日渐生活化。

　　3.青瓷铁锈花

　　青瓷铁锈花可以分为黄褐色青瓷和灰青色青瓷两种。12 世纪的青瓷铁锈花已经具有高丽风格，装饰多是牡丹、菊花、花树、蔓草、杨柳以及各式卷草纹（例如菊花卷草纹、牡丹莲花卷草纹、牡丹卷草纹等）。写实纹样类型主要有桃花、牡丹、蔓草、芍药、鸟虫等，这与中国同时期的陶瓷装饰母题几乎一致。青瓷铁锈花的造型多数为梅瓶，底部装饰菊瓣纹（图 2.24、图 2.25）。

　　青瓷铁锈花的装饰风格与中国的磁州窑非常接近。到了后来，形成了自己独特的风格，俗称"绘高丽"。有学者认为"绘高丽"来自宋代广州西村古窑

---

① 沈琼华.翡色出高丽：韩国康津高丽青瓷特展 [M].北京：文物出版社，2012：27.
② 陈进海.世界陶瓷（第 2 卷）[M].沈阳：万卷出版公司，2006：397.

图2.24　青瓷铁画唐草纹梅瓶　　　图2.25　青瓷铁绣花梅瓶　高丽　韩
高丽　韩国国立中央博物馆藏　　　国国立中央博物馆藏

的青瓷铁锈花。[①]

　　4.高丽白瓷

　　高丽白瓷的发展轨迹基本与高丽青瓷同步，其器型、纹样、烧制技术等也与青瓷基本一致。由于原材料不同，白瓷在质量上次于青瓷，产量也比青瓷少。

　　考古发掘表明，6世纪中叶开始，中国的白瓷已经被运到了朝鲜半岛。当然，这个时间有可能更早。百济武宁王陵、庆州市仁旺洞雁鸭池遗址、庆州市九黄洞皇龙寺遗址、全罗北道益山市弥勒寺遗址等均出土过来自中国的白瓷。这些出土的白瓷碗、白瓷瓶、白瓷盘、白瓷小罐等，均在高丽王朝之前就被运到朝鲜半岛，影响了后来的高丽白瓷的烧造。

　　根据韩国学界的资料，高丽从10世纪前半叶开始烧制白瓷。高丽白瓷最开始的特征是玉璧底。玉璧底，就是玉璧形圈足，韩国称为"日晕底"，日本称"蛇目高台"。玉璧底最早是越窑的基本款式。唐代越窑、邢窑、长沙窑等窑口均有此类产品。《中国美术大辞典》对玉璧底的解释是："器底形状有如玉

①　陈进海.世界陶瓷（第2卷）[M].沈阳：万卷出版公司，2006：397-398.

璧者。这种碗形多为浅式，碗身作四十五度斜出，碗底中心凹入一个小圆圈，南北各地瓷窑多有烧制，是唐代中晚期比较盛行的一种碗式。"[1] 高丽时期的玉璧底类型瓷器的主要出土地为京畿道龙仁郡二东面西里窑址[2]，该窑址的烧制时间为 10 世纪末至 12 世纪中下叶。玉璧底类型瓷器的造型主要有碗、盘、壶、瓶、唾壶、盒、香垸、祭器等。

11 世纪后半叶至 13 世纪前半叶是高丽白瓷的发展时期，这个时期也是高丽青瓷发展的中晚期。高丽白瓷的器型有梅瓶、瓶、盘、盏托、托盏台、碟、香炉、盒、杖鼓等。装饰技法有无纹、阴刻、阳刻、镶嵌等。徐兢在《宣和奉使高丽图经》中写道："复能做碗、碟、杯、瓯、花瓶、汤盏，皆窃仿定器制度，故略而不图。"[3]

13 世纪后半叶至 14 世纪末，朝鲜半岛的陶瓷业逐渐走向衰落，高丽青瓷仍有烧制，白瓷几乎停烧。后随着王朝的陨落，高丽青瓷几乎走完了其全部的艺术路程。朝鲜半岛的陶瓷业以另一种面貌出现。

（五）李朝时期

1392 年 7 月，高丽王朝权臣李成桂自立为王，高丽王朝灭亡，李氏朝鲜王朝建立。在高丽陶瓷的基础上，李朝陶瓷不断适应新时代，从精品青瓷向白瓷过渡。在朝鲜初期，粉青沙器曾是王室的专用瓷器。15 世纪，粉青沙器和白瓷是李氏朝鲜的两大代表性瓷器。朝鲜第四代王世宗时期，粉青沙器进入发展高峰期。

粉青沙器，全称"粉妆灰青沙器"，早先日本人称之为"三岛"。1963 年，韩国美术史学者高裕燮将这种瓷器称为"粉妆灰青沙器"，韩国陶瓷学术界开始简称其为"粉青沙器"。[4] "粉"是粉妆的意思，是指陶瓷装饰用化妆土。沙器，朝鲜语中泛指陶器和瓷器，"沙器"和"砂器"通用。高丽末期，高丽青瓷逐

① 邵洛羊. 中国美术大辞典 [M]. 上海：上海辞书出版社，2002：495.
② 金银珍. 影响学视阈下的朝鲜白瓷 [M]. 上海：同济大学出版社，2015：61.
③ 孙希国.《宣和奉使高丽图经》整理与研究 [M]. 哈尔滨：黑龙江人民出版社，2019：157.
④ 郑姝疒. 韩国粉青沙器的白化妆土工艺及其与中国陶瓷的关系 [J]. 故宫博物院院刊，2009（6）：89-98.

渐衰落，此时高丽青瓷逐渐向粉青沙器演变。粉青沙器是用氧化焰或中性焰烧制而成的，青釉色中略带茶色或淡黄色调，装饰主要为镶嵌或者是印纹（印花），还有剔刻、线刻、铁锈、刷粉、刷毛等。[①]

粉青沙器与中国的磁州窑有很深的渊源。粉青沙器的表面装饰，一般是在与青瓷相同或者更灰黑的胎体表面上，以浸渍、涂刷等方式施一层化妆土（这层化妆土的含铁量较低），再在化妆土上面进行镶嵌、印花、剔花、刻花、挂粉、铁绣花等装饰。

日本人称粉青沙器为"三岛"，其来源有"三岛历""三座岛屿""商船经由三岛停靠日本"等说法。绘三岛、雕三岛、镶嵌三岛、线三岛、刷毛三岛等均是茶碗的称呼，分别代表了描画、线雕、镶嵌、重叠线圈、刷纹等技法。[②]但是无论装饰表现如何不同，共性之处都是在素胎上涂抹白色化妆土。粉青沙器的白色化妆土略薄，其作用最初与中国磁州窑一样，用来遮掩素胎之色。[③]茶人爱粉青沙器，认为其体现了朝鲜半岛茶器的率性自由、自然深阔之美。

图2.26 粉青沙器镶嵌牡丹纹瓶 李朝 日本安宅藏

1. 镶嵌粉青沙器

粉青沙器的镶嵌技法是对高丽镶嵌青瓷中的镶嵌技法的延续，有线镶嵌和面镶嵌两种，装饰纹样有缠枝唐草纹、缠枝莲花纹、莲纹、鱼龙纹、波纹、旋纹等（图2.26）。在具体制作的过程中，常常会出现象嵌与印花并用的情况，造型的口沿部分常用象嵌，器身大多采用印花。

2. 印花粉青沙器

印花装饰，是用压印模具或者印章在未干的坯体上压制出装饰纹样，再在表面敷施一层白色化妆土，经削坯挂釉烧制，产生类似象嵌的装饰

① 陈进海.世界陶瓷（第2卷）[M].沈阳：万卷出版公司，2006：406.

② 柳宗悦.朝鲜古物之美[M].张逸雯，译.上海：上海人民出版社，2022：58.

③ 柳宗悦.朝鲜古物之美[M].张逸雯，译.上海：上海人民出版社，2022：59.

图2.27 粉青沙器印花菊纹月山君胎罐 李朝 日本大阪市立东洋陶瓷美术馆藏

图2.28 粉青沙器剔刻铁彩牡丹纹扁壶 李朝 日本根津美术馆藏

图2.29 粉青沙器线刻鱼纹双耳钵 李朝 日本东京国立博物馆藏

效果。[①] 印花纹样有菊花纹、几何纹、连团纹、草叶纹、雨点纹、卍字纹、唐草纹、莲瓣纹、如意纹等，其中菊花纹样为主流。图 2.27 中的粉青沙器胎罐，制作时间约为 1462 年，为成宗之兄月山大君之物[②]，是当时贡纳给王室的贡品。

3. 剔花粉青沙器

剔花粉青沙器又称"剥地粉青沙器"。这种技法只在粉青沙器中使用，在朝鲜世宗时期已经发展成熟且应用普遍。主要纹样有唐草纹、牡丹纹、莲花纹、叶纹、鱼纹等（图 2.28）。

4. 阴刻粉青沙器

阴刻粉青沙器是在施好化妆土的瓷坯上以线刻的形式向下阴刻，线条所刻之处露出灰色的胎色。阴刻技法一般与其他技法一起使用，纹样母题与其他技法所采用的纹样并无太大区别（图 2.29）。还有一种以人物、民居为主题的装饰。

5. 铁画粉青沙器

铁画粉青沙器是以红色和黑色的矿物质为颜料绘制在粉青沙器的表面，高温烧制之后，器物呈现出青绿色、黄褐色。纹样主要有草花纹、鸟鱼纹、鱼纹等（图 2.30）。大部分器型较小，酒壶、碗、碟居多。李朝粉青沙器铁锈花与

① 陈进海. 世界陶瓷艺术史 [M]. 哈尔滨: 黑龙江美术出版社, 1995: 74.

② 金英媛, 冯晶晶. 朝鲜王朝的宫廷瓷器: 以王室瓷器为中心 [J]. 故宫博物院院刊, 2012(6): 49-63.

图2.30 粉青沙器铁绘柳鸟纹瓶 李朝 日本大和文化馆藏

高丽青瓷铁锈花一样，均学习磁州窑的装饰手法并且有所成就。[①]

6. 刷粉粉青沙器

刷粉粉青沙器是用粗而宽的毛刷，把化妆土刷到瓷胎上。器皿表面会留下清晰的毛刷印迹，或许还有细微的毛状物。毛刷在髹漆工艺中应用较多。刷粉技法既可以用于阴刻粉青沙器、铁画粉青沙器等，也可以单独制成无其他装饰的粉青沙器。

7. 蘸粉粉青沙器

蘸粉粉青沙器是将坯体放入白色化妆土液体中，沉浸片刻，取出来，再烧制。坯体能吸收多厚的化妆土液体，取决于吸水率、化妆土浓度、沉浸时间等，底部往往有露。这种类型的器物表面会有粉浆流动的痕迹，产生自然的美感。

从某种意义上来说，刷粉和蘸粉是迅速完成化妆土步骤的一种方法，因此属于衰退期的技法。16世纪上半叶，粉青沙器逐渐进入衰退期，产量逐渐减少。16世纪后半叶，粉青沙器完全退出历史舞台。

在朝鲜半岛人民的心里，粉青沙器是半岛最具特色的"庶民化"瓷器。刷粉与蘸粉粉青沙器装饰简洁、风格粗犷、成品粗糙，看似工艺不精、技艺衰退，但恰好成为广大百姓可以用、用得起的瓷器。与官窑生产的青瓷和白瓷不同，粉青沙器的窑厂分布于朝鲜半岛各地，且不受"官样"约束，这为粉青沙器朴素豁达、自由奔放的艺术风格的形成创造了条件。20世纪90年代，一批韩国陶瓷艺术家对粉青沙器技艺进行了重新发掘和复原，使粉青沙器重新登上了历史的舞台。

四、以越窑青瓷为代表的中国陶瓷对朝鲜半岛陶瓷的影响

秦大树认为，制瓷技术交流可分为三个等级：第一级，简单模仿；第二级，窑业互仿，是更高层面的有效仿制，可以看成技术层面的仿制；第三级，有一

---

① 陈进海. 世界陶瓷（第2卷）[M]. 沈阳：万卷出版公司，2006：409.

方的窑工直接参与了另一方的生产，使用了自身所有的核心技术，这种情况下可以做到除原料不同外，其他工艺完全相同，有时甚至出现"窑工携带原料到另一方进行生产的现象"，这是工艺交流的最高等级。[①] 一般说来，装饰工艺和纹样的传播及相互影响通过第一、二级的交流就可以达到效果，而第三级的交流属于核心技术的交流。应该说，越窑青瓷或者其所引领的中国青瓷烧制技艺与朝鲜半岛的青瓷烧制技艺之间的交流达到了第三级。10 世纪有直接材料证明，中国越窑的工匠曾经来到朝鲜半岛全罗南道的康津郡大口面桂栗里的官窑窑厂，并参与了龙窑建造、指导了青瓷生产。应该说，高丽青瓷的青瓷烧制并未走过弯路。[②]

在汉以后，最迟在魏晋之际，朝鲜三国就已经掌握了中国釉陶的烧造技艺。[③] 前 1 世纪，汉晋文化在朝鲜半岛普遍传播，手工艺就是其中的一种。中国的硬陶、釉陶、砖瓦等制作技艺逐渐传入朝鲜半岛，促进了当地的制陶业发展。在朝鲜半岛出土的狩猎纹陶壶、文字瓦当、云纹瓦当、纪年砖等与中原地区风格几乎完全一致。在朝鲜半岛，类似中国龙窑的"登窑"烧制温度高，这是学习汉朝制陶工艺的一个显著例证。金海式硬质灰陶采用轮制技术，这是日后新罗陶瓷的先驱。金海式土陶来自这些土陶的出土地名"庆尚南道的金海邑"，具体指的是朝鲜铁器时代的无釉印纹陶器，时间在前 100—200 年。[④]

4 世纪初至 7 世纪末，朝鲜半岛形成三国时代，高句丽、百济、新罗三足鼎立。这个阶段朝鲜半岛与中国联系紧密，官方贸易、民间来往均较为频繁。此时，两晋的青瓷已经传入朝鲜半岛。

4 世纪初，高句丽境内已经出现了黄色、暗绿色的釉陶。同时期，新罗也出现此类釉陶。庆尚北道庆山郡古墓群出土了淡青色的釉陶，这些釉陶的烧制时间为 3—4 世纪。新罗故都庆州古墓出土了和中国南京、大同一带出土陶器的纹样、制作技法相似的陶器，这说明了新罗陶器与南北朝时期中国制陶业的

① 秦大树. 高丽镶嵌青瓷与中国瓷器镶嵌装饰工艺的联系与传承 [J]. 故宫博物院院刊, 2020（9）: 5-27.

② 熊海堂. 东亚窑业技术发展与交流史研究 [M]. 南京: 南京大学出版社, 1995: 222.

③ 唐星煌. 中国古陶瓷与朝鲜窑业 [J]. 求索, 1990（4）: 125-128.

④ 陈进海. 世界陶瓷艺术史 [M]. 哈尔滨: 黑龙江美术出版社, 1995: 27.

图2.31 莲纹瓦当 朝鲜三国时代（百济） 韩国国立公州博物馆藏

图2.32 三彩釉陶盒 朝鲜统一新罗时代 韩国国立中央博物馆藏

关联。7世纪前后，百济陶业也开始生产釉陶。《梁书·东夷百济传》记录了梁武帝曾赠与百济佛经，并派博士、画师、工匠到百济。[①] 在忠清南道公州郡宋山里古墓出土了莲花砖，上面刻有"梁官瓦为师矣"[②]。这反映了当时南朝工匠在百济当制陶师（窑师）。高句丽、百济、新罗的陶制品处处表现出中国陶器的深刻烙印（图2.31）。

7世纪中叶，新罗统一了朝鲜半岛大部分地区。统一新罗时代，新罗与唐朝往来频繁。新罗遣使节来唐朝学习先进的文化、技术等。为方便新罗商人往来，唐朝设立了"新罗馆""新罗坊""新罗所"等，这说明当时来中国的新罗商人非常多。到了五代时期，新罗和江南吴越政权关系密切。吴越地区可以通过海路便捷地到达新罗，双方之间的贸易往来自然频繁。

唐五代时期，越窑、唐三彩、长沙窑等陶瓷器不断进入朝鲜半岛。唐三彩传入新罗之后,新罗以唐三彩为蓝本,烧制了"新罗三彩"。[③] 新罗三彩是一种低温铅釉陶，这反映了中国技术在朝鲜半岛的传播（图2.32）。当然，唐三彩的传播范围绝不仅限于此，世界各地均有模仿的案例。朝鲜半岛早期生产的"绿青瓷"（图2.33）模仿越窑、耀州窑[④] 是重要的事实。

---

① 李磊．百济的天下意识与东晋南朝的天下秩序 [J]．华东师范大学学报(哲学社会科学版)，2014（2）：64-71.

② 唐星煌．中国古陶瓷与朝鲜窑业 [J]．求索，1990（4）：125-128.

③ 唐星煌．中国古陶瓷与朝鲜窑业 [J]．求索，1990（4）：125-128.

④ 秦大树．高丽镶嵌青瓷与中国瓷器镶嵌装饰工艺的联系与传承 [J]．故宫博物院院刊，2020（9）：5-27.

新罗在全罗南道康津等地设窑，模仿的就是越窑青瓷。新罗烧为朝鲜半岛陶瓷业的发展奠定了良好的基础。[①]

北宋时期，中国与高丽的海上贸易活跃，加之宋代陶瓷业发达、名窑辈出，中国瓷器大量运往高丽，这对高丽陶瓷业产生了重大影响。高丽王朝在康津设立窑厂，烧造瓷器，此后陶瓷业迅速发展。10世纪中期，高丽政府采用北宋派官监烧的制度，通过各地的"瓷器所"[②]对来自中国的宋瓷进行仿制，甚至每个环节都去模仿。高丽各窑模仿宋朝的青瓷、白瓷、黑瓷等，以仿制、仿烧青瓷为主，高丽青瓷虽是其最成功的创新产品。高丽青瓷仿制中国青瓷，但在烧制过程中取法定窑、汝窑、磁州窑、耀州窑等，可谓博采众长。12世纪，高丽青瓷进入鼎盛时期，烧制出了闻名世界的精品青瓷（图2.34）。

高前文已述，高丽青瓷中最能代表朝鲜半岛瓷业水平的是青瓷和镶嵌青瓷。在高丽王朝的历史上，高丽青瓷称得上是顶级产品，而且是世界知名产品。高丽青瓷因仿制中国青瓷而创烧，其烧制技术也受到中国的影响。高丽青瓷与中国许多名窑有着密切的关系，与浙江越窑的关系可以说是一种特殊的"血缘"关系。

图2.33　绿釉四耳壶　朝鲜统一新罗时代　韩国国立中央博物馆藏

图2.34　青瓷铁画唐草纹梅瓶　高丽　韩国国立中央博物馆藏

①　唐星煌.中国古陶瓷与朝鲜窑业 [J]. 求索, 1990（4）: 125-128.

②　唐星煌.中国古陶瓷与朝鲜窑业 [J]. 求索, 1990（4）: 125-128.

随着交往的不断深入，高丽王朝的陶瓷业应该是直接参考或者也可以说引进了龙窑的技术，在"浙东（明州）窑工的直接传授、参与指导下烧制成功了真正的新罗陶瓷"①。《宣和奉使高丽图经》记载："高丽工艺至巧，其绝悉归于公。……亦闻契丹降虏数万人，其工伎十有一，择其精巧者留于王府，比年器服益工，第浮伪颇多，不复前日纯质耳。"②可以说，高丽青瓷吸收了中国南北陶瓷精华，在瓷器造型、装饰纹样、制作方法上借鉴北方定窑、汝窑、磁州窑、耀州窑等，在装烧工艺方面明显受到了来自南方的越窑和龙泉窑的影响。③

12世纪初，北宋派使臣徐兢出访朝鲜半岛。《宣和奉使高丽图经》"燕饮"条记载："器皿多以涂金或以银，而以青陶器为贵。"④"陶尊"条记载："陶器色之青者，丽人谓之翡色，近年以来制作工巧，色泽尤佳。酒尊之状如瓜，上有小盖，面为荷花、伏鸭之形。复能作碗、碟、杯、瓯、花瓶、汤盏，皆窃仿定器制度，故略而不图。以酒尊异于他器，特著之。"⑤"陶炉"条记载："狻猊出香，亦翡色也。上为蹲兽，下有仰莲以承之，诸器惟此物最为精绝。其余则越州古秘色、汝州新窑器大概相类。"⑥这说明，高丽青瓷受宋瓷影响至深。

到南宋时期，太平老人在《袖中锦》中将高丽青瓷列为"天下第一"。"监书、内酒、端砚、洛阳花、建州茶、蜀锦、定磁、浙漆、吴纸、晋铜、西马、东绢、契丹鞍、夏国剑、高丽秘瓷、兴化军子鱼、福州荔眼、温州褙、临江黄雀、江阴县河豚、金山咸豉、简寂观苦笋、东华门把鲊、京兵、福建出秀才、大江以南士大夫、江西湖外长老、京师妇人，皆为天下第一，他处虽效之，终不及。"⑦高丽秘色仿制中国青瓷，早期仿制越窑青瓷，这是世界公认的。此处提到"高丽秘瓷"，值得探究。唐代时越窑青瓷被称为秘色瓷，"高丽秘瓷"的"秘"是否来自中国的秘色瓷，虽无文献验证，但可猜测与中国的青瓷有脱不开的关系。

---

① 林士民 . 再现昔日的文明：东方大港宁波考古研究 [M]. 上海：上海三联书店，2005：465.
② 孙希国 .《宣和奉使高丽图经》整理与研究 [M]. 哈尔滨：黑龙江人民出版社，2019：127.
③ 唐星煌 . 中国古陶瓷与朝鲜窑业 [J]. 求索，1990（4）：125−128.
④ 孙希国 .《宣和奉使高丽图经》整理与研究 [M]. 哈尔滨：黑龙江人民出版社，2019：143.
⑤ 孙希国 .《宣和奉使高丽图经》整理与研究 [M]. 哈尔滨：黑龙江人民出版社，2019：157.
⑥ 孙希国 .《宣和奉使高丽图经》整理与研究 [M]. 哈尔滨：黑龙江人民出版社，2019：157.
⑦ 太平老人 . 袖中锦 [M]. 北京：中华书局，1985：1.

高丽青瓷也受到中国龙泉青瓷、汝瓷的影响。有专家认为来到南方的汝窑窑工主持或直接参与了越窑和龙泉窑宫廷专用瓷的生产，这在一定程度上影响了南方窑系青瓷的烧造。①

可以说，在 12—14 世纪，高丽镶嵌青瓷是高丽陶瓷器的生产主流，这对世界陶瓷史来说也是一个重要贡献。12 世纪中叶到 1231 年前后为高丽镶嵌青瓷发展的全盛时期②，仁宗年间（1123—1146）、毅宗年间（1147—1170）为两大高峰期。元宗（1260—1274）之后，高丽镶嵌开始逐渐衰落，但形制和纹样基本得到了沿袭。

镶嵌青瓷也称"象嵌青瓷"，这一词语可能是"镶嵌"的发音来源。韩国学者认为，镶嵌青瓷的出现与发展，与韩国从三国时期开始就使用在青铜或漆器上的错金、错银技术有关。镶嵌技法最早起源于中国，战国时期已经非常发达，遗留至今仍有非常精致的工艺品。它影响了朝鲜半岛的金属工艺，进而启迪了高丽镶嵌青瓷。③ 高丽中后期，银入丝工艺、螺钿漆器工艺发达，与镶嵌青瓷在技术上的相关度更高。④ 也有学者认为，高丽镶嵌青瓷在受到宋瓷影响后，将朝鲜半岛的金属镶嵌、掐丝和螺钿漆器工艺技法运用到青瓷上，这些产品均是带有高丽特色的产品。⑤ 中国有学者认为，高丽镶嵌青瓷的技术来源于中国的北方地区，此时中国的北方工匠带着技术来到南方，与南方手工艺高度融合，高丽青瓷中镶嵌装饰的出现阶段与中国中原地区的制瓷传统有着相当明显的承继关系。⑥ 陈进海先生认为，这种技法来自金属器皿嵌银丝。⑦ 在工艺

① 韩倩 . "故宫博物院汝窑学术研讨会"会议综述 [J]. 故宫博物院院刊, 2016（3）: 152-158.

② 郑良谟 . 高丽青瓷 [M]. 金英美，译 . 北京：文物出版社, 2000: 21.

③ 郑良谟 . 高丽青瓷 [M]. 金英美，译 . 北京：文物出版社, 2000: 7.

④ 秦大树 . 高丽镶嵌青瓷与中国瓷器镶嵌装饰工艺的联系与传承 [J]. 故宫博物院院刊, 2020（9）: 5-27.

⑤ 唐星煌 . 中国古陶瓷与朝鲜窑业 [J]. 求索, 1990（4）: 125-128.

⑥ 秦大树 . 高丽镶嵌青瓷与中国瓷器镶嵌装饰工艺的联系与传承 [J]. 故宫博物院院刊, 2020（9）: 5-27.

⑦ 陈进海 . 世界陶瓷艺术史 [M]. 哈尔滨：黑龙江美术出版社, 1995: 56.

制作的过程中，高丽镶嵌青瓷会刻意拉开与中国越窑系及汝官窑等的距离，在釉的质感、色调和纹样上开创独特的高丽风格。[①]

高丽青瓷和镶嵌青瓷也输往中国。例如，浙江杭州半山钢铁厂宋墓发掘的高丽刻花葵口式残碗，与越窑青瓷碗的造型、釉色十分接近。林士民先生评价："此器与越窑相比，在造型、釉色上受越窑影响是十分深刻的。"[②] 在南宋建宁军节度使韦谦之墓（宋皇室皇亲贵胄）中发现了高丽青瓷陪葬品，说明高丽青瓷已经成为当时达官贵人喜爱之物，或者说是权力、财力的证明之物。除此之外，还有在南宋恭圣仁烈皇后宅遗址中发现的 14 片高丽青瓷标本，品种有翡色青瓷和镶嵌青瓷。南宋皇城（在五代吴越国都城的基础上经过多次扩建而成）的北城墙附近（今杭州卷烟厂）发掘了高丽翡色青瓷残片。这些均可说明，当时的高丽青瓷已经大规模地输入南宋，作为"国礼"进贡给南宋皇室使用。

元代，高丽青瓷批量来到了江浙一带。杭州市区湖滨路出土了多件镶嵌青瓷，其中有一件为 14 世纪的高丽镶嵌青瓷菊花纹高足杯残件，里外镶嵌花纹，把柄已脱失，造型与元代高足杯相仿。宁波市海曙区东渡路遗址元代文化层出土了高丽镶嵌青瓷（残器）；有蝴蝶装饰的罐子和卷草纹装饰的瓶子，其制作精美，可与越器相媲美。[③]

值得一提的是高丽青瓷在日本也大量出土。1985 年，日本贸易陶瓷研究会编写的《日本贸易陶瓷文献目录 I——发掘调查报告书等（1901—1984）》中统计了日本出土的高丽青瓷，其范围广泛，并且仅在福井、广岛、福冈三地发现的高丽青瓷遗址就达到了 106 处。[④]

中国陶瓷对高丽青瓷、高丽镶嵌青瓷的影响是世界公认的。冯先铭说："众所周知，高丽青瓷是在唐越窑和宋汝窑影响下开始出现并迅速发展起来的。南宋时期高丽青瓷无论造型、纹样釉色以及制作技巧都达到了高度发展的阶段……"[⑤] 宋代陶瓷业对高丽的制瓷业的最终确立和高丽瓷器的创制产生了不

① 郑良谟 . 高丽青瓷 [M]. 金英美，译 . 北京：文物出版社，2000：22.

② 林士民 . 再现昔日的文明：东方大港宁波考古研究 [M]. 上海：上海三联书店，2005：465.

③ 林士民 . 再现昔日的文明：东方大港宁波考古研究 [M]. 上海：上海三联书店，2005：465.

④ 林士民 . 再现昔日的文明：东方大港宁波考古研究 [M]. 上海：上海三联书店，2005：465.

⑤ 唐星煌 . 中国古陶瓷与朝鲜窑业 [J]. 求索，1990（4）：125-128.

容忽视的重要作用。韩国古陶瓷学家郑良谟感叹，在中国越窑青瓷秘色瓷如此巨大的成就背景下，翡色青瓷得到高丽与中国宋代双方的承认，实属难得。①

五、越窑青瓷与高丽青瓷

新罗晚期创烧成功的青瓷"新罗烧"，到了高丽时期走向成熟。到了北宋中晚期，高丽青瓷的技术已经相当成熟。与早期朝鲜半岛吸收中国文化不一样的是，高丽王朝之前的模仿在于复制外来的文化尤其是中国文化，高丽青瓷是真正吸收中国青瓷文化并将之融入本民族文化中。②高丽青瓷是继承新罗以来黄色釉和绿色釉陶瓷工艺传统的基础上，吸收中国越州窑和定窑、汝窑的先进技术而发展起来的。③

林士民认为，越窑的青瓷烧造技术首先在朝鲜半岛得以使用，朝鲜半岛淘汰了一些不适合的制作方法，在造型和装饰上逐步实现高丽化。高丽青瓷便是在此基础上产生的。9—10世纪，浙东沿海的工匠将龙窑技术和烧制青瓷工艺技术传到朝鲜半岛，使朝鲜半岛的陶工在很短的时间内就完成了由陶器到瓷器的技术跨越。④林士民还认为，朝鲜半岛瓷业继承了浙东越窑的生产技术，并融化到自身的窑业上，从而使越窑技术落地生根、开花结果了。⑤由于"张（保皋）的贸易船直接到了明州（宁波）……意识到陶瓷贸易的重要性后，张从越（明）州带回陶工"⑥。在10世纪，浙江的青瓷产区工匠"到了朝鲜全罗南道的康津郡大口面桂栗里的官窑窑场，亲自指导并参与砌造龙窑，在青瓷生产中都给予具体的指导"⑦。

曾任韩国国立中央博物馆馆长的郑良谟在《高丽青瓷》一书的自序中曾说：

① 郑良谟.高丽青瓷[M].金英美,译.北京:文物出版社,2000:18.

② 熊海堂.东亚窑业技术发展与交流史研究[M].南京:南京大学出版社,1995:211.

③ 吴焯.朝鲜半岛美术[M].北京:中国人民大学出版社,2004:215.

④ 林士民.对高丽青瓷的探索[M]//浙江大学韩国研究所.韩国研究(第6辑).北京:学苑出版社,2002:10.

⑤ 林士民.再现昔日的文明:东方大港宁波考古研究[M].上海:上海三联书店,2005:464.

⑥ 林士民.再现昔日的文明:东方大港宁波考古研究[M].上海:上海三联书店,2005:460.

⑦ 林士民.再现昔日的文明:东方大港宁波考古研究[M].上海:上海三联书店,2005:461.

"公元 9 世纪，在中国越窑及其窑系青瓷文化的直接、间接影响下，韩国青瓷文化开始发展，到 12 世纪达到了顶峰，这时生产纯青瓷的同时生产了在世界陶瓷史上独领风骚的镶嵌青瓷。"①

越窑与高丽制瓷业除了科学层面的交融，在制品的造型、装饰纹样上的交融也是明显的。②故宫博物院冯小琦在《深受中国瓷器影响的高丽青瓷》一文中认为，高丽青瓷受中国越窑、耀州窑、汝窑、定窑、官窑、景德镇窑、龙泉窑、磁州窑等窑的影响。"其影响主要体现在器物在造型、纹饰、釉色、烧造方法上模仿中国瓷器，但并不集中在一件器物上，有的模仿造型，有的模仿纹饰，有的既模仿造型也模仿纹饰，但却不仿釉色，如定窑白瓷。"③

除了直接仿造中国陶瓷的形制、色彩、装饰，对中国龙窑的技术学习和仿造也是朝鲜半岛陶瓷业发展的重要因素。中国龙窑的发源地在浙江的宁绍地区，春秋战国时代这里已经使用龙窑烧制出了原始瓷。④

众所周知，瓷器烧制需要高温，需要在高温中烧成还原焰。现在，韩国国立光州博物馆复原了康津龙里 10-1 号窑复原的高丽青瓷窑炉，这与中国越窑的龙窑结构几乎一致。⑤朝鲜半岛以丘陵地貌为主，这与中国大陆南方窑厂所在之地有许多相似之处。熊海堂认为，9 世纪前后，朝鲜半岛从中国越窑引进了龙窑技术；9—10 世纪，正是因为接受了龙窑技术，朝鲜半岛的陶器生产才转向瓷器生产并实现飞跃发展，随后成为当地重要的窑炉形式。⑥陈进海认为，"中国南方杭州湾沿岸越窑系特别是余姚窑还原焰技法的传播，促使康津、扶安纷纷建起烧制青瓷的龙窑"⑦。高丽匠人仿照中国龙窑的分室、装烧（迭烧、复烧等）技术，生产出的窑具如垫饼、垫沙、支烧钉等，与中国基本相同。

① 郑良谟.高丽青瓷 [M].金英美，译.北京：文物出版社，2000：1（自序）.

② 林士民.对高丽青瓷的探索 [M]// 浙江大学韩国研究所.韩国研究（第 6 辑）.北京：学苑出版社，2002：10.

③ 冯小琦.深受中国瓷器影响的高丽青瓷 [J].收藏家，2000（6）：32-39.

④ 林士民.青瓷与越窑 [M].上海：上海古籍出版社，1999：12.

⑤ 沈琼华.翡色出高丽：韩国康津高丽青瓷特展 [M].北京：文物出版社，2012：23.

⑥ 熊海堂.东亚窑业技术发展与交流史研究 [M].南京：南京大学出版社，1995：221.

⑦ 陈进海.世界陶瓷（第 2 卷）[M].沈阳：万卷出版公司，2006：394.

沈琼华认为，朝鲜半岛虽然制陶历史悠久，但是制瓷技术是9世纪末10世纪初从中国越窑传入的，高丽青瓷并非朝鲜半岛的土著产品，而是由中国直接引入的"外来物种"。[1]最早的高丽青瓷与中国晚唐五代越窑青瓷相似，在韩国学界常用"唐式青瓷"来表述。[2]从某种意义上来说，研究中国陶瓷历史，尤其是研究浙江越窑史，更应该把高丽瓷作为组成部分。[3]10世纪，康津一带最早的高丽青瓷的窑炉形态和中国越窑窑炉形态相同。[4]

不少学者认为，越窑青瓷在朝鲜半岛的传播与张保皋的活动是不可分割的。张保皋在朝鲜半岛的史料中被称为"弓福""弓巴"。唐文宗大和二年（828，新罗兴德王三年），新罗设置了清海镇。现在的清海镇是韩国的莞岛，是一个交通要塞。张保皋成为清海镇大使后，建立了一条官方贸易和民间贸易的常用航线。这条航线由朝鲜半岛西部沿海出发，经黄海、东海海峡，到达长江流域的明州（今宁波）、扬州、楚州（今淮安）、海州（今东海）及珠江流域的泉州、广州等沿海港口。[5]越窑制瓷技术传入朝鲜半岛，与张保皋集团武力从越窑窑厂掠取窑工有较大的关联。[6]张保皋商团带去的越窑工匠，与新罗工匠一起，创烧新罗青瓷，从中国引进的技术使朝鲜半岛的青瓷烧造比日本的瓷器烧造早了近3个世纪。[7]

（一）形制

关于高丽青瓷之美，日本民艺理论家、美学家柳宗悦认为，高丽青瓷的美不仅是"色"和"纹"，形制也占据了重要地位。其在《朝鲜古物之美》中指出：只谈青瓷之色不足取，止步于纹样亦失之偏颇；形乃占据了其美的半壁江山。[8]

① 沈琼华. 翡色出高丽：韩国康津高丽青瓷特展 [M]. 北京：文物出版社，2012：12.

② 沈琼华. 翡色出高丽：韩国康津高丽青瓷特展 [M]. 北京：文物出版社，2012：13.

③ 沈琼华. 翡色出高丽：韩国康津高丽青瓷特展 [M]. 北京：文物出版社，2012：19.

④ 沈琼华. 翡色出高丽：韩国康津高丽青瓷特展 [M]. 北京：文物出版社，2012：14.

⑤ 帅倩. 试析中国青瓷制瓷技艺影响下高丽青瓷的发展与传播 [J]. 文物保护与考古科学，2017（4）：101-108.

⑥ 沈琼华. 翡色出高丽：韩国康津高丽青瓷特展 [M]. 北京：文物出版社，2012：14.

⑦ 林士民. 再现昔日的文明：东方大港宁波考古研究 [M]. 上海：上海三联书店，2005：293.

⑧ 柳宗悦. 朝鲜古物之美 [M]. 张逸雯，译. 上海：上海人民出版社，2022：55.

图2.35 越窑青瓷镂孔方盒（迭盒）
吴越时期 吴越文化博物馆藏

图2.36 高丽青瓷方形台 高丽 韩国
国立中央博物馆藏

图2.37 青瓷花形盏托 高丽 韩国国
立中央博物馆藏

形制，其实是突出了"形"，而形，是面。面，是有形的"线"。在高丽青瓷的形制中，轮廓曲线是一大要素。高丽青瓷的轮廓曲线带有温雅、静稳、亲切的美，柔弱中彰显了美的深度。[1]

高丽青瓷早期仿越窑青瓷的造型、纹饰、釉色，模仿的器物对象也非常丰富。例如高丽青瓷的主要造型有盘、碗、瓶、洗、执壶、香炉、文房用具、人物雕塑、瓷枕、瓷瓦、唾壶、粉盒等，这些造型可以在越窑青瓷中找到原型。到了12世纪，高丽在模仿越窑青瓷的基础上制作出了青瓷方形台（图2.35、图2.36）、青瓷花形皿、青瓷瓶、青瓷花形盏托（图2.37）等，无论是器型还是釉色，总体都保持了浓郁的中国陶瓷的风格。[2]

下文主要列举几种主要器物。玉璧底的造型是必须放在第一位的，这是因为越窑青瓷不仅对朝鲜半岛玉璧底的造型有直接的影响，而且对世界玉璧底的造型有巨大贡献。

1. 玉璧底

玉璧底的造型，应该很早就传入了朝鲜半岛。朝鲜半岛出土了许多玉璧底的越窑青瓷。新罗清海镇遗址及其所辖

① 柳宗悦. 朝鲜古物之美 [M]. 张逸雯，译. 上海：上海人民出版社，2022：56.

② 沈琼华. 翡色出高丽：韩国康津高丽青瓷特展 [M]. 北京：文物出版社，2012：26.

康津地区也出土了大量 9 世纪前后唐代越窑执壶、罐、碗等青瓷及青瓷残片。[①]
康津郡大口面 160 余座窑址中，90% 以上的器物属于"玉环底式"（玉璧底）制品。[②] 新罗庆州拜里出土元和十年（815）玉璧底碗，锦江南岸扶余出土唐代玉璧底碗 15 件，古百济地区益山弥勒寺出土大中十二年（858）玉璧底碗和花口圈足碗，莞岛清海港张保皋驻地出土唐代玉璧底碗、玉环底碗、双耳罐、执壶等。[③] 日本学者三上次男在《朝鲜半岛出土的中国唐代陶瓷的历史意义》一文中写道："庆州拜里出土的唐玉璧底碗……作为罐（长沙窑）的盖使用，伴出有新罗制造的陶器，陶器上书中文'元和十年'纪年铭文。"[④] 云龙里遗址出土了大量的玉环底陶瓷器，数量庞大，估计是出土最多的地区。全罗南道高敞郡雅面山遗址出土了相当数量的玉环底碗、盘等器皿。在这些窑址遗存中，"越窑式"造型占了很大一部分 [⑤]，说明当时的越窑青瓷在朝鲜半岛受到极大的欢迎。

关于高丽青瓷中玉璧底造型出现的年代，目前尚有争议。方炳善认为，高丽青瓷中的玉璧底碗的出现应该在 10 世纪初期。[⑥] 郑良谟认为，最迟在 9 世纪后期，朝鲜半岛本土的玉璧底陶瓷器开始了生产，烧制类似中国玉璧底的青瓷窑址，主要分布在朝鲜半岛西海岸和南海岸一带。[⑦] 到了 10 世纪中叶，高丽已能烧制出仿制唐朝越窑玉璧底及五代玉环底等相似的青瓷器。[⑧]"玉璧底系

① 帅倩 . 试析中国青瓷制瓷技艺影响下高丽青瓷的发展与传播 [J]. 文物保护与考古科学，2017（4）：101-108.

② 林士民 . 对高丽青瓷的探索 [M]// 浙江大学韩国研究所 . 韩国研究（第 6 辑）. 北京：学苑出版社，2002：10.

③ 干有成，李志平 . 宁波与朝鲜半岛的陶瓷之路 [J]. 大众考古，2019（8）：20-26.

④ 林士民 . 对高丽青瓷的探索 [M]// 浙江大学韩国研究所 . 韩国研究（第 6 辑）. 北京：学苑出版社，2002：10.

⑤ 林士民 . 对高丽青瓷的探索 [M]// 浙江大学韩国研究所 . 韩国研究（第 6 辑）. 北京：学苑出版社，2002：10.

⑥ 邱宁斌 . 翡色天青：高丽青瓷八棱瓶 [J]. 美成在久，2019（3）：56-63.

⑦ 郑良谟 . 高丽青瓷 [M]. 金英美，译 . 北京：文物出版社，2000：12.

⑧ 帅倩 . 试析中国青瓷制瓷技艺影响下高丽青瓷的发展与传播 [J]. 文物保护与考古科学，2017（4）：101-108.

图2.38　越窑青瓷玉璧底碗　唐
浙江省博物馆藏

图2.39　越窑青瓷玉璧底碗　唐
浙江省博物馆藏

图2.40　玉璧底碗　高丽　韩国
康津青瓷博物馆藏

图2.41　玉璧底青瓷碗　高丽
韩国康津青瓷博物馆藏

统的青瓷是与中国唐朝浙江省东北部越州地区制作的玉璧底瓷在器型、烧法、匣钵上都极为类似的优质青瓷。"[1]

林士民认为，清海镇遗迹中出土的青瓷玉璧底碗，是中国著名越窑的产品，具体产地应是明州上林湖古瓷都。[2]这说明产自浙江宁波上林湖的玉璧底造型的越窑青瓷已经大量进入朝鲜半岛。高丽青瓷玉璧底碗造型与越窑同类碗相似，一般的碗壁呈45度斜出，足为宽浅圈足，形如玉璧（图2.38至图2.41）。

2.高丽青瓷八棱瓶

我国陕西扶风法门寺地宫中发掘的唐代越窑青瓷中就有八棱净水瓶。1987年4月3日，考古工作者在法门寺地宫明代砖塔的塔基下意外发现了唐代真身宝塔地宫。有《应从重真寺随真身供奉道具及恩赐金银器物宝函等并新恩赐到金银宝器衣物帐》（简称《衣物账》）碑石证明，碑文记述："监送真身使。应从重真寺随真身供奉道具及恩赐金银器物宝涵等并新恩赐到金银宝器衣物如后……瓷秘色碗七口，内二口银棱，瓷秘色盘子、叠子共六枚……"[3]根据记载，考古学家在地宫内找到了13件具有明证的秘色瓷，皆装于一

① 郑良谟.高丽青瓷[M].金英美，译.北京：文物出版社，2000：3.

② 林士民.唐、吴越时期浙东与朝鲜半岛通商贸易和文化交流之研究[J].海交史研究，1993（1）：13-23.

③ 徐李碧芸，李其江，张茂林，等.浅析"秘色"瓷[J].中国陶瓷，2017（6）：80-86.

圆形漆盒内。法门寺地宫中发掘出的秘色瓷，形制规整，
造型简洁，釉色青绿，晶莹润泽。在这些出土的越窑
秘色瓷中，有八棱净水瓶（图2.42），其造型对高丽
王朝的净水瓶造型有极大的影响。

　　2016年浙江省文物考古研究所等单位对上林湖越
窑窑址群最核心的区域后司岙窑址及上林湖水下遗存
进行了考古发掘，在后司岙窑址中发掘出土了八棱长
颈瓶（图2.43至图2.46）。出土的八棱长颈瓶釉色青翠，
工艺精致，这可以说明远在扶风的八棱长颈瓶出自上
林湖，它代表了越窑的最高技艺。这个时期的匣钵技
术成熟，烧制出的定制的皇室用瓷达到了最高的水平。

　　再来看高丽青瓷八棱瓶的生产状况及其与中国越窑青瓷的对比情况。高丽
青瓷八棱瓶的生产时间集中在高丽王朝中期和后期，即12—13世纪。

　　韩国湖林博物馆收藏的青瓷阴刻莲花纹八角长颈瓶（图2.47），与法门寺
地宫、张叔遵墓出土的越窑八棱长颈瓶器型基本一致，鼓腹、长颈且为八棱形
或八角形。青瓷阴刻莲花纹八角长颈瓶，尺寸较大，颈腹连接处没有凸起的棱
线装饰，器身八个面有阴刻莲花纹，器物下部还刻一圈莲瓣纹装饰。

图2.43　越窑青瓷
八棱瓶　唐　故宫
博物院藏

图2.44　越窑青瓷
八棱瓶　唐　陕西
历史博物馆藏

图2.45　越窑青瓷
八棱瓶　唐　法门
寺博物馆藏

图2.46　越窑青瓷八棱
瓶（残器）　唐　浙江
省文物考古研究所藏

图2.47　高丽青瓷阴刻莲花纹　　　图2.48　高丽青瓷镶嵌菊花牡
八角长颈瓶　高丽　韩国湖林　　　丹纹长颈瓶　高丽　韩国国立
博物馆藏　　　　　　　　　　　　中央博物馆藏

韩国国立中央博物馆收藏的青瓷镶嵌菊花牡丹纹长颈瓶（图2.48），年代为高丽王朝12—13世纪，长颈，鼓腹，通体为12个棱面。颈部镶嵌有白色云纹，器身腹部镶嵌有黑白双色的菊花纹和莲花纹，足部有一圈云雷纹装饰。在器物颈部的顶端有一小环，说明原器物应有盖子可与颈部小环连接，后来遗失。

3.高丽青瓷鼓腹长颈瓶

唐宋时期，越窑青瓷鼓腹长颈瓶流通到朝鲜半岛，为朝鲜半岛高丽青瓷长颈瓶生产提供了范本。12—13世纪，朝鲜半岛高丽王朝生产了相当数量的青瓷长颈瓶。

高丽青瓷长颈瓶与越窑青瓷长颈瓶的造型（图2.49、图2.50）相似，鼓腹长颈瓶形制尤为接近，但高丽青瓷鼓腹长颈瓶的颈部略细长，在口部、口沿下有系口。

韩国首尔三星美术馆收藏的高丽青瓷半阳刻莲花纹长颈瓶（图2.51），烧制于高丽王朝12世纪。该长颈瓶通体施翡翠色，长颈、圆鼓腹，颈部和肩部刻划云纹、莲瓣纹。腹部中央刻划四朵盛开的莲花，莲花的外轮廓为半浮雕，内部为阴刻。这个造型与故宫博物院收藏的越窑鼓腹长颈瓶一致，主要差别在于釉色和装饰。日本大阪市立东洋陶瓷美术馆收藏的高丽青瓷阴刻莲花纹鹤首瓶（图2.52），烧制于高丽王朝12世纪。另外，高丽的这类长颈瓶因为颈部比较长，与鹤颈非常相似，所以在日本也被称为"鹤首瓶"。[1] 从形态上说，高丽青瓷的长颈瓶与越窑青瓷也不是完全一样，大部分的颈部更加细长，部分长颈瓶的瓶口有小环，或者顶部有盖子。

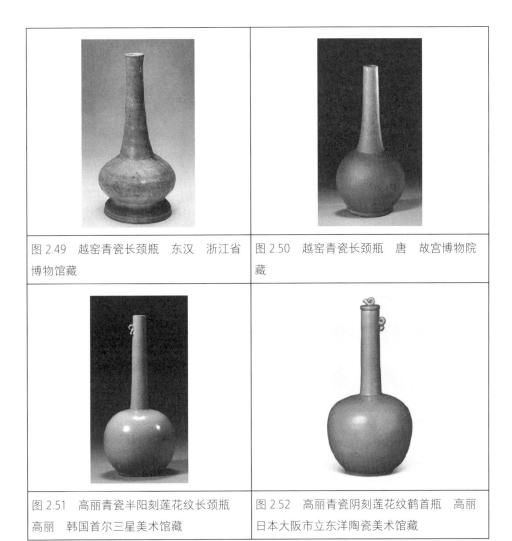

图 2.49　越窑青瓷长颈瓶　东汉　浙江省博物馆藏	图 2.50　越窑青瓷长颈瓶　唐　故宫博物院藏
图 2.51　高丽青瓷半阳刻莲花纹长颈瓶　高丽　韩国首尔三星美术馆藏	图 2.52　高丽青瓷阴刻莲花纹鹤首瓶　高丽　日本大阪市立东洋陶瓷美术馆藏

① 　邱宁斌 . 翡色天青: 高丽青瓷八棱瓶 [J]. 美成在久, 2019（3）: 56—63.

4.高丽青瓷执壶

执壶,又称注子、偏提。执壶主要是作为饮茶器具,因此又可以称之为"茶注子"。《资暇集》记载:"元和初,酌酒犹用樽杓。……居无何,稍用注子,其形若罂,而盖、嘴、柄皆具。大和九年,后中贵人恶其名同郑注,乃去柄安系,若茗瓶而小异,目之曰偏提。"

执壶由鸡首壶演变而来。唐代中期开始流行执壶造型,到了宋代,沿用"注子"一称。唐代越窑执壶的口一般为盘口或者喇叭口,短直流。唐代越窑执壶的"流"一般为短流。晚唐到五代,流和柄相对加长加大,腹部大多做成瓜果形(图2.53至图2.58)。宋代时,因喝茶时流行点茶,流口开始相应加长。高丽茶文化受中国茶文化的影响,高丽执壶根据宋代点茶的功能需要,也用长流,同时保持了唐代的执壶带托盘的风格。

图2.53 越窑青釉执壶 五代 故宫博物院藏	图2.54 越窑青釉刻花花卉纹执壶 五代十国 上海博物馆藏	图2.55 秘色瓷海棠盖双系瓜棱执壶 北宋 越国文化博物馆藏

图2.56 高丽青瓷瓶形注子 高丽 韩国湖林博物馆藏	图2.57 高丽青瓷划花执壶 高丽 剑桥大学费茨威廉博物馆藏	图2.58 高丽青瓷阴刻牡丹唐草纹瓜形注子 高丽 韩国国立中央博物馆藏

5.高丽青瓷花口盘

唐代中期，受金银器的影响，花口盘开始流行，主要产品为青瓷、白瓷。越窑青瓷的菱花口盘子胎薄，造型端庄秀气。五代时期，此类的菱花口盘子特别多见。花口盘的造型比唐代更加秀美，口沿曲线变化更加丰富，显得精致秀气。中国南北各窑口均有这样的菱花盘。

越窑青瓷花口盘种类很多（图2.59、图2.60）。花口盘盘沿的外轮廓为花瓣的形状，大多为四瓣花，也有五瓣花、六瓣花。

剑桥大学费茨威廉博物馆收藏的高丽青瓷花口盘（图2.61）为五瓣花口，造型端庄秀丽，瓷胎细腻，釉色莹润。作为11世纪的产品，其形与色均模仿越窑，尤其是釉色与越窑十分接近。

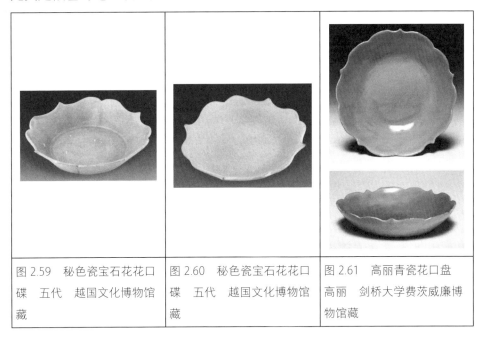

图2.59 秘色瓷宝石花花口碟 五代 越国文化博物馆藏	图2.60 秘色瓷宝石花花口碟 五代 越国文化博物馆藏	图2.61 高丽青瓷花口盘 高丽 剑桥大学费茨威廉博物馆藏

（二）色彩

釉是青瓷色彩的重要物质基础。釉覆盖在瓷胎表面，呈现出青色，这是最重要的。釉主要由硅、铝、钙等组成，含有3%左右的铁，在这一点上高丽青瓷与越窑青瓷并无差别。[1]9世纪，高丽青瓷与中国青瓷一样，二氧化钛含量高，

---

① 郑良谟.高丽青瓷[M].金英美，译.北京：文物出版社，2000：12.

釉色呈现橄榄绿，透明度低。10世纪以后，高丽青瓷中二氧化钛的含量剧减，锰含量增高，施釉一层，釉薄且呈色清澈、透明度高。高丽青瓷的釉色称为翡色，如同"山涧的溪水，清澈、透明，可以见到釉层下面胎土的灰色，表面反射时能同时见到翡色和灰色"[1]。这种呈色使高丽青瓷采用阴刻、阳刻、颜料上色等手法表现的装饰纹样都清晰可见。

故宫博物院耿宝昌在《越窑"秘色瓷"琐谈》一文中认为："是时，中国的陶瓷技艺传入高丽，而高丽国同时也仿造中国越窑青瓷，几欲乱真。"[2]

高丽在不断学习越窑青瓷技艺的同时，也注重凸显本民族特色，最后呈现的翡色青瓷透明釉色下的表层基本没有开裂的现象，显得优雅别致。柳宗悦赞叹，高丽青瓷的色，"透着贵族的色调"，透着都市的洗练之美。[3] 从色彩来说，高丽青瓷与越窑青瓷的"秘色"也不完全相同。同是"青"色，但仍有区别，高丽青瓷是独有的一种翠青，所以又可以称之为翡翠色瓷器。而在器型上，高丽青瓷保留了中国陶瓷的主要风格。

柳宗悦认为，还原焰对于烧制高丽青瓷意义重大，"高丽烧"的成就就在于青色。朝鲜的陶瓷器，最堪瞩目的一点，恐怕是它们几乎都采用还原焰而非氧化焰。[4] "高丽烧"的强项，莫不在于青瓷的色调。[5] 而展现这种高丽青瓷的翡色来自对胎体、釉料等不同材料的充分运作。

（三）纹样

"越窑器物上的装饰艺术，对朝鲜半岛的影响也是深刻的。"[6] 高丽青瓷的装饰花纹涉及范围较广，几乎所有的纹样母题都可以在同时期的越窑青瓷中找到案例，例如牡丹、莲花、菊花、荷花、缠枝花卉、云龙纹、夔龙纹、如意纹、雷纹、竹叶纹等。

---

① 郑良谟. 高丽青瓷 [M]. 金英美，译. 北京：文物出版社，2000：5.
② 耿宝昌. 越窑"秘色瓷"琐谈 [J]. 文博，1995（6）：129-131.
③ 柳宗悦. 朝鲜古物之美 [M]. 张逸雯，译. 上海：上海人民出版社，2022：58.
④ 柳宗悦. 朝鲜古物之美 [M]. 张逸雯，译. 上海：上海人民出版社，2022：38.
⑤ 柳宗悦. 朝鲜古物之美 [M]. 张逸雯，译. 上海：上海人民出版社，2022：50.
⑥ 林士民. 再现昔日的文明：东方大港宁波考古研究 [M]. 上海：上海三联书店，2005：463.

朝鲜半岛青瓷的装饰可以分为高丽青瓷和高丽镶嵌青瓷两大部分，阴刻、阳刻、镶嵌等技法是常见的装饰手法。高丽青瓷在装饰工艺上从早期的划花、刻花、印花逐步发展出镶嵌、铜红彩、铁绘、镂孔等代表性技法，纹样中植物母题最为丰富，以蒲柳水禽、各式花卉纹、云鹤纹、圆形开光纹等为主题的装饰逐渐形成了朝鲜半岛的特色纹样。

陈进海认为，高丽镶嵌青瓷的纹样受到"来自中国北宋的陶瓷装饰和本国的金属工艺的影响。所以装饰纹样也多是鹦鹉纹、凤凰纹、

图2.62　高丽镶嵌青瓷仿中国纹样

蟠龙纹、鱼水纹、云龙纹、卷草纹、宝相花卷草纹、菊花卷草纹、莲纹、莲瓣纹、芙蓉纹、雷纹等北宋系统的装饰纹样"[1]。到了12世纪前半叶，具有高丽本民族特色的纹样逐渐增多。图2.62是高丽仿中国陶瓷的纹样。

柳宗悦认为："镶嵌工艺在朝鲜半岛最早用于青铜器或漆器，至高丽时代的镶嵌青瓷时最为盛行。镶嵌颜料烧制后呈现的黑白两色与青瓷自身的青色浑融一体，形成古朴、浑厚的美感。"[2]

12世纪前半叶，高丽本土的民族装饰纹样增多，蒲柳芦苇、水禽、川沼风景、飞鹤祥云、竹节纹、野菊纹等写实写景纹样成为主流。这种装饰与高丽金属器的银丝镶嵌非常接近。12世纪中叶到1230年前后，是镶嵌青瓷的全盛时代，青瓷几乎都是镶嵌类型的。纹样主要有云鹤、野菊、牡丹、莲花、蒲柳芦苇、水禽等，其中云鹤和野菊为最多。应该说，从宋代的云鹤装饰到高丽时期的重

① 　陈进海. 世界陶瓷（第2卷）[M]. 沈阳：万卷出版公司，2006：400.

② 　柳宗悦. 朝鲜古物之美 [M]. 张逸雯，译. 上海：上海人民出版社，2022：37.

图2.63 高丽镶嵌青瓷菊花纹玉壶春瓶 高丽 韩国康津青瓷博物馆藏

图2.64 高丽镶嵌青瓷梅竹柳芦水禽纹梅瓶 高丽 日本东京国立博物馆藏

图2.65 高丽镶嵌青瓷透刻唐草纹盒子 高丽 日本东京国立博物馆藏

要纹样,体现了朝鲜半岛自身独特的民族艺术特征。高丽人爱云鹤纹、野菊纹,这也是高丽民族心理的一种体现。高丽的蒲柳水禽纹饰是最具特色的装饰纹样。此时虽然也有仿自中国的纹样,但是结构比较松散,不如前期紧凑。从整体趋势来说,从模仿到发展再到创新,高丽镶嵌青瓷在中国陶瓷装饰的影响下,逐渐形成了本民族的陶瓷装饰艺术特色(图2.63至图2.65)。

1.莲花纹

图2.66 高丽镶嵌青瓷阳刻莲花纹钵 高丽 韩国康津青瓷博物馆藏

图2.67 高丽镶嵌青瓷阳刻莲花纹盘 高丽 韩国康津青瓷博物馆藏

越窑纹饰较为典型的有莲瓣纹、鹦鹉纹、云鹤纹等。应该说,越窑青瓷的这些纹样对高丽青瓷的装饰纹样母题产生了重要影响。高丽青瓷的莲瓣纹与越窑的莲瓣纹相似,莲瓣装饰有一层、三层、五层及多层,大部分装饰在碗、执壶、罐等器物上。莲瓣纹有凸起形成浅浮雕样式的,也有纯粹刻划装饰的(图2.66、图2.67)。有的器物里外都有装饰,外面为莲瓣纹,里面装饰有与越窑非常相似的海水纹(图2.68)。

在苏州虎丘塔发掘的五代越窑秘色瓷莲花碗(图2.69),由碗和盏托两部分组成,整个形制呈现敦厚稳重之感。碗的外壁由三组浮雕莲花作为装饰,

图2.68 越窑青瓷刻花卷草莲瓣纹熏炉 北宋 台州市黄岩区博物馆藏

图2.69 秘色瓷莲花碗 五代 苏州博物馆藏

图2.70 四鹦鹉纹盏托 北宋

釉层色彩呈现均匀的青色，淡雅柔和，胎质细腻纯净，装饰线条流畅，是当时越窑的精品之作。

2. 鹦鹉纹

鹦鹉在唐代被称为"神鸟"，象征着安乐祥和、富贵吉祥，唐人格外喜爱它。[1]越窑青瓷中的鹦鹉装饰，常常以"一对"的形式出现，有对鹦鹉、衔枝对鹦鹉、穿花对鹦鹉、缠枝对鹦鹉等，也有四只鹦鹉出现在盏托腹部的。鹦鹉的姿态有侧飞、顺转、翘翅等（图2.70至图2.72）。

当装饰着鹦鹉纹的越窑青瓷来到朝鲜半岛后，人们出于对吉祥鸟类的喜爱，在当地的陶瓷器上也模仿刻划这一飞鸟纹样。林士民在《再现昔日的文明：东方大港宁波考古研究》中说："越窑器物上的装饰艺术，对朝

图2.71 越窑青瓷鹦鹉捕食图粉盒 五代 越国文化博物馆藏

图2.72 越窑青瓷鹦鹉图粉盒 北宋 越国文化博物馆藏

---

① 岑伯明. 上林湖唐宋越窑青瓷纹饰 [M]. 宁波：宁波出版社，2018：45.

图2.73 高丽青瓷鹦鹉纹钵 高丽
韩国国立中央博物馆藏

图2.74 高丽青瓷阴刻鹦鹉纹盘
（局部） 高丽 日本大阪市立东
洋陶瓷美术馆藏

图2.75 越窑青瓷对鹦鹉（双层翅）

鲜半岛的影响也是深刻的。……在朝鲜半岛竟出现了越窑北宋时代相当普遍的一种鹦鹉纹。"[1]在康津出土的高丽青瓷中，鹦鹉纹的装饰方法与远在中国的浙江上虞窑寺前出土的鹦鹉纹碗、鄞州东钱湖窑场的鹦鹉纹器、慈溪上林湖的鹦鹉纹器都极为相似[2]，仿佛是同一批工匠所为。冯小琦指出，鹦鹉纹装饰技法大多为细线划花，线条纤细柔和，多数成双成对，一般刻划在碗内、粉盒盖面及葫芦形执壶的腹部[3]，是一种常用装饰。例如，现收藏于韩国国立中央博物馆的 12 世纪的高丽青瓷中就有细线刻划鹦鹉纹的装饰（图 2.73 至图 2.75），其风格与浙江越窑的鹦鹉装饰如出一辙。

3. 云鹤纹

云鹤纹自古以来就是吉祥纹饰。

鹤，形态优雅，在中国传统装饰艺术中被认为是仙界的飞禽，寓意着长寿。西汉《淮南子·说林》："鹤寿千岁，以极其游。"越窑青瓷中常有鹤和云纹的组合，人们称之为"云鹤纹"，仙鹤展翅高飞、穿梭于云间，寓意着人们向往延年益寿和美好生活。

① 林士民. 再现昔日的文明：东方大港宁波考古研究 [M]. 上海：上海三联书店，2005：463.

② 林士民. 再现昔日的文明：东方大港宁波考古研究 [M]. 上海：上海三联书店，2005：463.

③ 冯小琦. 深受中国瓷器影响的高丽青瓷 [J]. 收藏家，2000（6）：32-39.

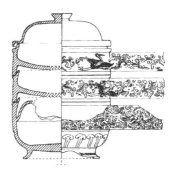

图2.76　执壶外壁云鹤纹
图2.77　秘色瓷刻花云鹤纹盒　北宋　河南省文物考古研究所藏
图2.78　秘色瓷刻花云鹤纹盒剖面、立面

　　唐代越窑青瓷已经有鹤纹装饰，但是数量极少。到了北宋，云鹤纹的装饰逐渐丰富（图2.76）。宋徽宗赵佶有《瑞鹤图》，现藏于辽宁省博物馆。

　　河南巩义县宋太宗元德李后陵出土的越窑秘色瓷刻花云鹤纹盒（图2.77、图2.78），共四层，由四层相套而成，通体满釉。上层为器盖，作母口，上部隆起，有圆形把手。下腹内收成圈足。瓷胎青灰、质地细腻坚实、釉色光洁均匀，纹饰细腻。

　　12世纪中叶到1230年前后，高丽青瓷中的云鹤纹、野菊纹、牡丹纹、莲花纹、蒲柳纹、水禽纹等逐渐增多。[1] 其中云鹤纹和野菊纹最多，又以云鹤纹为最重要。柳宗悦在《朝鲜古物之美》中指出，朝鲜固有的图样中，尤以"柳荫水禽"和"云鹤"之纹出名，这些图样可谓是"高丽烧"的代表。[2] 康津郡大口面、云龙里遗址、全罗南道高敞郡雅面山遗址等出土的器物，线刻纹样颇多，例如莲瓣纹、云鹤纹等，也是"越窑式"的。[3]

①　陈进海. 世界陶瓷（第2卷）[M]. 沈阳: 万卷出版公司, 2006: 402.

②　柳宗悦. 朝鲜古物之美 [M]. 张逸雯, 译. 上海: 上海人民出版社, 2022: 39.

③　林士民. 对高丽青瓷的探索 [M]// 浙江大学韩国研究所. 韩国研究（第6辑）. 北京: 学苑出版社, 2002: 10.

图2.79　高丽镶嵌青瓷云鹤纹梅瓶　高丽　韩国康津青瓷博物馆藏
图2.80　高丽镶嵌青瓷云鹤纹梅瓶　高丽　韩国涧松美术馆藏
图2.81　高丽镶嵌青瓷竹鹤纹水注　高丽　日本大阪市立东洋陶瓷美术馆藏

　　高丽青瓷中的云鹤纹常常采用镶嵌技法来装饰，纹样清晰、色彩明度差异大，立体感强，整体效果生动自然（图 2.79 至图 2.81 ）。对比越窑青瓷刻划装饰，在技法上有了本民族的创新，在云鹤纹的效果上追求飘逸轻盈。高丽青瓷"静谧的青调蒙着湿意，图样的刻线仿佛流淌而下，有时则以白或黑的镶嵌手法沉埋楚楚可怜的纹样。偶见漆黑色的自在笔意。这些线条的形态皆温润端雅"[①]。

　　柳宗悦认为，"高丽朝的陶瓷器是生生不息的。那是一个学艺的时代。……艺术却能无坚不摧，因其超越了时间和地理"[②]。在中国陶瓷业尤其是越窑青瓷技艺的影响下，朝鲜半岛的陶瓷事业不断取得创新和发展。

---

① 柳宗悦.朝鲜古物之美 [M].张逸雯，译.上海：上海人民出版社，2022：49.
② 柳宗悦.朝鲜古物之美 [M].张逸雯，译.上海：上海人民出版社，2022：25.

第三章

越窑青瓷在日本的传播与影响

中日两国，自古交往。《汉书》《后汉书》《三国志》《晋书》《隋书》等史籍均有中日两国交往的记录。

随着两国官方交往、民间交往的日益深入，中国越窑青瓷漂洋跨海不断传入日本。

一、中国与日本的古代交往

古代中国与日本列岛早有交往。据考古史料，日本的水稻与中国河姆渡的水稻应该存在着某种关联。[①] 日本列岛的水稻种子、水稻耕种技术、耕种工具等，应该是从中国大陆的江南流域传播过去的[②]，而且是由长江下游的江南直接传到日本列岛[③]。绳文末期，九州一带的墓式与中国东北地区的有些类似。[④] 另据考古发掘，广田海岸北侧高地之上的古墓葬群中发现有刻隶书"山"字的贝札，日本研究者认为是后汉到三国的书体，这说明了曾经有过汉人或者接受过汉文化的人（船）到过种子岛。[⑤]《史记》中的《秦始皇本纪》《封禅书》《淮南衡山列传》等卷多处提到徐福东渡。关于徐福是否到达过日本列岛，有很多讨论，因资料不足，无法得出结论。但重要的是，史前时代，到达日本列岛的中国移

---

① 安志敏 . 中国稻作文化的起源和东传 [J]. 文物, 1999（2）: 63-70.

② 沈仁安 . 关于弥生文化的若干问题 [J]. 日本问题, 1987（3）: 58-65.

③ 汪向荣 . 古代的中国与日本 [M]. 北京: 生活·读书·新知三联书店, 1989: 35.

④ 汪向荣 . 古代的中国与日本 [M]. 北京: 生活·读书·新知三联书店, 1989: 41.

⑤ 汪向荣 . 古代的中国与日本 [M]. 北京: 生活·读书·新知三联书店, 1989: 60.

民为日本文明的开化、日本生产力的发展、中日文化的交流做出了贡献，这是中国和日本关系史的序曲。

（一）秦汉时期

前3世纪，在秦代大一统的统治下，中原王朝生产力快速发展，农业生产方式通过移民传播进入日本列岛。日本列岛从原始的采集经济转变为以水稻为主的农耕经济。长达几千年的绳文时代伴随着生产力的变革悄然落幕，日本社会开始进入弥生时期。

汉代，中国与日本的交往有了明确的记录。《汉书·地理志》记载："乐浪海中有倭人，分为百余国，以岁时来献见云"；《魏略》云倭在带方东南大海中，依山岛为国，度海千里，复有国，皆倭种"。[①]

前2世纪前后，中国移民不断进入日本列岛，日本史籍《古事记》《日本书纪》中称其为"汉人""新汉人""吴人""唐人""归化人"等。但在当时的航海技术背景下，这种交往称不上频繁，日本还是孤立在海上的。日本著名史学家井上清非常清晰地指出："直到公元3世纪，当时日本社会几乎还是完全孤立在列岛上"，后来直接或者间接地接触到了中国的文明，直到4、5世纪，才从野蛮阶段进入了文明阶段。[②]

3世纪，"中国人已有吴太伯（泰伯，周太王古公亶父的长子）的子孙渡海到日本列岛"[③]。《日本本纪》中也有关于中国移民的记载。283年，弓月君率己国之人夫百二十县而归化，被阻止在新罗，在285年，到达日本列岛。[④]289年，阿知使主和他的儿子，带领部下十七县人民到日本归化。[⑤]日本的《古语拾遗》中称"弓月君"为"秦公祖弓月"，称"阿知使主"为"汉直祖"。[⑥]雄略天皇时，

①　中华书局编辑部. 二十四史（简体字本）[M]. 北京：中华书局，2000：1322.

②　沈光耀. 中国古代对外贸易史 [M]. 广州：广东人民出版社，1985：217.

③　韩东育. 关于日本"古道"之夏商来源说 [J]. 社会科学战线，2013（9）：70-101.

④　汪向荣. 古代的中国与日本 [M]. 北京：生活·读书·新知三联书店，1989：31.

⑤　汪向荣. 古代的中国与日本 [M]. 北京：生活·读书·新知三联书店，1989：31.

⑥　汪向荣. 古代的中国与日本 [M]. 北京：生活·读书·新知三联书店，1989：31.

诏聚大陆移民,由东、西汉氏和秦氏掌管,形成了几个较大的移民集团。[1] 此时,出现了关于"新汉人"的记载,这区别于过去定居和归化在日本的中国移民。[2]

魏晋南北朝时期,为躲避中原战乱,中原人民迁徙至日本列岛,形成二次赴日的高潮[3],以弓月君、阿知使主、身狭村主青、司马达止等为重要的代表人物。这些移民把中国的先进文化带到了日本。

4 世纪,日本大和朝廷出兵朝鲜,在朝鲜建立了壬那日本府。此时,中国人大批移居日本,汉字、中原文化、佛教等传入日本。562 年,壬那日本府消亡。

中国的先进文明对日本列岛起到了巨大的作用,到了 6 世纪,日本已经完全摆脱了原始社会的形态,皇室政权诞生并不断巩固。近畿的奴隶主集团已经完全征服和控制了日本列岛的大部分区域。[4]

南北朝时期,日本天皇派遣吉备弟君、欢因知利到朝鲜半岛西南部的带方郡,寻访邀请中国匠师到日本传授技艺,其中就有陶部的匠人来到日本传授制陶技艺。[5]540 年(梁大同六年),大和朝廷还专门对中国移民进行过统计,"秦人户数总七千五十三户"[6]。

(二)隋唐时期

隋唐之际,日本多次派遣使者与中国交好。

根据《隋书》记载,隋文帝开皇二十年(600,日本推古八年),日本推古天皇派遣了第一批遣隋使。隋炀帝大业三年(607),倭王多利思比孤再次派遣使者访隋。隋炀帝大业三年(607,推古十五年)七月,圣德太子又派遣大礼小野妹子和通事鞍作福利为遣隋使再次入隋。[7] 根据《隋书》《日本书纪》

① 韩昇. 略论日本古代大陆移民的若干事迹 [J]. 求索,1992(5):115-119.
② 汪向荣. 古代的中国与日本 [M]. 北京:生活・读书・新知三联书店,1989:31.
③ 吴煜. "一带一路":中日陶瓷贸易发展与战略研究 [M]. 南昌:江西高校出版社,2018:5.
④ 中国中日关系史研究会. 日本的中国移民 [M]. 北京:生活・读书・新知三联书店,1987:11.
⑤ 朱培初. 明清陶瓷和世界文化的交流 [M]. 北京:轻工业出版社,1984:140.
⑥ 汪向荣. 古代的中国与日本 [M]. 北京:生活・读书・新知三联书店,1989:31.
⑦ 童岭. 日出处天子致书日没处天子:隋代的国书事件及其文本阐释探微 [J]. 北京大学学报(哲学社会科学版),2023(1):126-138.

《三国史记》记载，日本向隋派出的使者共有 5 批。[①] 自此，日本全面接受中国文化的序幕揭开。[②]

到了 7、8 世纪，日本直接派遣使节、留学生、留学僧到中国求学。他们将中国的先进文化和先进技术传入日本，日本的各种文化在唐代文化的影响下逐渐形成。"以摄取中国文化为目的而产生的模拟仿真性的中国文化类型，是在奈良时代开始，以后一直延续到 17 世纪，从未间断。"[③]

从舒明天皇二年（630）到宇多天皇宽平六年（894），日本 19 次派出遣唐使[④]，其中包括迎入唐使、送唐客使。这些入唐的遣唐使中，有阿倍仲麻吕、吉备真备、空海、最澄、玄昉、圆仁、圆珍等。这里重点介绍其中的两位。

717—753 年，阿倍仲麻吕在唐朝学习，并在唐朝担任正式官职，从正九品下一直做到从三品，在诗文方面颇有建树。[⑤]唐代诗人王维、李白专门为他写诗。753 年，阿倍仲麻吕回到日本，并于 755 年再次来到长安，担任正三品职务。770 年，阿倍仲麻吕在长安逝世，唐朝追封他为从二品潞州大都督，日本也追赠正二位。阿倍仲麻吕为中日文化交流做出了重要贡献，其业绩得到了中日双方的认可。

吉备真备两次入唐。第一次是 716 年，与阿倍仲麻吕从日本难波一同出发来到中国。735 年回到日本之后担任了日本大学的助教（助博士）。[⑥]第二次是 752 年，其担任遣唐使副使再次入唐，754 年返日，官至右大臣。[⑦]吉备真备在唐朝生活学习的时间累计达到了 20 余年。在这 20 余年里，他将中国的文化典籍带回了日本，供日本朝廷学习模仿。据说，吉备真备还将唐代陶瓷匠

① 童岭.日出处天子致书日没处天子：隋代的国书事件及其文本阐释探微 [J]. 北京大学学报（哲学社会科学版），2023（1）：126-138.

② 施永安.日本古陶瓷 [M]. 长春：吉林美术出版社，1992：200.

③ 施永安.日本古陶瓷 [M]. 长春：吉林美术出版社，1992：195.

④ 木宫泰彦.中日文化交流史 [M]. 胡锡年，译.北京：商务印书馆，1980：62.

⑤ 吴廷璆.日本史 [M]. 天津：南开大学出版社，1994：81.

⑥ 木宫泰彦.中日文化交流史 [M]. 胡锡年，译.北京：商务印书馆，1980：66-67.

⑦ 吴廷璆.日本史 [M]. 天津：南开大学出版社，1994：82.

人带回日本,学习中国的陶瓷制造技术,从而为日本的陶瓷器制造业服务[①],"对日本很快生产出奈良三彩起到了重要作用"[②]。施永安在《日本古陶瓷》一书中提出,吉备真备对日本从唐朝引进中国烧瓷技术做出了贡献,其回国后,在吉备津办起了制瓷业。[③]这应该是可以得到印证的。日本的考古史料显示,日本出土的中国唐代瓷器很多,其中最多的是越窑青瓷和长沙窑褐釉贴花器。河南巩县窑三彩瓷器、陕西耀州窑三彩陶器、邢窑白瓷的数量也较多,还有一些具有晚唐五代特色、火候较高的黄釉陶、绿釉陶等。[④]傅振伦列举了数名曾到中国学艺的日本工匠以及他们如何在日本设置窑厂烧制瓷器。[⑤]例如,708—749年,日本元明、元正、圣武三朝,日本工匠在中国学习到了制造釉陶的技术。[⑥]711年,百济僧人行基在尾张等地设立了制造黑色釉的窑厂。[⑦]716年,吉备真备从中国带回制瓷工匠,进行瓷器烧制。[⑧]

到了894年,日本朝廷采纳菅原道真的《请令诸公卿议定遣唐使进止状》,废止了260多年的遣唐使制度,中日关系出现重大转折。[⑨]当然,中日民间交往依然继续,僧侣和商贾依然往返于两国,文化交往持续进行,这甚至被专家认为是进入了"互通有无的更为实质性的阶段"[⑩]。

834—919年,有30余名唐朝商人从事中日贸易。[⑪]日本平安时代的《新

① 傅振伦.中国伟大的发明——瓷器[M].北京:轻工业出版社,1988:168.

② 施永安.日本古陶瓷[M].长春:吉林美术出版社,1992:16.

③ 施永安.日本古陶瓷[M].长春:吉林美术出版社,1992:23.

④ 王文强.略述我国陶瓷的外销及其影响[C]//中国古陶瓷研究会,中国古外销陶瓷研究会.中国古代陶瓷的外销.北京:紫禁城出版社,1988:140.

⑤ 傅振伦.中国伟大的发明——瓷器[M].北京:轻工业出版社,1988:168.

⑥ 傅振伦.中国伟大的发明——瓷器[M].北京:轻工业出版社,1988:168.

⑦ 傅振伦.中国伟大的发明——瓷器[M].北京:轻工业出版社,1988:168.

⑧ 傅振伦.中国伟大的发明——瓷器[M].北京:轻工业出版社,1988:168.

⑨ 王勇.中日关系史考[M].北京:中央编译出版社,1995:44.

⑩ 王勇.五代日僧宽建一行入华事迹考[M]//杭州大学日本文化研究中心,神奈川大学人文研究所.中日文化论丛(1993).杭州:杭州大学出版社,1995:16.

⑪ 吴煜."一带一路":中日陶瓷贸易发展与战略研究[M].南昌:江西高校出版社,2018:17.

猿乐记》记载，中日贸易的主要物品为香料、丝绸、中药、日用陶瓷碗、茶具等。[①]

（三）五代、两宋时期

五代时期，与日本往来最多的是吴越国。吴越之地的明州港，是去往日本列岛的始发港。《辽史》记载："吴越、南唐航海输贡。"据学者统计，吴越国与日本的船舶往来，有记录者共有 18 次。[②]日本学者中村新泰郎在《日中两千年》中提出，在日本的史书中，中日之间往返的只见中国船只，而中国船只几乎都是吴越的，有记录者至少有 14 次。[③]钱镠曾见舟楫辐辏，望之不见首尾，云："吴越国地去京师三千余里，而谁知一水之利有如此耶。"[④]

两宋时期，中日两国的官方交往减少，以贸易往来为目的的交往逐渐频繁。木宫泰彦在《中日文化交流史》中详细列出了日本和北宋往来情况。据他统计，北宋时期，中国商船去往日本的次数约为 70 次。[⑤]宋商去往日本，一般安顿在鸿胪馆。南宋时期，都城迁到了临安，出发往来日本的商船又有增加。

僧人（留学僧）在中日文化交流上的作用是不可忽视的。记载在史册的日本入宋僧人有奝然、成算、祚一、嘉因等 20 多人，最著名的有奝然、寂照、成寻等。[⑥]《宋史·日本传》中记载了许多关于奝然的内容。永观元年（983）十二月，奝然在北宋首都东京（汴京）进谒太宗。根据《日本记略》记载，日僧宽建法师一行共 10 人，在 927 年来到中国，目的是求法和巡礼五台山。他们从九州出发，第一站到达福州。[⑦]后宽建因病去世，随行的僧人宽辅、澄觉、

① 吴煜 . "一带一路"：中日陶瓷贸易发展与战略研究 [M]. 南昌：江西高校出版社，2018：17.

② 耿元骊 . 五代十国时期南方沿海五城的海上丝绸之路贸易 [J]. 陕西师范大学学报（哲学社会科学版），2018（4）：79-88.

③ 李志庭 . 浙江通史·隋唐五代卷 [M]. 杭州：浙江人民出版社，2005：336.

④ 耿元骊 . 五代十国时期南方沿海五城的海上丝绸之路贸易 [J]. 陕西师范大学学报（哲学社会科学版），2018（4）：79-88.

⑤ 木宫泰彦 . 中日文化交流史 [M]. 胡锡年，译 . 北京：商务印书馆，1980：238-243.

⑥ 木宫泰彦 . 中日文化交流史 [M]. 胡锡年，译 . 北京：商务印书馆，1980：80.

⑦ 王勇 . 中日关系史考 [M]. 北京：中央编译出版社，1995：48.

超会等数年后到达汴京。[①]1071年，日本僧人成寻来中国，宋神宗问他最需要中国的哪种物品，成寻回答最想要的是香药、锦缎、茶碗（瓷器）之类。《宋史》记载，熙宁五年（1072）十月，宋神宗在台州国清寺会见了日本僧侣成寻。

日本学者宝月圭吾认为，伴随着禅师的往来，宋代技术人员东渡日本传授技术，日本在医术、绘画、书法、陶艺、烹调、印刷、织布等方面受到了宋代技术的影响。[②]日本圆觉寺的物品目录《佛日庵公物目录》记载有镰仓幕府时代的饶州汤盏、汤瓶、钵等，大约是南宋时期输入日本的景德镇青白瓷。[③]日本史籍《仁和寺御室御物实录》记载有青茶碗一只。[④]

1223年，日本山城人加藤四郎跟随道元禅师来到中国，在福建学习建盏茶器烧制。[⑤]五年后返回日本，在京都、知多、爱知等地开窑，未成功。后来，在尾张、濑户开窑烧造获得成功，作品铭刻有"藤四郎烧"。加藤四郎是推动中国陶瓷技术对日传播的杰出使者。在日本陶瓷界，加藤四郎被人们称为"陶祖""陶业中兴之祖"。木宫泰彦对他的评价是："为日本制陶技术开辟了新纪元。"[⑥]

宋代时期，日本朝廷指定的贸易港口是现在的福冈市博多港，当时的博多作为国际贸易城市非常繁荣。外国的贸易船先到博多卸货（中国船只指定停在博多），然后流通到日本国内各地。宋代商人被日本人称为"博多纲首"，这些商人住在博多的"唐房"。可以看出，当时中国商人的数量非常多，中日瓷器贸易繁荣。

从贸易货品来看，主要有锦、绫、香药、茶碗、文具等。[⑦]茶碗一般是瓷质的，

---

① 王勇.五代日僧宽建一行入华事迹考 [M]// 杭州大学日本文化研究中心，神奈川大学人文学研究所.中日文化论丛（1993）.杭州：杭州大学出版社，1995：19-21.

② 施永安.日本古陶瓷 [M].长春：吉林美术出版社，1992：24.

③ 傅振伦.中国伟大的发明——瓷器 [M].北京：轻工业出版社，1988：153.

④ 万剑，张毅威，张杰，等.形色之美与文化基因：古代越窑青瓷茶具对日影响与当代发展策略 [J].陶瓷学报，2024（3）：621-630.

⑤ 朱培初.明清陶瓷和世界文化的交流 [M].北京：轻工业出版社，1984：141.

⑥ 木宫泰彦.中日文化交流史 [M].胡锡年，译.北京：商务印书馆，1980：386.

⑦ 木宫泰彦.中日文化交流史 [M].胡锡年，译.北京：商务印书馆，1980：247.

也有来自吴越国的越窑青瓷，甚至是来自上林湖核心产区的秘色瓷。值得注意的是，日本藤原时代，日本的特有工艺美术品也已经输入中国，例如日本的金银描金、螺钿、琥珀、水晶、红黑木、念珠、扇子、屏风等，非常受欢迎。①

日本与南宋的商船往来频繁。尤其是南宋中叶，日本商船来到中国的次数逐渐增多，与北宋时期大不一样。根据《太宰府考》引用的《宗象记》中的记录，妙典曾七次入宋，凡宗肩氏赴宋的公事船和商船等，都是由其策划的。②

南宋输入日本的贸易货品与北宋差不多，主要是香药、书籍、织物、文具、茶碗等。③日本输入中国的货品有金子、砂金、珠子、药珠、水银、鹿茸、茯苓、硫黄、螺头、合蕈、松板、杉板、罗板等。④杉木、罗木应该是日本特产，宋赵汝适《诸蕃志》"倭国"条记载："多产杉木、罗木，长至十四五丈，径四尺余，土人解为枋板，以巨舰搬运，至吾泉贸易。"⑤南宋时期，日本对外贸易输出了莳绘、螺钿、水晶、细工、刀剑、扇子等工艺美术品。

13世纪末，中国茶文化盛行于日本。中国的天目茶碗、茶壶等黑釉瓷器被大量输入日本。伴随着茶文化的传入，中国的禅宗也传入日本。禅宗所追求的意境与茶道不谋而合，一时之间，中国的茶器如建窑黑釉盏等风靡日本。

（四）明清时期

明代中国是当时世界的强国之一，"郑和下西洋"拓宽了中国与海外各国之间的交流，为中国文化的传播作出了重要贡献。从明永乐三年（1405）到明宣宗宣德八年（1433）的28年间，郑和船队到达东南亚、印度洋，最远到达红海与非洲东海岸，走访了30多个国家和地区，这是世界性的创举。⑥

明洪武四年（1371）之后，历朝"禁海"。在海禁期间，仍有通过"浪人"

---

① 木官泰彦.中日文化交流史[M].胡锡年，译.北京：商务印书馆，1980：249.
② 木官泰彦.中日文化交流史[M].胡锡年，译.北京：商务印书馆，1980：294-295.
③ 木官泰彦.中日文化交流史[M].胡锡年，译.北京：商务印书馆，1980：300.
④ 木官泰彦.中日文化交流史[M].胡锡年，译.北京：商务印书馆，1980：302.
⑤ 冯承钧.诸蕃志校注[M].北京：文物出版社，2022：215-216.
⑥ 曲金良，马树华.中国海洋文化史长编·明清卷[M].青岛：中国海洋大学出版社，2011：207.

进行走私的。一直到了明隆庆元年（1567）政府废除海禁，准许东西二洋兴商，商舶贸易才得复兴。万历、天启、崇祯年间，海禁政策名存实亡，中外贸易畅通。

1401年，室町幕府第三代将军足利义满在筑紫商人肥富的进言下，以"日本国准三后源道义"的名义向明朝遣使正式恢复官方通好。截至1547年（大内氏最后一次派出遣明使），日本共向明朝派遣使节19次。[①]

日本永正年间（1504—1520），中国陶工阿米夜东渡日本，定居在京都长者町西洞院。阿米夜后来成为佐佐木的女婿，一直从事陶瓷烧造工作，其烧造的有色陶器成为"乐烧"的起源。阿米夜的后裔大多从事制陶业，成就最高的是他的儿子初代长次郎，曾得到过织田信长、丰臣秀吉的赏识。[②]

关于日本五良太甫来中国学习陶瓷技艺的时间和历程，目前尚有争议。五良太甫在史料上的名字或称呼非常多，有五良大夫、五郎太辅、五良大夫、五郎太甫等。有一种说法是，1506年，日本遣明使了庵桂悟等启程来中国，伊势松坂人五良太甫随了庵来到中国，五良太浦取中国名叫吴祥瑞。[③]吴祥瑞在景德镇住了五年左右，学习了素肌玉骨青花瓷做法，回国之时，还带回了造瓷原料。先是在肥前之有田附近开窑造器，后在奈良附近之鹿脊山造瓷。他根据从中国学习的制瓷技法，对日本陶瓷技艺进行了改革，成为日本制瓷先驱。"有田烧"至今一直是日本的名瓷。中国国家博物馆藏有吴祥瑞所造的青花人物花熏一件（图3.1），这是中日文化交流的见证。

还有一种说法是，五良太甫在文禄年间来到中国，1616年返回日本。[④]日本《陶瓷全集》一书指出，五良太甫在1594年渡海到中国江西景德镇学习陶瓷技术，1616年回到筑后（九州西北部）的朝妻开窑，1620年搬迁到筑后的之濑。[⑤]傅振伦在调研后认为，"1594年，十八岁的日本陶工伊藤五良大夫（1577—1663）来中国学习陶瓷技术，1616年返回日本"[⑥]。

① 张静宇.日本遣明使的北京之行[J].读书，2024（6）：160-168.
② 施永安.日本古陶瓷[M].长春：吉林美术出版社，1992：17.
③ 傅振伦.中国伟大的发明——瓷器[M].北京：轻工业出版社，1988：168.
④ 施永安.日本古陶瓷[M].长春：吉林美术出版社，1992：32.
⑤ 施永安.日本古陶瓷[M].长春：吉林美术出版社，1992：32.
⑥ 傅振伦.中国伟大的发明——瓷器[M].北京：轻工业出版社，1988：169.

图3.1 "五良太浦吴祥瑞造"青花人物花熏
日本（16世纪） 中国国家博物馆藏

1592—1598年,日本丰臣秀吉发动了二次对朝战争,史学上称为"文禄·庆长之役",在陶瓷史上也可以称之为"陶器战争"。[①] 三上次男指出:"16世纪末,丰臣秀吉在攻打朝鲜半岛时, 将朝鲜陶工带到日本, 第一次把瓷器烧制技术带到了日本。"[②] 日本在朝鲜半岛掠夺大量的陶工到日本, 这些陶工在各地的陶窑从事陶瓷烧制工作,促进了日本陶瓷业的发展。从朝鲜被掠夺到日本的李参平,1616年在有田泉山发现了瓷土, 这不仅为"有田烧"做出了贡献, 也为日本瓷器的创烧做出了巨大贡献。日本瓷器的烧制, 代表着日本瓷器时代的到来,而这是从"有田烧"开始的。[③]

根据《长崎志》的记载,明代万历、崇祯年间,中国百姓前往长崎。1611年,中国约有80艘船来到长崎;到了1641年, 增加到了97艘。[④]1612年, 郑成功的父亲郑芝龙到达长崎, 在他的影响下, 一批中国人前往日本。1635年,从台湾运往日本的瓷器达到了13.5万件之多。[⑤]1637年, 从中国运往日本的

① 施永安.日本古陶瓷[M].长春:吉林美术出版社,1992: 21.

② 三上次男.从陶磁贸易看中日文化的友好交流[J].贾玉芹,译.社会科学战线,1980(1):219−223.

③ 三上次男.从陶磁贸易看中日文化的友好交流[J].贾玉芹,译.社会科学战线,1980(1):219−223.

④ 吴煜.中日陶瓷经营史比较研究[M].南昌:江西高校出版社,2019: 9.

⑤ 傅振伦.中国伟大的发明——瓷器[M].北京:轻工业出版社,1988: 157.

瓷器有75万件。①1641年6月26日，郑芝龙用船装载中国瓷器1400多件运往日本；同年7月10日，从福州载去2700件；10月17日，用97艘船装载2万件瓷器在日本长崎登陆。②

1619年，浙江杭州余杭人陈元赟搭乘日本商船到长崎。其擅长诗文、书法、绘画、医学、陶瓷、武术、染织等，来到日本后，在日本尾张（现爱知县），用濑户的土仿制了安南（越南）的青花。③陈元赟曾主持日本江户时代的官窑"御庭烧"④，被誉为"元赟烧"，是当时的名品，这在日本陶瓷史上具有重要的意义。

明末清初，泉州人周辰官去往长崎登陆日本世代定居。周辰官在1644年担任专职贸易管理人员（唐通事外、目利、目明和、年行司等）。⑤周辰官精通陶艺，曾经将中国彩绘技术传给柿右卫门（原名酒井田喜三右卫门），对"有田烧"的贡献很大。⑥"柿右卫门烧"是伊万里窑1660—1680年创烧的成熟彩绘瓷，是"受中国明末及清初五彩的启发而创烧出来的"⑦。17世纪中叶，江户时期柿右卫门及丰岛德左卫门来中国学习制瓷技术。伊万里窑的柿右卫门在父亲酒井圆田的影响下，学习烧制青花瓷。后来到中国学习陶瓷彩绘技术。在1647年前后，与吴须权兵卫一起成功烧制彩绘瓷。柿右卫门因此被称为"日本的五彩瓷始祖"⑧。

日本的陶瓷技术在学习中国的技术基础上融入了本民族的特色。1650—1668年，日本瓷器所用色粉，从中国进口的达到3.3万余担之多。⑨这说明日本当时的陶瓷业发展兴盛。

① 施永安.日本古陶瓷[M].长春:吉林美术出版社,1992:157.
② 傅振伦.中国伟大的发明——瓷器[M].北京:轻工业出版社,1988:157.
③ 施永安.日本古陶瓷[M].长春:吉林美术出版社,1992:17.
④ 郭奕汝.明人陈元赟流寓日本活动考察[D].长春:东北师范大学,2023.
⑤ 何宇.清前期中日贸易研究[D].济南:山东大学,2010.
⑥ 施永安.日本古陶瓷[M].长春:吉林美术出版社,1992:17.
⑦ 郭富纯,孙传波.日本古陶瓷研究[M].北京:文物出版社,2011:171.
⑧ 郭富纯,孙传波.日本古陶瓷研究[M].北京:文物出版社,2011:171.
⑨ 傅振伦.中国伟大的发明——瓷器[M].北京:轻工业出版社,1988:169.

清代，去往日本的中国人逐渐增多，尤其以广东籍为最多。1688年，进入长崎的商船达到了100多艘，人数也有9000多人。次年，由于到访长崎的中国人越来越多，日本专门新建了唐人街。

去往日本的中国人中不乏陶瓷艺术家、陶瓷商人等，他们对中日陶瓷艺术交流做出了重要贡献。例如，清代画家沈南苹、伊孚九影响了日本的瓷器青花、五彩的绘画，日本瓷器画师专门会研习模仿他们的绘画作品。

顺治年间，日本石川县江沼郡九谷村（今福井市附近）的贵族前田利治发现大日山有优质的瓷土。前田利治在肥前学习制瓷，归来之后创办九谷窑。日人著作《陶器全集》《日本陶器考》中均提到九谷与中国陶工相关，这些陶工参与了古九谷的创建和发展。[1] 例如，后藤才次郎曾到中国景德镇学习、长崎的中国陶瓷工匠曾到九谷窑传授陶瓷彩绘。[2]

综上可知，移民到日本的中国人将中国的陶瓷技艺传播到日本，促进了中日文化交流，推动了日本陶瓷业的发展。

二、中国与日本的陶瓷之路

中日之间隔着东海。海上陶瓷之路是中日两国开展陶瓷文化交流的最重要路线，主要有北路、中路、南路等。这些路线在古代中日文化交流中起到了重要的作用，为两国经济、文化、科技等方面的交流提供了便利。

北路是最早的中日交往路线，经过朝鲜半岛西渡黄海，至登州上岸，再由青州、济州、汴州达于洛阳、长安。这条路线在隋唐时期被频繁使用，日本多次派遣使者来华学习先进文化。中路，日本直接跨海西行，至长江口岸及苏北沿海一带登陆，入扬州、楚州，通过邗沟和通济渠继续行船，经汴州、洛阳西达长安。这条路线在唐中期后成为主要的中日交往路线，因为中路和南路都要经过大运河，便于日本人来中国。南路，从日本横越东海，南下明州及浙江沿海登陆，溯钱塘江或浙东运河经越州至杭州，由此经江南运河至扬州，再循邗沟、通济渠西去长安。这也是一条重要的中日交往路线，尤其是在隋唐时期。另外，

---

① 施永安. 日本古陶瓷 [M]. 长春：吉林美术出版社，1992：24.

② 吴煜. 中日陶瓷经营史比较研究 [M]. 南昌：江西高校出版社，2019：15.

也有从九州出发，横渡中国东海，中间不作停留，直达江南的路线，但这条路线有过数次渡海失败的记录。

（一）隋唐时期

日隋往来的路线经过百济。关于百济到达日本难波津的航路，《隋书·列传》"倭国"条有详细的记载："上遣文林郎裴清使倭国，度百济，行至竹岛，南望聃罗国，经都斯麻国，迥在大海中。又东至一支国，又至竹斯国，又至秦王国，其人同于华夏，以为夷洲，疑不能明也。又经十余国，达于海岸。自竹斯国以东，皆附庸于倭。"①

日本遣唐使出使登船的港口在难波的三津浦（今大阪市南区三津寺町）。三津浦沿濑户内海西下，到达紫筑后在大津浦靠岸。大津浦又名娜大津、博多大津，即现在的博多港。博多港在古代是大宰府的门户，遣唐使的船舶要在这里停泊。从这里出发，有南路和北路。北路为渤海道，经过壹岐、对马，通过朝鲜南畔与聃罗国（济州岛）之间的海岸，到达现在的仁川附近。到了仁川之后，有两种方式，一是直接渡过黄海，二是沿着朝鲜半岛的西海岸及辽东半岛的东岸，横渡渤海湾，在山东半岛登陆。这种方式与遣隋使的航线一致。南路，也有不同的航线，从筑紫的西岸南下，经过南岛，横渡东中国海，到达长江口。也可以从筑紫的值嘉岛附近直接横渡东中国海。

木宫泰彦分析了四个阶段的遣唐使。② 第一个阶段是舒明天皇时代到齐明天皇时期。这个时期大多走北路。第二个阶段是天智天皇朝时期。这一时期也是走北路。第三个阶段是文武天皇朝到孝谦天皇朝时期。这个阶段中国的唐文化达到了极盛，日本开始深入了解中国文化。这个时期开始，中日往来航路以南路为主。朝鲜半岛新罗日益壮大，对遣唐使北路出行有一定的影响，这或许是改走南路的一个原因。另外一个原因是，当时的南岛已经大部分归属日本，可以通过南岛到达大唐。第四个阶段是光仁天皇朝到仁明天皇朝时期。此时的遣唐使规模大，但这个时期的唐朝内忧外患，日本留学僧在华时间也比前期要短，航线以南路为主，是从紫筑直接横渡东中国海。走南岛路线时间长，海上

① 中华书局编辑部. 二十四史（简体字本）[M]. 北京：中华书局，2000：1226.

② 木宫泰彦. 中日文化交流史 [M]. 胡锡年，译. 北京：商务印书馆，1980：73-75.

风险大。顺风的时候，是从值嘉岛直接横渡东中国海，且不需要中间停泊港口，行程时间比较短，这是遣唐使快速到达大唐的较好选择。由南路到达大唐的遣唐使的第一站，根据史料记载有楚州、明州、扬州、福州等，这些地方均相对接近长江。《新唐书》中有这样的记录："新罗梗海道，更由明、越州朝贡。"[①]所指的应该就是这条线路。

孙光圻在《中国古代航海史》中详细分析了唐与日本之间的两路四线北路（北线、北路南线、南路南线、南路北线）海上航道。北路北线是黄海北线，从中国山东半岛到朝鲜半岛再到日本。航程较长，但比较安全。《新唐书·地理志》记载："一曰营州入安东道，二曰登州海行入高丽渤海道……"[②]从山东半岛北岸登州出发，经过庙岛群岛向东北航行，横渡渤海海峡到辽东半岛的南端，沿着黄河北岸东航，过鸭绿江口，转向东南入西朝鲜湾，沿着朝鲜半岛西海岸南下，绕过瓮津半岛、江华湾、群山湾、双子群岛，到达朝鲜半岛的南端。可以通过济州海峡直航到日本九州，也可以沿半岛南岸东航到巨济岛与釜山一带，再通过对马海峡到达九州。九州北部的筑津浦是当时日本大宰府的航海门户。到达九州筑紫后向东航行，经关门海峡入濑户内海，到达奈良难波的三津浦，这里是遣唐使的始发港和终点港。北路南线是黄海南线。从中国山东半岛的登州登县赤山莫琊口（今山东省靖海卫附近）出发，东渡黄海，直达朝鲜半岛西岸，瓮津半岛西端的长山串、白翎岛一带，在沿岸南下，到达日本。后续的航程与北路北线大致相同。南路南线是东海南线，大概自唐代中期开始成为重要的航线。因朝鲜半岛与日本关系紧张，中日之间传统的北路难以继续，因此有了新的线路。这条线路是唐代高僧鉴真东渡日本之路。从明州或越州出发，横渡东海，到达日本南部奄美大岛附近，再向北航行，经吐火罗、夜久、多袄等，渡过大隅海峡，到达九州西南萨摩（今鹿儿岛西海岸），再到肥后、肥前，最后抵达九州筑紫。然后与北路一样，到达三津浦。南路北线是东海北线。到了唐代后期，随着航海技术的提高，船只可以直接跨越东海，快速对航。南路南线，要在南部海域绕一个大环线，航程长、时间长。南路北线从江浙沿海的

① 　中华书局编辑部.二十四史（简体字本）[M].北京：中华书局：2000：4715.

② 　中华书局编辑部.二十四史（简体字本）[M].北京：中华书局，2000：751.

楚州、扬州、明州、温州等港口出发，向东偏北直接横越东海，直接到达肥前值嘉岛（今平户岛与五岛列岛附近），再到达三津浦和难波。[①]

（二）五代、两宋时期

吴越时期，去往日本的吴越商船大多从明州港出发，横渡东中国海，经过肥前松浦郡的值嘉岛，进入博多。船队从钱塘江、杭州湾入海，沿海北向。前文已述，从福州出发，必然经过明州，然后继续向北，抵达今山东半岛，在登州或青州上岸转陆行。如果不转陆行，则继续向东、向北，对应的就是有名的"登州海行入高丽渤海道"。这也是杭州、明州出发海船的经行之路。

北宋时期，日本藤原氏推行闭关锁国政策，严禁私自渡海。在北宋与日本的航线上，日本船只基本不可见，只有中国的民间航海船只。日本的资料显示，从 978 年到 1116 年，宋商往来日本的记录有 70 多次。[②] 更有一些商人数次往返，成为当时的航行名人。

北宋时期，大多数商船从明州港出发，横渡东中国海，到达值嘉岛，再转航到筑前的博多。这与唐末、五代的路线一致。到了北宋末年，从博多可以到达越前的敦贺。敦贺更接近都城，那里设置有接待外宾的松原客馆。

南宋时期，除了初期 30 年，其余时间两浙与日本列岛往来频繁，很快超过了北宋盛期的宋高宗年间。政府在秀州华亭县设市舶司，统辖杭州、明州、温州、秀州、江阴军的五个市舶务。南宋中叶之前，日本商船可以到达这些贸易港口。后，光宗绍熙元年（1190），杭州市舶务撤销。宁宗庆元元年（1195），温州、秀州、江阴军市舶务撤销，只有明州的市舶务保留。因此，绝大部分的日本商船只能到明州港（庆元）。

南宋时期去往日本的港口设置，依然与北宋时期保持一致，到筑前的博多。史料中出现了肥前平户，应该是中途停泊的地点。《荣尊和尚年谱》《元亨释书·荣西传》提到了明州港、平户岛苇浦等。平户，《日本后记》中称之为"庇良岛"，《三代实录》中称之为"庇罗岛"，平户似乎已成为中日交通的重要停泊地点。

① 孙光圻 . 中国古代航海史 [M]. 北京: 海洋出版社, 2005: 234-237.
② 孙光圻 . 中国古代航海史 [M]. 北京: 海洋出版社, 2005: 298.

三、以越窑青瓷为代表的中国陶瓷对日本陶瓷的影响

19世纪明治维新之前，日本的陶瓷艺术是在中国文化的影响下发展起来的。[①] 在日本，中国瓷器中的精品被天皇命为国宝，并把它赏赐给有功之臣，作为至高无上的嘉奖。[②] 日本学者中岛健藏在1973年曾说："我们可以断言，如果不谈中国的影响，那么根本无法说明日本传统的工艺美术。"[③] 分析中国陶瓷对日本的影响，必须从古梳理，下文按照时代顺序来分析中国陶瓷对日本陶瓷业的影响。

（一）中国早期陶瓷对日本陶瓷的影响

日本新石器时代，已经有了绳文土器，主要造型有日用器（盛食器）、土偶、装饰品（图3.2、图3.3）。以绳文土器为代表的文化，就是绳文式文化，这种文化一直衍生到6世纪。从日本九州、本州西部、四国西部的西平式陶器来看，绳文末期精致研磨的黑褐色陶器，与朝鲜汉江流域出土的黑陶相似，制作技术也相同，这可能与中国的龙山文化有关。[④] 汪向荣在《徐福、日本的中国移民》一文中也谈到了这一点，他认为分布在九州及本州西部、四国西部的西平式陶器，是绳文末期精致研磨陶器，与中国龙山文化有关。[⑤] 町田甲一在《日本美术史》中谈到了绳文陶器向弥生陶器的转变，认为新的烧制方法是受到了外来文化的影响。"毫无疑问，是大陆文化的作用……基本是中国古代移民在日本列岛上留下的文化痕迹。"[⑥]

前3世纪，弥生土器开始烧制。弥生土器因出土于东京都文京区弥生町而得名。弥生时代，铜铁器、水稻栽培、弥生土器成为日本文化的三大标志，标志着日本已进入了文明时代。九州北部"远贺川式陶器"是弥生文化的开

---

① 郑宁. 日本陶艺 [M]. 哈尔滨：黑龙江美术出版社，2001：14.

② 刘伟. 从世界各国对中国陶瓷的仿制谈起 [M]// 冯小琦. 古代外销瓷器研究. 北京：故宫出版社，2013：414.

③ 朱培初. 明清陶瓷和世界文化的交流 [M]. 北京：轻工业出版社，1984：140.

④ 施永安. 日本古陶瓷 [M]. 长春：吉林美术出版社，1992：15.

⑤ 中国中日关系史研究会. 日本的中国移民 [M]. 北京：生活·读书·新知三联书店，1987：52.

⑥ 施永安. 日本古陶瓷 [M]. 长春：吉林美术出版社，1992：15.

图3.2 壶 日本绳文时期 日本东京国立
博物馆藏

图3.3 黑陶双耳杯 日本新石器时代龙山
文化时期 山东博物馆藏

端。[①]1931 年，首次发现这种陶器在福冈的远贺川畔，因此而得名。[②]中国文
化在其中起到了积极的作用。在此时，来自中国的纺织品、金属器传入日本，
在日本九州可以看到这种文化的强烈影响。[③]弥生土器烧制的中后期采用辘轳
拉坯，技术进一步提高。"弥生土器在造型上已开始间接地受到了中国文化的
影响，如一些罐类和壶类器物，都反映着汉文化的影子。"[④]弥生土器的造型优
美、自然、朴素，脱离了之前的绳文土器的繁缛琐碎，趋向简洁（图 3.4、图 3.5）。
其功能从用于祭祀、护生、随葬等，逐渐走向实用。[⑤]根据弥生时代遗迹中出
土的人骨化验，中国山东省的临淄遗址和韩国南部的礼安里遗址出土的人骨是
弥生外来系的原籍之一。[⑥]1999 年 3 月 18 日，中日合作古代人骨比较研究成

① 陈进海 . 世界陶瓷艺术史 [M]. 哈尔滨：黑龙江美术出版社，1995：88.

② 王仲殊 . 日本古代文化简介 [J]. 考古，1974（4）：264-275.

③ 陈进海 . 世界陶瓷（第 4 卷）[M]. 沈阳：万卷出版公司，2006：155.

④ 施永安 . 日本古陶瓷 [M]. 长春：吉林美术出版社，1992：6.

⑤ 王玉新，关涛 . 日本陶瓷图典 [M]. 沈阳：辽宁画报出版社，2000：6.

⑥ 山口敏 . 弥生人的江南故里探源 [J]. 东南文化，1998（3）：144.

图3.4　朱彩壶　日本弥生时代中期　日本福冈美术馆藏
图3.5　朱彩壶　日本弥生时代后期　日本东京国立博物馆藏

果新闻发布会在日本东京举行，会上指出，中国长江、淮河下游地区也是日本弥生时代渡来人起源地。[①] 曾任日本博物馆学会会长的樋口清之在《日本人与日本传统文化》中有这样的叙述：弥生时代遗址出土的人骨"证实了从大陆来的不同血液的人流入了山口县至北九州一带"[②]。可以推测,在中国的战国时代，迁居到日本的移民中确实有中国的制陶工，他们促进了日本制陶业的发展，成为中国制陶技术早期的传播者。[③]

　　3世纪末，在以大和（今奈良）为中心的畿内地区，兴起了一个大和国家，于4世纪末到5世纪初基本统一了日本，这个阶段又称大和时代。3世纪末，日本大和地区出现了高冢式坟墓，这类坟墓称为古坟。当时的统治者大量建

① 李民昌.中日合作古代人骨比较研究新闻发布会在日本东京举行 [J]. 东南文化, 1999（3）：125.

② 樋口清之.日本人与日本传统文化 [M]. 王彦良，陈俊杰，译.天津：南开大学出版社，1981：140.

③ 施永安.日本古陶瓷 [M]. 长春：吉林美术出版社，1992：15.

设古坟，持续时间从 3 世纪末到 7 世纪初，因此称为古坟时代。土师器和埴轮是这一时期的典型器物。从技术分工来分析，此时已有专门从事陶器制作的手工艺人。[1]

4 世纪，日本大和朝廷在朝鲜建立了壬那日本府。此时，中国人大批移居日本，将汉字、中原文化、佛教等传入日本。土师器是贵族用于丧葬的冥器（祭器），淡褐色薄胎，纹饰简单。[2] 埴轮就是土陶俑，这种技术是雕塑技艺和烧结技艺的结晶。（图 3.6）

5 世纪至 6 世纪初，有五位国王先后统治过大和国，史称"倭五王时代"。

图3.6　盖器·高足器　日本大和时代
日本长野市教育委员会藏

413 年，日本大和国主动与中国建立外交关系。413—502 年，日本先后 13 次向东晋、宋、梁各朝派遣使臣，请求册封。[3] 中国史书中断了约 150 年（266—412 年）的日本对中国朝贡记录，又重新见载了。倭五王时代，大和国国力强盛，为了加强本国势力，其多次与中国进行朝贡贸易。进入日本的中国移民，带去冶炼、制陶、纺织、金工等手工业技术，为日本手工业的发展提供了新的契机。

5 世纪后半叶，中国文化不断传入日本，陶器制作是其中的一种，它推动日本迎来了须惠陶时代。[4] 须惠器的产生，标志着日本陶瓷生产进入新的阶段。5 世纪，中国辘轳成型和烧窑制陶的技术直接、间接地传入日本列岛[5]，高温烧制的须惠器极大地提高了岛上居民的生活质量。须惠器主要是作为日用品、随葬冥器、敬神礼器，供贮藏、膳食、调理、祭祀等。须惠器采用纵轴回转的辘

① 陈进海．世界陶瓷艺术史 [M]．哈尔滨：黑龙江美术出版社，1995：91.

② 王玉新，关涛．日本陶瓷图典 [M]．沈阳：辽宁画报出版社，2000：7.

③ 吴廷璆．日本史 [M]．天津：南开大学出版社，1994：30-31.

④ 陈进海．世界陶瓷艺术史 [M]．哈尔滨：黑龙江美术出版社，1995：90.

⑤ 郑宁．日本陶艺 [M]．哈尔滨：黑龙江美术出版社，2001：12.

轳，这种辘轳可以让陶器的造型更加规整。"须惠器的源流是中国殷代的灰陶，其制法是从中国南部经朝鲜传到日本。"[1] 这就不难理解，须惠器无论是造型还是制作工艺都与朝鲜三国时代的陶器和中国先秦时代的陶器接近。[2] 在大和国从事生产的奴隶，都被分配到工作单一的各个"部"中进行集体劳工，叫作"部民"。制作须惠器的"部民"，也就应该多是"归化人"中的日本陶工和朝鲜陶工。可以这样说，须惠器包含着"中国、朝鲜和日本三种文化，是三源汇一的文化形体"[3]，是中国、朝鲜半岛、日本列岛陶工技艺交流的结晶（图3.7至图3.12）。

　　古坟时代的须惠器多用于礼仪场合和陪葬，奈良时代的须惠陶受唐代文化的影响更加明显，平安时代的须惠陶主要用于日常生活，制陶技术比较稳定。在大陆文化的影响下，须惠器历经古坟时代、奈良时代、平安时代、镰仓时代近千年的时间，陶窑已经遍布日本全岛范围，为后续日本陶瓷工艺的发展奠定了良好的基础。

　　7世纪后半期（此时处于日本的飞鸟时期），受中国与朝鲜半岛的影响，日本列岛的陶器开始施釉。当然，此时的釉陶并未形成规模。从日本考古资料来看，中国向日本输出的铅釉陶，似乎是单彩输出在先，三彩输出在后。因此，日本零星模仿铅釉陶生产是有可能的。

　　7—8世纪，中国向日本输入了为数不少的唐三彩，日本平安京、太宰府、博多、奈良的许多寺院等出土的唐三彩残片可以证明这一点。日本是中国海外出土唐三彩最多的国家。[4]

　　奈良时代，日本积极引进中国唐代文化，将唐三彩直接作为日本彩色釉陶的参考物，模仿并生产了"奈良三彩"。奈良三彩的釉是日本最早的人工釉陶瓷，这是日本陶瓷史上杰出的成果之一。当然，铅釉陶唐三彩并不局限于三种釉色，它既有三彩，也有双彩和单彩。以单彩为例，在日本奈良平原龙田川斑鸠町御坊山3号古坟中出土有绿釉单彩水滴足辟雍圆砚。[5] 该3号古坟的存在时间是

---

① 吴廷璆. 日本史 [M]. 天津: 南开大学出版社, 1994: 39.

② 陈进海. 世界陶瓷（第3卷）[M]. 沈阳: 万卷出版公司, 2006: 417.

③ 施永安. 日本古陶瓷 [M]. 长春: 吉林美术出版社, 1992: 12.

④ 郎惠云, 三利一. 日本出土的唐三彩及其科学研究 [J]. 考古与文物, 1997 (6): 56-62.

⑤ 王维坤. 中国唐三彩与日本出土的唐三彩研究综述 [J]. 考古, 1992 (12): 1122-1133.

图3.7

图3.8

图3.9

图3.10

图3.11

图3.12

图3.7　埴轮马　日本古坟时代　日本东京国立博物馆藏

图3.8　双耳壶　日本（7世纪）　日本加贺市教育委员会藏

图3.9　敞口壶　日本（6世纪）　日本大阪府教育委员会藏

图3.10　五联罐　日本（5世纪）　日本京都大学文学部考古研究室藏

图3.11　青瓷五联罐　东汉　湖北省博物馆藏

图3.12　长颈瓶䴤　日本（7世纪）　日本名古屋大学文化部考古研究室藏

图3.13　三彩壶　日本奈良时代
日本九州国立博物馆藏

图3.14　猿投窑须惠器长颈壶　日
本奈良时代　日本京都国立博物
馆藏

图3.15　猿投窑灰釉平瓶　日本奈
良时代　日本京都国立博物馆藏

7世纪后半叶，因此来自中国的单色绿釉陶器传入日本的时间可能更早。也有专家认为，这个绿釉陶器并不是唐三彩。但是非常明确的一点是，这种绿釉陶是唐三彩的前驱，属于一脉相传的陶釉技术。

从目前日本出土的奈良三彩来看，遍及1都1府18个县，分布广泛。这说明当时的奈良三彩烧制繁荣（图3.13）。但奈良三彩从平安时代初期开始衰落。9世纪中期，奈良三彩生产停滞，这与唐三彩衰落的时间基本一致。[①]之后，绿釉陶器成为主流。

8世纪后半叶，爱知县东部的猿投窑，在日本列岛最先烧制出了高温灰釉陶器（图3.14、图3.15）。9世纪后的绿釉陶生产地迁移到山口、京都及其周边、爱知县北部（包括岐阜东南部）三个地区。其中爱知县的猿投窑作为绿釉陶的生产中心不断得到发展。猿投窑既生产绿釉陶，又生产灰釉陶。灰釉陶是以植物灰（草木灰）为主要原料的灰釉，烧成温度约在1200摄氏度。在日本来说仍然属于陶器，但是按照中国陶瓷研究的标准，灰釉陶与原始青瓷类似。猿投窑生产的仿越窑青瓷绿釉和灰釉陶器，是当时日本最上乘的陶瓷器，"上供至日本中央政府之后，再被

---

① 姚崝剑.遣唐使:唐代中日文化交流史略 [M].西安:陕西人民出版社,1984:60.

图3.16 猿投窑绿釉四足壶 日本平安时 代 日本九州国立博物馆藏

图3.17 猿投窑釉香炉 日本平安时代 日本 爱知县陶瓷美术馆藏

作为官用品分配至全国各地的官府、寺院"[1]。日本学术界普遍认为,猿投窑的灰釉陶器可以认为是日本瓷器的起源。当然,真正的日本瓷器是 17 世纪初在有田开始生产的白瓷和青花瓷。

9、10 世纪,在当时的博多、大宰府、寺院、官府遗址中,均出土有越窑、邢窑、长沙窑、巩义窑的瓷器及唐三彩等,其中越窑青瓷数量最多,"对日本陶瓷影响最大的也是越窑青瓷"[2]。当时,猿投窑生产的绿釉茶陶器的器型和品种被认为是受到越窑青瓷的影响。在这个阶段,猿投窑生产了许多模仿越窑青瓷的绿釉陶器,包括玉璧底碗、托、香炉、盒、渣斗(唾壶)、划花纹碗、执壶、有盖双耳壶、四足壶等(图 3.16、图 3.17)。灰釉陶器中也有不少模仿越窑青瓷的玉璧底碗、执壶、四足壶等。例如,猿投山麓黑笹出土的多嘴壶,应该受到了北宋越州窑的多嘴壶的影响。[3]

(二)中国陶瓷对日本六大古窑的影响

从镰仓时代到室町时代(1185—1573),日本陶窑发展迅速。日本陶窑最

---

① 森达也,胡一超 . 中国青瓷对日本陶瓷的影响 [J]. 紫禁城,2019(7):78-99.

② 森达也,胡一超 . 中国青瓷对日本陶瓷的影响 [J]. 紫禁城,2019(7):78-99.

③ 郑宁 . 日本陶艺 [M]. 哈尔滨:黑龙江美术出版社,2001:42.

重要的六大古窑——濑户窑、常滑窑、信乐窑、越前窑、丹波窑、备前窑，受到了上层贵族的认可，成为日本列岛的制陶中心。这一时期，日本列岛大量进口中国陶瓷器，中国茶文化对日本的茶陶文化产生了积极影响。六大古窑则为日本茶陶文化的发展奠定了良好的基础。

镰仓时代，日本的古陶瓷产业迅速发展。这一方面是因为镰仓政府支持陶瓷业发展，另一方面是因为宋代陶瓷制作技术及风格影响了日本制陶业。就仿制中国陶瓷器来说，濑户窑最甚，其非常明显地模仿了中国陶瓷的形制、色彩、装饰等。常滑窑受猿投窑影响，因此常滑窑也模仿过来自中国的陶瓷器。平安时代的信乐窑曾模仿中国陶瓷造型烧制灰陶。在传承和发展中，六大古窑形成了各自独特的风格。

1.濑户窑

濑户窑位于本州岛中部的爱知县濑户市，是在猿投窑的基础上兴起与发展的。1954年，根据对猿投山西南麓古濑户窑址的考察结果推断，濑户古窑在遥远的古坟时代就已经形成。古濑户的陶器是日本中世纪最具有代表性的陶器。古濑户窑在日本的六大古窑中，是唯一能生产施釉陶器的窑口，这与其吸收中国的陶瓷烧制技法是分不开的。濑户窑生产有装饰图案的釉陶器，显示了与其他陶窑的与众不同。现在通常说的"古濑户"，是把镰仓、桃山、江户初期的濑户窑进行了统称。

平安时代初期，濑户窑最早仿制的就是越窑青瓷。[①]中国青瓷无法满足日本国内需求，自然就会有日本各窑仿制中国陶瓷来代替，这是濑户窑发展的重要原因之一。从唐到宋，中国饮茶风俗不断传入日本，引起日本社会的正向效仿。在容西引进中国茶树之后，整个日本社会对茶器的需求猛增。宋代，民间贸易繁荣，大量的中国瓷被运往日本，满足日本贵族对中国瓷器的需求。在日本文化受到中国宋代文化影响之后，从平安中期之后长期处于"冬眠状态"的日本陶器业敏锐地抓住了这次契机，最终迎来了陶瓷艺术的春天。镰仓时代的濑户窑烧制出了受宋代文化影响颇深的陶器。"濑户烧"引领了日本窑业技术的巨大飞跃。"随着12世纪日本陆续输入大量的中国德化白瓷和景德镇青白瓷，

---

① 施永安.日本古陶瓷[M].长春:吉林美术出版社,1992:39.

濑户窑开始模仿制作了四耳壶、合子、水注等具有北宋样式及风格的器物"；到了镰仓时代，开始模仿南宋样式的四耳壶、梅瓶、水注等。[①]四耳壶、梅瓶、水注这三种造型主要模仿了景德镇的白瓷或青白瓷。

濑户窑的首创者为加藤四郎，后世尊称他为"陶祖"。加藤四郎，又名藤四郎、初代藤四郎，原名加藤四郎左卫门景正，法名春庆。他把从中国学习到的先进制瓷技术传播到日本，并成功烧造出日本风格的天目茶碗，"为日本制陶技术开辟了新纪元"[②]。13世纪初，加藤四郎来中国学习制陶技术，回国后在尾张的濑户设窑，创制"濑户烧"，作为日本制陶技术新纪元的开始。"濑户烧"最早烧制中国宋代黑釉茶盏，后来仿烧青瓷，在很长时间内并未烧制出纯正的青瓷色，釉面呈现褐色或者青褐色，与龙泉窑的翠色有较大差距。13世纪末，中国茶文化盛行于日本，中国的天目茶碗、茶壶等黑釉瓷器大量输入日本。福建建窑的黑釉盏可以说是其中最重要的产品，对日本茶器产生了重要影响。伴随着日本茶文化的不断发展，中国运往日本的陶瓷器已经难以满足本土需求，濑户窑开始大量仿制黑釉的天目茶碗、装茶的容器、黄色或黑色的香炉及花瓶等。除仿制之外，濑户窑还将来自中国和朝鲜的各式装饰纹样进行重新设计，在单纯模仿的生产活动中开始萌发创作的主动性。[③]濑户窑还具备了使用匣钵这一技术流程。在陶瓷烧制过程中，掉落的灰渣会影响器物表面的釉面，濑户窑在向中国学习之后，采用匣钵保护坯体，使烧成之后的釉陶更加完美。匣钵是中国越窑青瓷的首创，这种能够让瓷色更加青翠的技术在濑户窑得到了应用。

14世纪初，镰仓后期的濑户窑在烧制出了铁釉器（褐釉）之后迎来了鼎盛时期。其造型大多模仿中国陶瓷造型，以梅瓶、广口壶、长颈壶、香炉为主，纹样除了日本本土特色的巴纹、菊花纹，多采用牡丹纹、唐草纹（图3.18至图3.20）。濑户窑虽然在器型、纹样及施釉等方面仿制中国的陶瓷器，但并不是完全地照抄，而是有很多创新。应该说，14世纪，濑户窑的成就达到了新

① 郭富纯,孙传波.日本古陶瓷研究[M].北京:文物出版社,2011:62.

② 木宫泰彦.中日文化交流史[M].胡锡年,译.北京:商务印书馆,1980:386.

③ 施永安.日本古陶瓷[M].长春:吉林美术出版社,1992:43-44.

图3.18　濑户窑铁釉巴纹四耳壶　日本镰仓时代　日本东京国立博物馆藏

图3.19　濑户窑铁釉印花广口壶　日本室町时代　日本文化厅藏

图3.20　濑户窑黄釉牡丹唐草纹壶　日本镰仓时代　日本东京国立博物馆藏

的高度。[①] 这为日本陶瓷的生产和大批量出口奠定了重要的基础。

从色彩来说，14世纪前后，濑户窑终于烧造出了呈色青绿的青瓷。在造型上直接吸收了龙泉青瓷的样式，釉色苍翠浑厚。濑户窑已经可以仿制龙泉青瓷双耳花瓶、梅瓶、乳钉条纹壶、三足香炉、尊形花瓶、水注等。[②]

15世纪，濑户窑的茶具产品逐渐失去秀丽精致的风格，开始向个性化发展。到了16世纪，窑址朝东北方向迁移，多治见窑业兴起，为美浓窑的发展做了铺垫。

2. 常滑窑

常滑窑位于尾张的知多半岛，地域广泛，在六大古窑中产量最大。经考古确认，12世纪到江户时代的广义常滑窑窑址有3000多座。知多半岛的常滑市，散落着许多古窑址。古常滑窑生产的大瓮、大壶的高度可以达到30—40厘米，个别的可以达到1米以上。这种陶瓷运送到日本北部、中部、上信越和关西等地，以满足各地的需求。各地均有常滑窑古陶出土。常滑窑的陶瓮和陶罐，大多在器物的肩部施以草木灰制成的自然釉。而这种草木灰的自然釉，是中国越窑青

① 郭富纯, 孙传波. 日本古陶瓷研究 [M]. 北京: 文物出版社, 2011: 69.

② 施永安. 日本古陶瓷 [M]. 长春: 吉林美术出版社, 1992: 194-195.

瓷以及其他陶瓷常常采用的釉料。

作为镰仓时期至室町时期六大古窑之一的常滑窑是在猿投窑的影响下发展的。11世纪，猿投窑不断扩大生产，后生产出无釉的陶器产品。由于需求加大，需要建立一个新的窑以用于扩大窑业。因此，在知多半岛建设了常滑窑，在渥美半岛建设了渥美窑。陶业规模的不断扩大，使这两个窑逐步脱离猿投窑而走上独立经营之路。

所以，"常滑烧"受到奈良、平安时代的猿投窑影响而发展的逻辑是非常清晰的。"猿投窑自建窑时就积极仿制中国的陶瓷器，所以常滑古窑也烧制过四耳壶之类的器物。"[①]

常滑窑的代表性器物是大瓮、大罐、茶碗、三筋壶、经冢罐、太平钵等（图3.21、图3.22）。色彩常为红褐色和绿色自然流淌釉。装饰纹样较少，素胎为多，少量有网纹、篱纹、菱纹、草叶纹等。

常滑窑的产品大量运往日本东北部及九州，甚至到达濑户内海和日本海沿岸各地区。在鼎盛时期，常滑窑对越前窑、信乐窑、丹波窑等中世纪窑业产生了很大影响，它们以常滑窑为基础，"在继承中进行创新，走出了一条自己独特的制陶路线"[②]。15世纪后半叶，备前窑兴起，常滑窑逐渐衰落。

图3.21　常滑窑三筋壶　日本平安时代　日本爱知县陶瓷资料馆藏

图3.22　常滑窑大瓮　日本镰仓时代　日本文化厅收藏

---

①　施永安. 日本古陶瓷 [M]. 长春: 吉林美术出版社, 1992: 45.

②　郭富纯, 孙传波. 日本古陶瓷研究 [M]. 北京: 文物出版社, 2011: 80.

图3.23　信乐窑桧垣纹壶　日本室町时代　日本爱知县陶瓷资料馆藏
图3.24　信乐窑蹲壶　日本室町时代　日本东京国立博物馆藏
图3.25　信乐窑水指　日本安土桃山时代　日本东京国立博物馆藏

3. 信乐窑

信乐窑位于滋贺县的信乐町，推测从镰仓时代就已经开始烧制陶器了。早期主要生产民间日用杂器，大壶、瓮、钵等胎质粗松，呈色赤红。12 世纪之后，信乐窑开始使用信乐土，烧制藤黄色壶，这与 15、16 世纪烧制的器物表面非常接近。

到了室町时代，信乐窑既烧制存放粮食的陶壶，也烧制储水的水桶、茶壶等。"茶壶"和"鬼桶"的桶形钵，在茶席中作"水指"（作贮水、盛水等之用的水器）使用。室町时代晚期，大茶人武野绍鸥提出了"侘茶"的定义，并在信乐窑陶器中发现了"侘"的精神，认为信乐窑茶器具有道劲枯高的超脱之美。[①]信乐窑陶器的风格淳朴、浑厚、自然，形成了一种拙味之美（图 3.23 至图 3.25）。

信乐窑陶器大多采用手工制作，器型简朴显拙，在造型上受到了中国陶瓷文化的影响。[②]从信乐窑烧制的各种器物如罐、花瓶、茶碗、茶壶、水指、花入等来看，其与茶道的关系非常密切。[③]信乐窑茶碗受到茶人的喜爱，其中有绍鸥信乐、利休信乐、宗旦信乐、空中信乐等。[④]

---

①　王子怡 . 中日陶瓷茶器文化研究 [D]. 北京: 清华大学, 2004.

②　施永安 . 日本古陶瓷 [M]. 长春: 吉林美术出版社, 1992: 47.

③　施永安 . 日本古陶瓷 [M]. 长春: 吉林美术出版社, 1992: 48.

④　施永安 . 日本古陶瓷 [M]. 长春: 吉林美术出版社, 1992: 48.

信乐窑的装饰，除"桧垣文"（两条弦纹中夹以交叉线）的装饰之外，几乎都是素面。信乐窑有自然流釉的现象，呈现墨绿色、浅绿色、土黄色等。

信乐窑采用酸化焰烧造，可以推测，这种酸化焰烧造的技术最早来自中国。9世纪末，中国北方制瓷技术酸化焰自山东半岛向朝鲜仁川景西洞等西海岸中部地区窑址传播[1]，这种烧制技术可能直接或者间接地影响了信乐窑。

4. 丹波窑

丹波窑地处日本列岛的内陆，最早也生产须惠器。早期主要烧制瓦片和土陶。在镰仓时代到室町时代逐步发展，主要生产罐、瓮、钵、酒瓶等实用器具（图 3.26）。

图3.26　丹波窑秋草纹四耳壶　日本室町时代　日本文化厅藏

丹波窑发展的第一个代表性时期是平安末期、室町时期至镰仓时代。此时烧制的陶器以瓮、罐为主，在漫长的8世纪，丹波窑在造型上并没有很大变化。第二个代表性时期是登窑时代。江户时期的宝历年间（1751—1763），丹波窑才开始用登窑烧制，与其他古窑相比显得落后，这与窑址所在地区为内陆有很大关联。丹波窑主要生产日常器具，其中饮茶用陶器以壶、瓮为主，也有钵、"德利"等，胎土含铁成分比较高，风格古朴、典雅。

丹波窑生产的是无釉陶器，但是表面呈现暗绿色的自然釉，如同施釉一般，这种釉在色厚的地方形成"泪痕"状，呈现窑变的效果。但本质上来说，它并不是釉，而是从含有釉质的胎土中析出的矿物质。到了江户时期，丹波窑才开始生产釉陶，有了装饰的叶纹、水波纹等。

5. 备前窑

备前窑位于冈山县境内，以备前国和气郡伊部为中心，南濒濑户内海，影

---

① 常馨. 宋丽海上丝绸之路与青瓷文化传播之新探 [D]. 上海：上海外国语大学，2022.

响力较大。备前窑之前的土窑，长期生产土师器、须惠器等土著陶器，因此在某种程度上说，备前窑的陶器是原始土器的延续。备前窑的分布范围比较广，古备前国八郡中的四郡、邑久郡、鹿忍县、赤磐郡、儿岛郡均有备前窑的窑址。[①] 一般来说，真正的备前窑开始于平安时代末期，结束于 16 世纪末。[②] 庆长（1569—1614）之前称为古备前，因此备前窑产品称为"备前烧"，又因为备前的烧制中心在伊部，庆长之后的产品称为"伊部烧"。

图3.27　备前窑栉目波状纹大壶　日本室町时代　日本冈山县立博物馆藏

从奈良、平安到镰仓、室町诸代，备前窑代代相传，窑火不断，具有悠久的历史传统。奈良时期已经是过渡阶段。11 世纪平安时代开始，备前窑已经烧制出风格相对独立的陶器。镰仓时代，备前窑位于备前町伊部的西北部的熊山，称为"备前的熊山时代"。室町时代，备前窑业的主要地址在伊部的平坦地区，最早的窑址位于备前町大字浦伊部小字釜屋敷，俗称"浦伊部窑"。自镰仓时代到江户时代，备前窑烧制的陶器大多无釉。

图3.28　备前窑四系罐　古备前日本室町时代　日本东京国立博物馆藏

备前窑陶器以日用杂器为主（图 3.27、图 3.28）。从镰仓时代到室町时代，以生产瓮、壶、瓶及钵等日用杂器为主。在室町时代，受日本茶道影响，备前窑除了生产日用杂器，还生产茶器，如水指、酒壶等。

备前窑陶器中有类似于窑变产生的"牡丹饼""火襷"，这是"备前烧"的明显特点。[③]

①　施永安. 日本古陶瓷 [M]. 长春: 吉林美术出版社, 1992: 51.

②　施永安. 日本古陶瓷 [M]. 长春: 吉林美术出版社, 1992: 51.

③　施永安. 日本古陶瓷 [M]. 长春: 吉林美术出版社, 1992: 53.

还有一些陶器上刻划有"窑印"，可以看作较为简单的款识，这也成为区分备前窑的重要标志。17世纪之后，日本半岛的款识真正迎来大发展。如今，收藏家或茶道家欣赏的"备前烧"几乎都是平安末期到镰仓时代的烧造物。

6. 越前窑

越前位于丹生郡，窑址大多在织田町附近的丹生山地。在中世纪，越前窑是北陆最大的窑址和中心产地，以生产壶、钵、瓮等贮藏器为主。从平安时代直至现代，越前窑的生产从未断绝。

平安时代末期，越前窑开始生产陶器。早期器物受到须惠器的影响，与同时期的"常滑烧"非常接近。越前窑烧制大型器物用还原焰，小型器物用酸化焰。大部分器物的造型为壶、瓮、经筒、擂体等，造型偏大（图3.29）。到了室町时期，药研、小碗、小壶等小型器物增加。

图3.29 越前窑大壶 日本室町时代 日本文化厅藏

越前窑的最大特征就在于装饰纹样。古越前窑的押印纹样多分布在肩部。装饰纹样多是印纹、蓖纹、刻纹。早期须惠器的肩部有印文，以植物纹、几何纹为主，植物纹中比较明显的装饰有菊花纹，几何纹有菱形、圆形等纹样。刻纹主要是2—5条齿纹和花押状的刻线。

四、日本陶瓷仿中国陶瓷

自第二次世界大战结束至20世纪90年代止，日本考古挖掘的陶瓷遗址已达8000余处，以外来的中国陶瓷器遗存为主。越窑青瓷的发掘地集中在日本中部、西部，直至冲绳。在最接近中国大陆的九州地区（尤其是福冈附近的大宰府和鸿胪馆等）以及当时日本的首都京都的平安京、奈良的平城京，出土了大量的越窑青瓷遗存。小值贺岛前方湾海底出土的中国陶瓷，有广东潮州窑、福建闽清义窑、浙江龙泉窑、福建洪塘窑的陶瓷器等，据推测还有浙江越窑青釉盆。[①]

　　三上次男有这样的论述：以贸易陶瓷来说，美观、耐用的中国陶瓷给所及之地的日常生活及审美意识带来深刻影响。[②] 矢部良明认为，"对日本陶瓷业影响最著者无疑是越窑青瓷"[③]。在越窑青瓷艺术"润物细无声"的影响下，在陶瓷贸易的刺激下，日本窑业竭力生产貌似"唐物"的仿制品。[④]

（一）仿中国越窑青瓷

　　谈及日本陶瓷仿中国越窑青瓷，就必须提到猿投窑以及猿投窑影响下的濑户窑等。

　　平安时代，猿投窑开始大量生产仿中国陶器。8—9 世纪，猿投窑不断模仿越窑青瓷的造型、色彩、材料等。猿投窑模仿越窑青瓷的青色，烧制出了绿釉陶；模仿越窑采用草木灰材料，烧制出了暗青灰色的釉陶；模仿越窑青瓷的造型，烧制出了各类与越窑造型接近的玉璧底碗、四系罐、透雕香炉、执壶、盖盒等。在不断的模仿中，猿投窑的陶窑烧制技艺也逐渐成熟。到了平安中期，猿投窑仿制了中国越窑的诸多陶瓷器，有一部分还刻有相同的暗花。这些器物被运送到京都，供宫廷和贵族作为中国陶瓷的代用品。[⑤] 在这个阶段，猿投窑生产了许多模仿越窑青瓷的绿釉陶器，包括玉璧底碗、托、香炉、盒、渣斗、划花纹碗、执壶、有盖双耳壶、四足壶等。灰釉陶器中也有不少模仿越窑青瓷的玉璧底碗、执壶、四足壶等。

　　濑户窑位于本州岛中部的爱知县濑户市，是在猿投窑的基础上兴起与发展的。在平安初期，濑户窑便开始仿制中国的越窑青瓷器了。[⑥] 濑户窑在日本的

①　田中克子. 从日本小值贺岛前方湾海底遗址出水的中国陶瓷看日宋贸易 [M]// 中国古陶瓷学会 . 外销瓷器与颜色釉瓷器研究 . 北京: 故宫出版社, 2012: 104-108.

②　苓岚 . 7—14 世纪中日文化交流的考古学研究 [M]. 北京: 中国社会科学出版社, 2001: 274.

③　王勇, 上原昭一 . 中日文化交流史大系·艺术卷 [M]. 杭州: 浙江人民出版社, 1996: 164.

④　熊海堂 . 东亚窑业技术发展与交流史研究 [M]. 南京: 南京大学出版社, 1995: 280.

⑤　施永安 . 日本古陶瓷 [M]. 长春: 吉林美术出版社, 1992: 194.

⑥　施永安 . 日本古陶瓷 [M]. 长春: 吉林美术出版社, 1992: 39.

六大古窑中是唯一能生产施釉陶器的窑口，这与它吸收了中国的陶瓷烧制技法是分不开的，尤其是传承吸收了猿投窑的烧造技法和陶器风格。

9—10世纪，日本京都和京都周边的陶窑以来自中国的越窑青瓷为模仿对象，用传统的绿釉陶制作技术烧制大量的仿越窑陶器，例如在京都附近的播枝窑、西贺茂窑、筱窑、大原野窑、石作窑等。山口县周防铸钱司窑、滋贺县的山神窑、十禅谷窑和日野窑，以及爱知县西部一带的一些灰釉陶窑等，均烧制仿越窑的日本茶具或其他功能的器物。[①] 可以说，越窑青瓷的输入改变了日本陶器文化的造物思维、造物审美、造物技术，推动了日本陶瓷业的发展和再生产，使其呈现出新的文化内容。

1. 形制

《周易·系辞上》言："形而上者谓之道，形而下者谓之器。"越窑青瓷的茶器造型承载着中国传统制器文化的精神内涵。跨海来到日本的越窑青瓷最主要的产品有碗、盒、水注、唾壶、灯盏、罐子等，这些器物可以说均与茶事有关联。碗，在古代是饮茶之器。"碗，越州上……越瓷青而茶色绿"，这是陆羽在《茶经》中对越窑青瓷茶碗的高度评价。在日本出土的碗有玉璧底碗、葵瓣碗、五花口形碗等，制作精致、造型优美。

形制乃为实用。日本史籍《仁和寺御室物实录》中言及"青瓷多盛天子御食，是大臣朝夕之器"，这显示了越窑青瓷的实用功能。醍醐天皇下令编纂的《延喜式》律令中有这样的记载："尾张国瓷器……茶小碗（径各六寸）"，"长门国瓷器……茶碗二十口（径各五寸）……花形盐杯十口（径各三寸）"。因日本当时未能制作瓷器，所以这里出现的"瓷器"实际上指的是陶器。这段话明确提到了尾张生产的茶碗、长门生产的茶碗、煮茶时用的贮盐器——花形盐杯，还有盛水器——瓶（水注）。该律令还提到，参照唐朝的茶会，根据饮茶的形式（如行茶、独啜）或者茶会规模的大小，专门配以大小不同的茶碗。这说明了9世纪之后，日本仿越窑茶具烧造是在专门的绿釉陶窑中进行规模化生产。根据《延喜式》律令，尾张国和长门国生产的绿釉陶茶器还供奉宫中御用。

---

① 贺云翱，干有成. 考古学视野下的宁波越窑青瓷与东亚海上陶瓷之路 [J]. 海交史研究，2020（3）：92–101.

日本九州国立博物馆收藏的日本平安时代绿釉四足壶是目前发现的最为精美的绿釉陶代表作之一，它是平安时代爱知县的猿投窑模仿越窑青瓷四足壶的样式烧造的。其与越窑青瓷四足壶相比，体形略大，腹部增加了三道凸弦纹。10 世纪，爱知县西部猿投山麓的猿投窑开始烧造绿釉陶器。11 世纪，范围扩展到伊势、三河、远江、骏马地区。12 世纪，猿投窑生产走向衰弱。猿投窑及其下属窑口均有绿釉陶器的烧造，这些陶器的器型风格与釉彩装饰皆受到中国越窑青瓷的重要影响。猿投窑生产的仿越窑青瓷绿釉和灰釉陶器，是当时日本最上乘的陶瓷器。例如，出土于平安京左京八条三坊古迹（七条边）的绿釉陶器，造型为荷叶状，此种荷叶造型来源于中国传统陶瓷造型，在越窑青瓷形制中常有出现，且经常作为蟾蜍砚滴的搭配物。将这些茶器与中国同时期越窑青瓷茶具对比来看，可谓同出一源。

再来看越窑青瓷与日本的执壶。日本陶瓷茶具形制风格的再发展，带有中国造物文化的深刻烙印，是中国越窑青瓷民族文化基因发挥对外传播作用的重要例证（图 3.30 至图 3.34）。

2. 色彩

在古代早期瓷器烧造过程中，釉色一直是技术的难点。唐至五代时期，越窑秘色瓷的青色是当时世界上色釉瓷烧造的顶峰，陕西扶风法门寺唐地宫出土的越窑秘色青瓷是最好的证明。越窑瓷器外表之色有青绿、青灰、青黄等，秘色一词含义颇多，其中就有"碧色"之义。[①] 当越窑青瓷青色的茶具展现在日本社会中时，便迅速满足了人们对饮茶器具的审美要求。唐代陆龟蒙的"九秋风露越窑开，夺得千峰翠色来"、五代徐夤的"功剜明月染春水，轻旋薄冰盛绿云。古镜破苔当席上，嫩荷涵露别江渍"等佳句均是对越窑青瓷色彩的高度评价。古代日本的文献资料中亦有对越窑青瓷色彩的专门描写。日本史料中，"秘色"或"越埦"为描述越窑青瓷的词语。《宇津保物语》《源氏物语》中皆有使用越窑青瓷的案例描写，并且都出现了"秘色"一词。室町时代的《花鸟余情》对《宇津保物语》中的秘色杯的注释为"青色茶碗类"。[②]"唐人书简"（最

---

① 李刚. "秘色瓷"探秘 [J]. 文博, 1995（6）: 63-67.
② 龟井明德，王竟香. 日本古代史料中"秘色"青瓷的记载与实例 [J]. 文博, 1995（6）: 112-117.

图3.30

图3.31

图3.32

图3.33

图3.34

图3.30　猿投窑灰釉把手瓶　日本奈良时代　日本爱知县陶瓷美术馆藏
图3.31　越窑青瓷执壶　唐　故宫博物院藏
图3.32　越窑青瓷水注　五代至宋代　日本东京国立博物馆藏
图3.33　越窑青釉瓜棱罐　五代　故宫博物院藏
图3.34　越窑青瓷三足蟾蜍砚滴　北宋　慈溪市博物馆藏

图3.35　绿釉陶器　日本平安时代　日本京都文化博物馆藏

初附于《高野杂笔集》下卷末尾）中有"越垸""越垸子""青瓶子"等词语，"越垸子"可以认为是越窑青瓷茶碗。日本明治时期的石川鸿斋对越窑青瓷有如下赞美："上林之窑盛天下，宋社已屋陶亦罢。遗珍谁得雉鸡山，久埋土中犹未化，余姚沈君藏一瓶，釉色莹澈凝貌青。相携万里来扶桑，割爱贻我何厚情。"[①]

　　越窑青瓷作为进口之上品，多为日本的贵族及僧侣使用，而若要满足广大百姓，其数量远远无法达到供应需求。因此，日本制陶业开始大量烧造仿青色的陶器，用来代替越窑青瓷茶具。平安时代，日本陶制茶器逐渐模仿越窑青瓷，持续烧造绿釉饮茶器具。奈良三彩有烧制色釉陶器的技术基础，且其中绿釉色泽与越窑青瓷的色泽较为接近，在此种情况下，平安一朝的陶工们模仿越窑青釉瓷进行绿釉陶的烧造是最自然不过的了。平安绿釉器应运而生，这既是当时日本社会的合理选择，也是由技术基础决定的。而从考古发掘来看，平安绿釉器遗物的出土地点多为律令机构的官衙遗址和寺院，这与越州窑青瓷出土地点基本一致。而烧制绿釉器的陶窑遗址集中于京都附近的畿内地区、爱知县西部到岐阜南部的尾张和美浓地区、滋贺县近江地区等。[②] 当时的日本社会就是通过仿制越窑青瓷，从而满足民众对越窑青瓷的大量需求。现收藏在京都文化博物馆的绿釉陶器（图3.35），出土于平安京左京八条三坊古迹（七条边），色

① 　郭富纯，孙传波．日本古陶瓷研究 [M]．北京：文物出版社，2011：57．

② 　茳岚．7—14 世纪中日文化交流的考古学研究 [M]．北京：中国社会科学出版社，2001：276-277．

彩与越窑青瓷非常接近，深色的浓绿、浅色的黄绿形成了绿色的不同色系。

3. 纹样

纹样作为一种装饰符号，本身就代表着特定的中华陶瓷文化，这是一种和一定时代、一定社会阶层、一定地域和一定民族文化和生活方式相关的器物文化。[①] 出口到日本的越窑青瓷的装饰技法主要有刻划花、划花、印花、褐色彩绘、堆贴、镂雕、金银饰等。在越窑青瓷装饰纹样的影响下，花草纹、云纹、水纹等装饰纹样也逐渐出现在日本的陶器上。在日本畿内、尾张、美浓和近江三个地区的绿釉陶窑址中出土的碗、皿、香炉、唾壶、水注等茶具上均刻划有花草纹、唐草纹、莲瓣纹、云纹、蝶纹等装饰纹样，这是越窑青瓷的常用装饰纹样。千叶县市原市荒久遗迹出土的灰釉瑞云纹净瓶，被认为是猿投窑 10 世纪最优美的作品之一。该灰釉瑞云纹净瓶，形制秀美，细长颈，颈上部有隔，长弧腹，圈足外撇。肩部有一呈钵状的水注口。在肩部、腹部有细线阴刻的宝相花、瑞云纹等，线条流畅、纹样生动。日本古代学协会整理了平安时代的石作窑古陶器。石作窑位于京都市西京区，即平安时代的洛西地区。在出土的这些绿釉陶器上，花绘纹、几何纹、鱼纹等采用阴刻手法，纹样清晰可见。根据越窑青瓷考古学家林士民先生所绘的越窑青瓷装饰纹样[②]进行对比，可以看到这些纹样与当时的越窑青瓷装饰纹样的母题、装饰手法、骨骼形式非常相像，无疑是模仿越窑青瓷制作而成的。平安时代石作窑的装饰纹样在形态、线条、纹理等方面与同时期越窑装饰纹样的艺术表现风格几乎是一致的，体现了越窑青瓷对日本陶瓷装饰艺术的影响。

越窑青瓷是中西方文化交流的桥梁与使者。作为早期中外文化交流的使者，越窑青瓷向世界传播的形制、色彩、纹样等成为日本等国早期陶瓷事业发展的模仿对象，促进了世界各国、各地区的陶瓷艺术的交流与进步。

中国古代越窑青瓷东渡日本之后，对日本的陶瓷事业尤其是茶器事业产生了重要影响，这是中国古代器物文化自身优越性的具体表现，是中华民族文化基因走向世界的辉煌业绩。

---

① 陈雨前，郑乃章，李兴华. 景德镇陶瓷文化概论 [M]. 南昌：江西高校出版社，2004：51.
② 林士民. 越窑瓷器装饰艺术之研究 [J]. 东南文化，2000（5）：68-76.

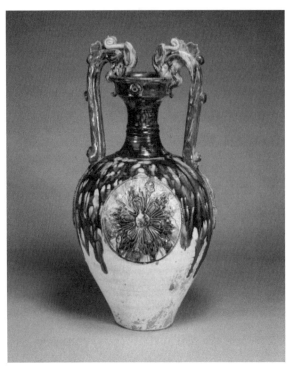

图3.36　唐三彩龙耳瓶　唐　日本东京国立博物馆藏

（二）仿中国唐三彩

唐代三彩陶器简称"唐三彩"，是一种低温铅釉多彩陶器。考古发掘表明，唐三彩应该是在两色釉的基础上创烧成功的，当时的成熟色釉技术和厚葬之风促进了唐三彩的发展。[①]

唐三彩的釉色有深绿、浅绿、翠绿、蓝、黄、白、赭、褐等多种。[②]只有一种颜色的，可以称之为单彩或一彩；带两种颜色的，可以称之为二彩；带两种以上颜色的，称之为三彩（图3.36）。

唐三彩在日本、朝鲜、印度、巴基斯坦、埃及、伊朗以及东南亚国家均有出土。受中国唐三彩的影响，许多国家和地区模仿唐三彩生产同类的釉陶，例如朝鲜半岛的新罗三彩、西亚地区的波斯三彩等。

从考古来看，有不少数量的唐三彩在日本出土。在日本玄海滩发现唐三彩陶瓷碎片22块，在奈良大安寺的金堂与讲堂之间的烧土层里面发现唐三彩陶器、绞胎陶枕，在奈良安部寺旧址西北出土了唐三彩兽足残片。[③]这些均说明了当时的唐三彩来到了日本各地。这些唐三彩带着唐朝的华丽之美来到了日本，

①　赵青云.河南唐三彩的创烧、发展和外销 [C]// 中国古陶瓷研究会,中国古外销陶瓷研究会.中国古代陶瓷的外销·北京: 紫禁城出版社,1988: 1.

②　中国硅酸盐学会.中国陶瓷史 [M]. 北京: 文物出版社, 1982: 214.

③　赵青云.河南唐三彩的创烧、发展和外销 [C]// 中国古陶瓷研究会,中国古外销陶瓷研究会.中国古代陶瓷的外销.北京: 紫禁城出版社,1988: 3.

立刻征服了岛上的民众，模仿的行为就自然而然地发生了。

日本学者三上次男认为，奈良三彩的生产是因为当时日本统治阶级对中国大唐陶瓷产生了迫切的需求。[①] 日本人称仿中国唐三彩陶器为"奈良三彩"，如今的正仓院还保存着唐三彩的制作配方。据说是在中国陶工的帮助下，奈良三彩才得以大量生产。"奈良三彩也使用了同中国唐三彩一样的窑具——三叉支垫……可理解为是在中国北方使用三叉垫窑具的窑厂学习过三彩技术的日本人制作的。"[②] 施永安认为："由于生产这些奈良三彩并非卖品，完全是出于对当时唐代先进文化的仰慕，连同传入日本的中国文化诸多方面一样，是作为摄取先进文化为目的的。"[③] 矢部良明认为，奈良三彩的烧制是日本"最初真正独特风格的施釉陶器产生的划时代的事件"[④]。

奈良三彩与唐三彩在造型、色彩上十分相似，釉面鲜艳，色彩亮丽。奈良三彩以奈良、滋贺县、大阪府出土最多，窑址推测在奈良、滋贺等地。奈良三彩釉彩陶器的器表主要有绿、黄、白三种颜色，多数精品都作为天皇御用之物保存在正仓院。但在大阪、奈良、福冈、滋贺等地均出土有奈良三彩，这说明当时奈良三彩在日本各地都曾烧制，传播范围广。

当然，唐三彩与奈良三彩还是有一定区别的（图 3.37 至图 3.42）。中国唐三彩主要作为一种冥器，具备随葬品的功能。奈良三彩主要为皇室、寺院特殊专供品，应该是供贵族使用。从技术方面来说，唐三彩器表素地施釉，胎质细腻，内里无釉，会有渗水现象，一般不作为日常用品使用。奈良三彩双面施釉，胎质粗糙，不渗水，可日常使用。中国唐三彩与日本奈良三彩兴衰几乎同步。当大唐帝国逐渐走向没落，中国唐三彩就突然衰落了，日本的奈良三彩也在风行一时后不再生产。这是日本陶瓷与中国陶瓷同步兴衰的典型案例。

① 三上次男. 从陶磁贸易看中日文化的友好交流 [J]. 贾玉芹，译. 社会科学战线，1980（1）：219-223.

② 熊海堂. 东亚窑业技术发展与交流史研究 [M]. 南京：南京大学出版社，1995：304-305.

③ 施永安. 日本古陶瓷 [M]. 长春：吉林美术出版社，1992：23.

④ 施永安. 日本古陶瓷 [M]. 长春：吉林美术出版社，1992：22.

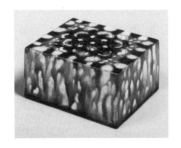 

图3.37　　　　　　　　　　　　　图3.38

图3.39　　　　　　　　　　　　　图3.40

图3.41　　　　　　　　　　　　　图3.42

图3.37　唐三彩宝相花纹方枕　唐　日本东京国立博物馆藏
图3.38　唐三彩瓷枕　唐　日本东京国立博物馆藏
图3.39　唐三彩宝相花纹带顶粉盒　唐　日本东京国立博物馆藏
图3.40　奈良三彩盖罐　日本奈良时代　日本正仓院藏
图3.41　奈良三彩罐　日本奈良时代　日本九州国立博物馆藏
图3.42　奈良三彩钵　日本奈良时代　日本正仓院藏

（三）仿中国青花瓷

唐代，中国青花瓷已经开始在河南巩县窑烧制。巩县窑位于河南巩义县境内的洛水支流黄冶河两岸。初唐时期，巩县窑就可以烧制出精细的白瓷、唐三彩、白釉蓝彩器（唐青花的前身）。在这三类瓷器中，唐青花属于昙花一现，并没有得到蓬勃发展。

盛唐时期，巩县窑的陶瓷技术进一步发展，白釉蓝彩器开始扩大生产规模，烧成温度已经达到 1000 摄氏度以上。盛唐中晚期，真正的唐青花横空出世，采用氧化钴为呈色剂，绘制纹样进行釉下装饰，这是一种新的陶瓷技术。

巩县窑生产的唐三彩和白釉蓝彩器是重要的陶瓷产品（图 3.43），不仅在国内销售，还出口海外，且颇有影响。从现有的考古情况来看，国内出土的唐青花并不多，因而有些专家认为，唐青花在国内并未大批量销售，是一种为了扩大对外贸易而生产的外销品。[①] 巩县窑的唐三彩、白瓷、唐青花是一起输出海外的，《新唐书·地理志》中记载的通道达到 7 条之多。巩县窑距离洛阳东约 40 公里，除了小部分产品是陆路运输，大部分产品是从扬州通过东部海上航道，再输出到海外各国。"黑石号"沉船上青花瓷的科技分析结果表明，其最大的可能是巩县窑出产的。[②] 唐代，巩县窑的产品已经输入日本。[③] 巩县窑出产的产品通过水运，向东可以到东都洛阳和京师长安，顺黄河东去，到郑州、开封，转入运河向北可由天津到朝鲜和日本；向南可到扬州，由长江

图3.43　唐青花花卉纹盘　唐　扬州博物馆藏

---

① 张松林，廖永民．唐青花的兴衰、外销及其在国外的影响 [M]// 中国古陶瓷学会．中国古陶瓷研究（第 14 辑）．北京：紫禁城出版社，2008：86.

② 齐东方．"黑石号"沉船出水器物杂考 [J]．故宫博物院院刊，2017（3）：6-19.

③ 冯小琦．中国古代瓷器对日本瓷器的影响 [J]．收藏家，2000（9）：20-25.

直航到东亚、南亚、中东等。[①] 应该说，巩县窑的这种青花受到海外市场的欢迎。从名称来说，青花瓷在日本被称为"染付"。[②] "染付"因"蓝染""绀染"而得名，原来指的是蓝印花布，青花瓷的青白装饰色彩和蓝印花布比较接近。日本《看闻御记》中记载了"茶垸染付"，这是对中国青花瓷的专称。[③]

有 100 多年烧造历史的唐青花，始终未能形成蓬勃之势，在 9 世纪末逐渐衰落。主要原因包括：外部的战乱；交通受阻；国内外市场需求不大，此时的唐青花并未受到上层阶级的追捧，而是作为一种外贸产品，一旦没有外销需求，自然就不会再生产。宋时，中国青花瓷停烧。

北宋时期，中国越窑青瓷持续生产并输往日本。北宋晚期，龙泉青瓷已经有少量运销到日本。南宋时期，越窑青瓷衰落，龙泉青瓷大量出口日本。

元时，中国青花瓷传入日本，日本人称之为"元染付"。[④] 日本冲绳地区的遗址中出土了元至正型青花瓷碎片，冲绳本岛中部的读谷村古墓中出土了完整的元至正型壶器[⑤]，这足以说明元青花当时已经来到日本，并作为珍贵的瓷器供上层阶级使用。

明代早期和中期，日本仍然从中国进口青花瓷，但是数量少于其他瓷器。原因在于这个时候的青花瓷主要供应上层贵族，而日本又流行茶器文化，青瓷和天目茶器是主要需求。14、15 世纪，"白磁青花在日本不再受到重视"，一直到了 16 世纪后半叶的嘉靖、万历年间，白瓷青花的进口数量才急剧增加。[⑥]

日本陶艺家曾专门到中国学习青花瓷的烧制方法，他们回国之后开设了专

---

① 张松林，廖永民 . 唐青花的兴衰、外销及其在国外的影响 [M]// 中国古陶瓷学会 . 中国古陶瓷研究（第 14 辑）. 北京：紫禁城出版社，2008：85.

② 陈进海 . 世界陶瓷（第 3 卷）[M]. 沈阳：万卷出版公司，2006：453.

③ 张三聪，萨木布拉 . 明、清青花对伊万里染付的影响 [J]. 陶瓷学报，2014（6）：681-685.

④ 三上次男 . 从陶磁贸易看中日文化的友好交流 [J]. 贾玉芹，译 . 社会科学战线，1980（1）：219-223.

⑤ 三上次男，郑国珍 . 冲绳出土的中世纪中国陶瓷：求证中世纪冲绳与中国陶瓷贸易的接点 [J]. 海交史研究，1988（2）：45-53.

⑥ 三上次男 . 从陶磁贸易看中日文化的友好交流 [J]. 贾玉芹，译 . 社会科学战线，1980（1）：219-223.

烧青花瓷器的窑，例如伊万里窑和鹿背山窑。这些窑口烧造的青花瓷器的造型、纹饰与中国明代民窑青花瓷非常相似，明清时曾大量出口国际市场。

伊万里窑地址在今佐贺县伊万里市，是陶瓷产品的集中地和港口。大河内、黑牟山、应法山、广濑山、筒江山、志田山等，都是日本瓷器的重点产区，从广义上说，都可以放在伊万里窑的名下。

在烧制技术上，日本的伊万里窑真正掌握了1000多摄氏度的瓷窑温度，这是陶瓷史上的重大事件。后来，日本已经能够烧制大尺寸的瓷器。因染料价格昂贵，日本的伊万里窑青花瓷初期多为宫廷使用。直到德国发明化学材料并应用于日本，伊万里窑才大批量生产青花瓷。

从青花的染料来说，日本人称之为"吴须"的染料是从中国和西亚进口的，其应该就是"钴料"。日本学者内藤匡在《古陶瓷的科学》中提及"吴须土的专称"：浙江出产的"无名异"青花料，又称吴须。[1] 有学者认为，吴须、唐吴须产自云南吴州[2]；还有人认为和漳州有关系[3]。可以确定的是，吴须是从中国传入的。日本著名陶艺家奥田颖川将吴须赤绘运用到了京烧的传统中，其弟子青木木米、仁阿弥道八、尾形周平等继承了这项技艺并让京烧的吴须赤绘发扬光大。[4]

三上次男总结，日本陶瓷器一直单方面受到中国陶瓷的影响和刺激，到了18世纪，在装饰方面才有日本自己的独特风格。[5] 这些日本瓷器从17世纪开始就通过荷兰东印度公司的商船向欧洲出口，中国的传统五彩瓷器也一同出口到欧洲。18世纪30年代之后，德国、法国、英国等各地都开始生产五彩瓷，如今这一类瓷器已经很难分辨出自哪个国家哪个窑口。

① 叶喆民. 古物探研二则 [J]. 故宫博物院院刊, 1996（4）: 84-89.

② 陈进海. 世界陶瓷（第3卷）[M]. 沈阳: 万卷出版公司, 2006: 453.

③ 金国平. 葡萄牙海洋地理中的"诏安湾": 历史与考察——兼论"Swatow"的词源及指称 [J]. 海交史研究, 2023（4）: 1-11.

④ 李明松. 日本茶陶的地域性特征研究 [D]. 北京: 清华大学, 2015.

⑤ 三上次男. 从陶磁贸易看中日文化的友好交流 [J]. 贾玉芹, 译. 社会科学战线, 1980（1）: 219-223.

第四章

越窑青瓷在菲律宾的传播与影响

菲律宾位于西太平洋，是东南亚的群岛国家，由 7000 多个岛屿构成。菲律宾与中国隔海而邻。前 3000 年前，中国已经与菲律宾地区有了文化接触。不少考古学家认为中国南部的新石器文化中的圆形或者椭圆形石斧直接传入菲律宾沿海。[①] 菲律宾大学的德裔美籍教授、著名的菲律宾考古学家亨利·拜尔（Henry Beyer）在考古中认为，在中国的隋唐时期，福建或者中国沿海其他地区的移民已进入菲律宾群岛。[②] 我国古籍《三国志》《诸蕃志》《宋史》《岛夷志略》等均有关于中菲交往的记载。在菲律宾群岛的考古发掘中，出土了唐代至清代的大量陶瓷器，这说明自唐代开始，中菲之间已经有较为密切的陶瓷贸易关系和物质文化交流。14 世纪之前，菲律宾群岛尚未形成国家，多以土著部落形式存在，在此之前留下的史料痕迹并不是很多。不过，我们仍然可以通过如今的考古发掘来探寻古代中国与菲律宾在政治、经济、文化上的交流。

一、史籍中的中菲交往

3—4 世纪，中国与菲律宾地域就有了来往。陈寿《三国志》记载，三国时期，东吴官员朱应和康泰出使东南亚扶南、交趾等数十国，使臣一度到达臣延、耽

---

① 李金明. 闽南人与中华文化在菲律宾的传播 [J]. 华侨华人历史研究, 1998（1）: 26-32.

② Henry Otley Beyer, Early History of Philippine Relations with Foreign Countries, Especially China, Manila: Filipiniana Publications, 1948.

兰^①、杜薄^②等地,这些地方在今菲律宾境内。^③南朝宋范晔《后汉书》记载,"会稽东冶县人有入海行遭风,流移至澶州者"^④。当时的"澶州"就是现在菲律宾群岛,东冶就是福州。隋炀帝大业三年(607),朝廷派常骏出使菲律宾群岛诸国。隋代在南洋方面的开拓经验,为唐宋两朝与菲律宾的交往开辟了一条新路。

9—14世纪,中国与菲律宾群岛诸国的朝贡贸易、民间贸易逐渐繁盛。11世纪初,棉兰老岛上的蒲端国通过朝贡方式与中国建立了直接的联系。1003—1011年,先后5次遣使中国,《宋史》有两国官方交往的记录:"(咸平六年)九月己丑,蒲端国献红鹦鹉";"(景德元年五月)蒲端国遣使来贡";"(景德四年)是岁……蒲端国……来贡";"(大中祥符四年二月)壬戌。……蒲端……来贡";"(大中祥符四年六月)诏授……蒲端……奉使官"。^①

洪武五年(1372),明太祖遣使宣谕吕宋国,同年吕宋国也遣使朝贡。菲律宾史学家一致认为1372年为菲律宾群岛派使臣出使中国的最早年份。自明太祖洪武五年至明成祖永乐二十二年(1424),菲律宾群岛诸国向明朝入贡8次。^⑥合猫里、冯嘉施兰、古麻剌郎、吕宋等国均向明朝进贡。

10世纪末,中菲民间大宗贸易开始有了文字记录。《宋史·阇婆传》记载:"又有摩逸国,太平兴国七年,载宝货至广州海岸。"^⑦这是最早将中菲大宗贸易形成文字的记载,此后历代史籍对中菲贸易都有较详细的记载。11世纪开始,福建商人开辟了新的南海"陶瓷之路",民间贸易迅速发展。这条陶瓷之路是

① 何芳川."华夷秩序"论[J].北京大学学报(哲学社会科学版),1998(6):30-45.

② 许永璋.澶洲新探[J].中国史研究,1997(1):88-96.

③ 杨静林.古代中菲关系与贸易[J].东南亚纵横,2010(6):73-76.

④ 黄滋生.十六世纪七十年代以前的中菲关系[J].暨南学报(哲学社会科学),1984(2):26-36.

① 中山大学东南亚历史研究所.中国古籍中有关菲律宾资料汇编[M].北京:中华书局,1980:12.

⑥ 中山大学东南亚历史研究所.中国古籍中有关菲律宾资料汇编[M].北京:中华书局,1980:21-27.

⑦ 中山大学东南亚历史研究所.中国古籍中有关菲律宾资料汇编[M].北京:中华书局,1980:10.

从福建横渡台湾海峡，经台湾岛沙马头澳、巴士海峡、巴林塘海峡到达吕宋岛（吕宋港或者其他港口）。新航线极大地促进了两地的贸易事业发展，到了12世纪初，中菲贸易已经相当频繁。①

宋代赵汝适的《诸蕃志》是一部记载宋代中外交通与贸易的重要文献。该书列举了亚非地区56个国家，其中用瓷器进行交易的国家占四分之一以上。书中还提到"麻逸""三屿（三岛）""蒲哩噜"的商人"用瓷器……博易"，"博易用瓷器……为货"。麻逸、三屿、蒲哩噜均属菲律宾地域。《诸蕃志》"麻逸国"条记载："麻逸国在勃泥之北，团聚千余家，夹溪而居。……三屿、白蒲延、蒲里噜、里银东、流新、里汉等，皆其属也。土产黄蜡、吉贝、真珠、玳瑁、药槟榔、于达布。商人用瓷器、货金、铁鼎、乌铅、五色琉璃珠、铁针等博易。"②《诸蕃志》"三屿、蒲哩噜"条记载："三屿乃麻逸之属，曰加麻延、巴姥酉、巴弄吉等，各有种落，散居岛屿，舶舟至则出而贸易，总谓之三屿。""蛮贾……持吉贝、黄蜡、番布、椰心簟等至，与贸易。如议之价未决，必贾豪自至说谕，馈以绢伞、瓷器、藤笼，仍留一二辈为质，然后登岸，互市交易毕则返其资……"③另记载，"蒲哩噜与三屿联属"，"风俗、博易与三屿同"。④南宋赵彦卫在《云麓漫钞》卷五中有这样的记载："福建市舶司常到诸国舶船。……麻逸、三屿、蒲哩唤、白蒲迩国有吉贝布、贝纱。"⑤

元代民间航海家汪大渊在《岛夷志略》中记录了海外诸国见闻，描述了所见诸国风土人情和交易用货。菲律宾古时三岛主要产黄蜡、木棉、花布；麻逸主要产木棉、黄蜡、玳瑁、槟榔、花布；麻里噜主要产玳瑁、黄蜡、降香、竹布、

---

① 金应熙. 菲律宾史 [M]. 开封: 河南大学出版社, 1990: 37.

② 中山大学东南亚历史研究所. 中国古籍中有关菲律宾资料汇编 [M]. 北京: 中华书局, 1980: 13-14.

③ 中山大学东南亚历史研究所. 中国古籍中有关菲律宾资料汇编 [M]. 北京: 中华书局, 1980: 14-15.

④ 中山大学东南亚历史研究所. 中国古籍中有关菲律宾资料汇编 [M]. 北京: 中华书局, 1980: 15.

⑤ 中山大学东南亚历史研究所. 中国古籍中有关菲律宾资料汇编 [M]. 北京: 中华书局, 1980: 12.

木棉花；苏禄主要产黄蜡、玳瑁、珍珠等。这些物产的交换对象是来自中国的丝织品、瓷器、铁器等。《岛夷志略》对瓷器的记载有 44 处，涉及青瓷、处州瓷、青白花碗、青白瓷、粗碗等。[①]

14 世纪后期至 15 世纪前期，中菲交往频繁，贸易繁盛。此时，菲律宾群岛上的古国仅剩苏禄，其他已经消失。南部成为菲律宾群岛对外贸易的中心，是香料、海产和中国货物的集散地之一，与马鲁古群岛、渤泥和中国均有频繁的贸易往来。[②]

明朝前期，实施海禁，朝贡贸易逐渐完备。郑和曾三次派人到达林牙彦、马尼拉、民都洛和苏禄。[③] 菲律宾各邦国竞相来华，在明永乐帝执政前的 22 年时间里，中菲双方的这种官方往来就达 13 次之多。[④] 例如，《明史·成祖本纪》记载：永乐三年（1405），"合猫里……入贡"；永乐六年（1408）、八年（1410），"冯嘉施兰……入贡"；永乐八年，"吕宋……入贡"；永乐十八年（1420）、十九年（1421）、二十二年（1422），古麻剌郎入贡。[⑤]《明太宗实录》卷三十七记载，永乐三年，"金（合）猫里……来贡"。《明太宗实录》卷四十五记载，永乐四年（1406），东洋冯嘉施兰来朝；《明太宗实录》卷五十七记载，永乐六年，东洋冯嘉施兰来朝，贡方物；《明太宗实录》卷七十三记载，赐宴东洋冯嘉施兰、吕宋朝贡使臣；《明太宗实录》卷一〇七、一一八、二三〇、一二〇和《明仁宗实录》卷三上均记载了古麻剌郎向中国朝贡的历次来往经历。[⑥]

永乐帝之后，朝贡贸易逐渐停滞，但民间贸易依然存在。1571 年，西班牙侵占菲律宾，菲律宾成为殖民地，中菲贸易转变成了中国与西班牙殖民者之

① 冯先铭. 元以前我国瓷器销行亚洲的考察 [J]. 文物, 1981（6）: 65-74.

② 金应熙. 菲律宾史 [M]. 开封: 河南大学出版社, 1990: 113.

③ 陈鸿瑜. 菲律宾史: 东西文明交会的岛国 [M]. 台北: 三民书局, 2003: 16.

④ 中山大学东南亚历史研究所. 中国古籍中有关菲律宾资料汇编 [M]. 北京: 中华书局, 1980: 21-32.

⑤ 中山大学东南亚历史研究所. 中国古籍中有关菲律宾资料汇编 [M]. 北京: 中华书局, 1980: 18.

⑥ 中山大学东南亚历史研究所. 中国古籍中有关菲律宾资料汇编 [M]. 北京: 中华书局, 1980: 28-29.

间的贸易。西班牙殖民者"开辟了从马尼拉到墨西哥阿卡普尔科的大帆船贸易航线,把墨西哥银元载运来交换中国的货物"①。这些货物自然包括大宗的中国瓷器,这也是今天在世界各地都能见到不同时期的中国瓷器的原因之一。

二、菲律宾出土的中国瓷器

瓷器是中菲朝贡贸易、民间贸易的重要产品,可以作为中菲交往的历史见证。菲律宾群岛出土的中国古陶瓷数量居东南亚地区之冠。②菲律宾的每一个省份、每一个岛屿都出土过中国陶瓷。③19世纪80年代开始,菲律宾开始进行瓷器考古发掘。20世纪20年代,密执安大学在菲律宾中部、南部搜集了8000多件中国瓷器。在这之后,考古学专家在菲律宾发掘了大量的中国瓷器。④

1957年,美国哈佛大学的一位考古学家在菲律宾马尼拉南部巴坦加省的卡拉塔冈半岛进行发掘,清理了505座墓葬并得到了14—15世纪的中国瓷器410件,以青花瓷为主。1958年,卡拉塔冈墓葬群出土了完整的1200件瓷器,其中中国瓷器占85%。⑤

菲律宾出土的中国瓷器数量多,窑口复杂。这些瓷器主要有宋代越窑青瓷、龙泉窑青瓷、福建青白瓷,元代景德镇青白瓷、青花、釉里红等,后者数量最多。菲律宾群岛出土的这些中国陶瓷,收藏于菲律宾国立博物馆、人类学研究所和菲律宾大学等处。还有重要的私人收藏,藏品包括9世纪的越州窑和越州窑系陶瓷。⑥

隋唐时期有关中菲交往的文字记载暂未发现,但菲律宾出土的唐代瓷器证

① 李金明.闽南人与中华文化在菲律宾的传播 [J].华侨华人历史研究,1998(1):26-32.

② 王文强.略述我国陶瓷的外销及其影响 [C]// 中国古陶瓷研究会,中国古外销陶瓷研究会.中国古代陶瓷的外销.北京:紫禁城出版社,1988:140.

③ 詹嘉.中外陶瓷文化交流 [M].北京:中国社会出版社,2004:139.

④ 冷东.中国瓷器在东南亚的传播 [J].东南亚纵横,1999(1):31-35.

⑤ 刘伟.从世界各国对中国陶瓷的仿制谈起 [M]// 中国古陶瓷学会.中国古陶瓷研究(第14辑).北京:紫禁城出版社,2008:542.

⑥ 三上次男.陶瓷之路:东西文明接触点的探索 [M].胡德芬,译.天津:天津人民出版社1983:228.

明了中菲两国的交往，也可以推测中国至菲律宾的海上航线是"泉州—占城—渤泥—菲律宾"。拜尔认为，当时阿拉伯人与中国商人往来频繁，菲律宾出土的唐代陶瓷器应该是由阿拉伯商人带到菲律宾群岛。[①] 在黎刹省和宿务岛有唐代瓷器出土，在巴布延岛、依罗戈省、卡加延苏禄岛、苏禄群岛等地有晚唐瓷器出土。[②] 吕宋岛南部八打雁的劳勒遗址出土了9世纪至10世纪前期的越窑青瓷六棱浅钵。[③] 在棉兰老岛西北部布土安地区的安伴冈利伯塔沉船中，发现了9—10世纪的越窑青瓷壶。[④] 当然，此时开展大规模贸易的可能性并不大，因为相比宋元明时期，菲律宾发现的唐代瓷器遗迹比较少。

宋代开始，中菲陶瓷贸易进一步发展。在吕宋的庇纳格巴雅兰村的庇拉部落，挖掘的墓穴中出土了11—14世纪的中国陶瓷，有青瓷、白瓷、青白瓷、黑瓷等，也有一些泰国和安南的陶瓷。这样的墓地并非仅此一处，在菲律宾群岛各岛屿的沿海地带已经发现了100多处遗迹。[⑤] 在马尼拉圣塔·阿那教堂修建时，在202个墓地中出土了1513件10世纪至14、15世纪的中国陶瓷。[⑥] 菲律宾在对八打雁的卡拉塔甘地区、马尼拉的圣安娜、雷库那湖西侧内湖遗址进行的几次发掘中，出土了大约4万件瓷器，其中宋瓷有越窑系刻花青瓷。[⑦] 在棉兰老岛西北部的武端发掘出土了9—10世纪的华北窑、越窑、长沙窑、广东窑系的陶瓷器；在爪哇、苏门答腊、苏拉威西、加里曼丹等岛屿也发掘出

① 叶文程. 中国古外销瓷研究论文集 [C]. 北京：紫禁城出版社，1988：19.

② 中山大学东南亚历史研究所. 中国古籍中有关菲律宾资料汇编 [M]. 北京：中华书局，1980：1.

③ 李军. 唐、五代和北宋越窑青瓷的外销及影响 [M]// 冯小琦. 古代外销瓷器研究. 北京：故宫出版社，2013：100.

④ 李军. 唐、五代和北宋越窑青瓷的外销及影响 [M]// 冯小琦. 古代外销瓷器研究. 北京：故宫出版社，2013：100.

⑤ 叶文程. 中国古外销瓷研究论文集 [C]. 北京：紫禁城出版社，1988：120-121.

⑥ 三上次男. 陶瓷之路：东西文明接触点的探索 [M]. 胡德芬，译. 天津：天津人民出版社1983：227.

⑦ 王文强. 略述我国陶瓷的外销及其影响 [C]// 中国古陶瓷研究会，中国古外销陶瓷研究会. 中国古代陶瓷的外销. 北京：紫禁城出版社，1988：142.

土了同一时期的越窑系青瓷和邢窑、巩县窑、长沙窑等的瓷器。[①] 在巴布延群岛、伊罗奇与冯牙丝兰海岸、马尼拉、民都洛岛、宿务岛、和乐岛、卡加延苏禄岛等沿海地区，均发现有晚唐五代越窑青瓷钵、壶、水注等。[②]

在菲律宾地区所有发掘的瓷器中，明代瓷器为最多。本部分主要讨论唐宋瓷器，其他时间段的考古发掘瓷器不作论述。

三、以越窑青瓷为代表的中国陶瓷对菲律宾文化的影响

"菲律宾人是一个混合物，早在西班牙人和美国人来到此地以前，阿拉伯、印度和中国的文化因素就已经成为菲律宾文化的一部分。"[③] "所谓的菲律宾文化实际所指的是存在于菲律宾群岛的文化，菲律宾在这里不是一个国家概念，而是一个指代菲律宾群岛的地理概念。"[④]1571 年之前，关于菲律宾经济、社会、文化的历史文献记载罕见，因此被称为"史前"社会。出土的不同年代的中国陶瓷器是研究与考证菲律宾历史的重要依据。拜尔把西班牙占领前的菲律宾历史分为前瓷器时期（300—850）和瓷器时期（9—16 世纪）。[⑤]这不仅具有历史分期的意义，更说明了中国古代瓷器对菲律宾的重要意义。从唐朝开始，中国陶瓷已经批量进入菲律宾群岛，在长期的贸易环境下，中国陶瓷文化自然传播到菲律宾各地，影响菲律宾民众生活的各个方面。尤其是瓷器作为重要的生活用具，被视为财富与地位的象征。不少专家学者认为，中国瓷器改变了东南亚人的日常生活，包括餐饮方式、财富观念以及丧葬文化等。[⑥]

---

① 王晰博 . 古代中国外销瓷与东南亚陶瓷发展关系研究 [D]. 昆明：云南大学，2015.

② 李军 . 唐、五代和北宋越窑青瓷的外销及影响 [M]// 冯小琦 . 中国古代外销瓷器研究 . 北京：故宫出版社，2013：100.

③ 陈衍德，彭慧，俞云平，等 . 多民族共存与民族分离运动：东南亚民族关系的两个侧面 [M]. 厦门：厦门大学出版社，2009：138.

④ 阳阳，黄瑜，曾添翼，等 . 菲律宾文化概论 [M]. 广州：世界图书出版广东有限公司，2014：8-9.

⑤ 李金明 . 闽南人与中华文化在菲律宾的传播 [J]. 华侨华人历史研究，1998（1）：26-32.

⑥ 叶文程 . 中国古外销瓷研究论文集 [C]. 北京：紫禁城出版社，1988：272-282.

（一）中国陶瓷对菲律宾饮食文化的影响

不少学者就中国陶瓷对东南亚地区饮食文化的贡献做过具体的研究，陈万里先生曾说，中国瓷器远涉重洋运至东南亚各地，以满足当地人民日用上的需要，这对于改善当地人民的生活有着极重要的作用。[①]

中国宋代以前，东南亚地区发展迟缓，普通百姓未能获得更好的饮食器具，一般是直接利用当地的自然条件采集植物的茎叶乃至果壳之类，进行简单的加工制作。[②]《诸蕃志》"登流眉国"条记载："饮食以葵叶为碗，不施匕筋，掬而食之。"[③]登流眉国在今泰国南部马来半岛洛坤附近。《诸蕃志》"苏吉丹"条记载："饮食不用器皿，缄树叶以从事，食已则弃之。"[④]苏吉丹，古阇婆属国，在今加里曼丹岛西海岸苏加丹那港。《诸蕃志》"渤泥国"记载："无器皿，以竹编贝多叶为器，食毕则弃之。"[⑤]《诸蕃志》"波斯国"条记载："其王……食饼肉饭，盛以瓷器，掬而啖之。"[⑥]此处的"波斯"，冯承钧注云"本条波斯亦南海波斯也"。这说明当时的国王用瓷器吃饭，体现了瓷器的珍贵。

部分学者对中国瓷器进入"文郎马神"后对当地餐具产生的影响提出了不同的意见。例如，认为"蕉叶为食器"在当地是一种隆重的欢迎宴会的仪式，是为了彰显神圣感、仪式感并表达对宾客的尊重；认为"文郎马神国所在的加里曼丹岛也不是《东西洋考》和《明史》所记的无碗盘等器具可用的蛮荒之地"，而是在中国瓷器到达之前就已经使用陶器（包括釉陶器）、椰壳器、木器、石器、金属器、玻璃器等。[⑦]

我们来看两段记载。《东西洋考》卷四《西洋列国考》记载"文郎马神国"："初盛食，以蕉叶为盘。及通中国，乃渐用磁器。又好市华人磁瓮，画龙其外，

---

① 陈万里.宋末—清初中国对外贸易中的瓷器 [J]. 文物, 1963（1）: 20-24.

② 唐星煌.中国古代陶瓷对国外社会生活的贡献和影响 [J]. 求索, 1988（2）: 121-126.

③ 冯承钧.诸蕃志校注 [M]. 北京: 文物出版社, 2022: 36.

④ 冯承钧.诸蕃志校注 [M]. 北京: 文物出版社, 2022: 54.

⑤ 冯承钧.诸蕃志校注 [M]. 北京: 文物出版社, 2022: 105.

⑥ 冯承钧.诸蕃志校注 [M]. 北京: 文物出版社, 2022: 102-103.

⑦ 王光尧.海外实地调查资料与中国文献之对比: 海外考古调查札记（一）[J]. 故宫博物院院刊, 2020（7）: 91-97.

人死贮瓮中以葬。"① 《明史·列传》"文郎马神"国条记文郎马神国"初用蕉叶为食器，后与华人市，渐用磁器。尤好磁瓮，画龙其外，死则贮瓮中以葬"②。文郎马神国,位于今印度尼西亚加里曼丹岛。根据前文《诸蕃志》之"苏吉丹"条，用树叶做餐盘应该是加里曼丹岛的普遍现象。有学者认为：某些社会进步较快的地区，只有上层人物可以用上金属材料制作的饮食器具；在中国瓷器进入加里曼丹岛之前，部落首领或者贵族应该有各种类型的餐具可用，但对普通百姓来说餐具还是稀缺物品，日常仍然采用随处可见的蕉叶（树叶）来做食物容器。

有资料记载，中国运往菲律宾的陶瓷大部分是民间陶瓷器。精明的商人将其中品质最差的挑选出来，运往东南亚各岛屿。正因为不完善，这些瓷器价格低廉，适合菲律宾群岛上的原始居民交换。这些陶瓷器虽非精品，但满足日常生活所需是完全没有问题的。

到了元代晚期，为了适应海外低端市场需求，景德镇民窑专门烧造了一种菲律宾型元青花，器型和纹样相对简单。③ 《东西洋考》"柔佛"条指出，中国陶瓷已成为"民家用瓷"。④ 菲律宾出土的瓷器以明代为主，这说明在西班牙人到达菲律宾之前，当地人已经普遍使用中国明朝的瓷器。明代时期中国瓷器的大量输入，极大地改善了当地百姓的生活条件。

除了作为餐饮器具，中国瓷器还可以用来酿酒。在菲律宾，用中国的瓮进行酿酒或者宴饮，代表着不同的意义。据说采用最古老的陶瓷酿酒，味道比较好。在菲律宾南部的岷兰佬、苏禄、巴佬湾，发现了大批明代末的陶瓷，其广泛用来存放米酒。菲律宾尼巴镇居民相信用陶瓷可以酿造出特别香醇的"托巴"酒。13 世纪，人们认为，中国的酒杯、茶杯、碗、盘等瓷器，具有辨认食物是否有毒的功能。⑤ 这也许有些荒谬，但体现了中国陶瓷的影响力。

① 王光尧. 对中国古代输出瓷器的一些认识 [J]. 故宫博物院院刊, 2011(3)：36-54.
② 熊仲卿. 贸易陶瓷器在香料群岛的社会文化意义 [J]. 广西民族大学学报（哲学社会科学版），2018(2)：18-24.
③ 李晴. 伊本·白图泰远航中国考 [J]. 海交史研究, 2018(1)：29-40.
④ 叶文程. 中国古外销瓷研究论文集 [C]. 北京：紫禁城出版社, 1988：274.
⑤ 詹嘉. 中国陶瓷对亚非社会文明的影响 [J]. 中华文化论坛, 2009(12)：18-26.

（二）中国瓷器对菲律宾人民财富观念的影响

中国瓷器深受菲律宾人民的喜爱，他们以拥有中国瓷器的多寡作为衡量社会地位和财富的标志。"从中国、安南、暹罗运入菲岛的陶瓷与菲人早年的社会及农村生活有密切关系，有的陶瓷成为估量个人财产及声望的重要准绳。"① 从财富观念的角度来说，中国瓷器具有金钱层面的意义。

有学者考察了吕宋岛北部的乡村史，发现三分之一的土人家庭珍藏着宋代至明清的埕坛、药盅、油瓮、大盘、碗碟等中国古瓷，这些古瓷可以作为家庭财富的象征。② 例如，瓷器中的大坛，可以放在屋中显眼的地方，以显示家庭的实力与财富。又如，在重要节日庆典中，中国古瓷可以作为装葡萄酒的器具。

中国输出的瓷器在东南亚各地除被视作传统意义上的财富外，还在此性质上被扩展成为当地人民进行商业贸易的媒介，部分地充当了货币。③ 根据郑和下南洋和西洋的记载，其在各地见到的青瓷器、青花瓷器、青白花瓷器等，是龙泉窑、景德镇窑和福建等地的窑场的产品。在使用中国瓷器的 26 个国家中，有 24 个国家把中国瓷器当作"货用"媒介。④《星槎胜览》记载了菲律宾的瓷器交易内容，"三岛"条云"货用……瓷器……之属"，"苏禄国"条云"货用……青烧、瓷器……之属"。⑤

（三）中国瓷器对菲律宾丧葬文化的影响

从菲律宾出土的中国瓷器来看，菲律宾考古陶瓷中的绝大部分是通过墓葬挖掘而来。"除去某些大碟子作为家宝而传下来，在山区举行某些仪式场合下仍作为盛酒用的大缸之外，在菲律宾出现的所有陶瓷，都是在坟墓里找到的。"⑥ 这意味着，中国古代陶瓷在菲律宾丧葬文化中有重要作用。

在菲律宾，许多中国古代瓷器用于随葬，以至于中国瓷器有"坟墓里的器

---

① 詹嘉. 中外陶瓷文化交流 [M]. 北京: 中国社会出版社, 2004: 80.
② 詹嘉. 中外陶瓷文化交流 [M]. 北京: 中国社会出版社, 2004: 80.
③ 王光尧. 对中国古代输出瓷器的一些认识 [J]. 故宫博物院院刊, 2011（3）: 36-54.
④ 王光尧. 明代宫廷陶瓷史 [M]. 北京: 紫禁城出版社, 2010: 205.
⑤ 叶文程. 中国古外销瓷研究论文集 [C]. 北京: 紫禁城出版社, 1988: 68.
⑥ 冷东. 中国瓷器在东南亚的传播 [J]. 东南亚纵横, 1999（1）: 31-35.

皿"之称。①埋入地下的杯子、碗、茶托和小壶，有的可能是埋葬之前施法用的，有的装有食物，例如肉和鱼。实际上，在中国的丧葬文化中也有这样的案例。

在东南亚的丧葬文化中，还有一种是瓮葬。据考古调查，古代菲律宾流行瓮葬文化、械斗与和解习俗，因此中国陶瓷在菲律宾群岛有巨大需求。②20世纪中叶，菲律宾考古的两大主题为中国贸易与瓮棺葬，但关于"瓮棺葬"的研究进展缓慢，并没有什么特别的发现。③以下根据各类已有的文献简要介绍瓮葬文化。

在铁器时代初期，在菲律宾的700万移民中，华南人占百分之四。拜尔明确指出这百分之四的人是由福建移入的、有瓮葬习惯的瓮葬人。福建南部的先民在向菲律宾群岛北部迁移的同时，将瓮葬文化也带到了菲律宾群岛。④这些移民属客家人系统。巴布延群岛、巴坦群岛、塔亚巴斯、索索贡、萨马岛、民都洛岛东部、卡拉绵群岛、巴拉望岛等地区的早期居民都盛行瓮葬。⑤在加里曼丹、菲律宾等地，瓮还被用作"祖骨崇拜"的"瓮棺葬"，在这里瓮一般用来埋葬婴孩尸体，但也大量在"洗骨葬"中使用。⑥龙瓮可以被用作殓葬婴孩尸体及第二次殓骨的棺木。凌纯声在《中国边疆民族与环太平洋文化》一书中阐释：在"洗骨葬是东南亚古代文化特质之一，同时也是东南亚最原始的葬式。"⑦在洗骨葬中使用的容器不一定是陶瓷器具，但瓷器或者瓷瓮在这一风俗中的作用是毋庸置疑的。

① 冷东．中国瓷器在东南亚的传播 [J]．东南亚纵横，1999（1）：31-35．

② 李晴．伊本·白图泰远航中国考 [J]．海交史研究，2018（1）：29-40．

③ 李桓．菲律宾史前考古研究概述 [J]．南方文物，2022（3）：179-198．

④ 章石芳．族群文化认同视野下菲律宾华族移民母语教育发展及方略研究 [D]．福州：福建师范大学，2011．

⑤ 黄滋生．十六世纪七十年代以前的中菲关系 [J]．暨南学报（哲学社会科学），1984（2）：26-36．

⑥ 詹嘉．中国陶瓷对亚非社会文明的影响 [J]．中华文化论坛，2009（2）：18-26．

⑦ 凌纯声．中国边疆民族与环太平洋文化 [M]．台北：联经出版事业公司，1979：773．

（四）中国陶瓷对菲律宾人民精神崇拜的影响

在东南亚的菲律宾南部岛屿和印尼加里曼丹部分山区的土著居民，至今仍保留着对原始宗教的崇拜，存在着精灵崇拜的信俗。[①] 在这些地区，我国陶瓷和当地土著原有的信俗结合在一起。[②] 土著居民认为瓷器的漂亮外观可以媚神，清脆的声音可以通神，可以作为祭祀仪式上的器具。在土著居民的宗教仪式上，他们将祭祀用的瓷碗、瓷碟装满食物，再用手轻轻叩击瓷器，而后瓷器会发出清脆的铃声，这种铃声被认为是可以邀请神灵来参加庆典仪式的一种方法。因此，可以认为，这些瓷器成为人和神灵的沟通媒介，由此体现了中国古代瓷器在当地人的精神生活中的重要性。如果在宗教仪式中未能见到中国瓷器"出席"，那么这户人家的男主人将失去脸面。在巴拉望岛塔格班奴瓦地方，土著居民在去谷皮等的生产活动中，也举行类似的仪式。[③] 巫女们把盛满祭品的瓷碗、瓷碟等顶在头上，跳起舞蹈，轻扣瓷器，发出清脆动听的声音。人们认为这样可以请来神灵。[④]

菲律宾当地居民赋予古瓮以某种神秘的神灵生命形态，认为每个瓮都代表着一种生命形态，有自己的神秘起源和历史。在菲律宾的巴拉望岛曼纽瓦，瓮的名称竟然达到了 100 多种，不同的名称代表着不同的生命形态。当地流传着一些关于瓮的传说和故事。例如：瓮会说话，当主人病故时，会发出痛苦的哀号，这实际上是寄托了家人的哀思；瓮会逃跑，逃出丛林，再经过人们的追捕而被抓获，这应该是一种失而复得的情感体验。

加里曼丹和菲律宾的一些土著居民存在着一种"瓮崇拜"的习俗。从当地陶瓷名称的语源和出土实物看，他们所崇拜的是中国古瓮。[⑤] 他加禄语为菲律宾的官方语言之一。他加禄语称瓮为 Kaong，与汉语"缸"对音；称"瓮罐"为 gusi，与汉语"古瓷"之对音。加里曼丹的 Dayak 族称龙形的罐为

---

① 唐星煌. 中国古代陶瓷对国外社会生活的贡献和影响 [J]. 求索, 1988（2）: 121-126.

② 詹嘉. 中外陶瓷文化交流 [M]. 北京: 中国社会出版社, 2004: 81.

③ 唐星煌. 中国古代陶瓷对国外社会生活的贡献和影响 [J]. 求索, 1988（2）: 121-126.

④ 冷东. 中国瓷器在东南亚的传播 [J]. 东南亚纵横, 1999（1）: 31-35.

⑤ 詹嘉. 中外陶瓷文化交流 [M]. 北京: 中国社会出版社, 2004: 84.

Rangkang，与汉语的"龙缸"谐音。[①]

1974年9月，菲律宾总统马科斯夫人伊梅尔达·马科斯（Imelda Marcos）赠给中国一只青瓷碗，这是菲律宾出土的青瓷碗。该青瓷碗现在被国际友谊博物馆收藏。可以说，中国瓷器自古以来就是中菲两国交往的联结点。

---

① 汪大渊. 岛夷志略校释 [M]. 苏继庼，校释. 北京：中华书局，1981：92-93.

第五章

越窑青瓷在越南的传播与影响

越南有着悠久古老的历史。其位于中南半岛,北面与中国接壤,自古以来与中国关系密切,文化交往频繁。"越南是以中华文明作为它的文化基石,并和日本、朝鲜一道被视为中华文明的子文明。"[1] 从陶瓷艺术来说,"中国历代陶瓷的演变一直在影响着越南陶瓷艺术的发展"[2]。作为中华文化的典型代表——陶瓷,从迈入越南的第一寸土地开始,就进行了陶瓷技术和陶瓷文化的传播。历史的车轮滚滚向前,中华陶瓷的新发明、新创造不断涌入越南这片土地,在中国陶瓷艺术的影响下,越南人民逐渐掌握了陶瓷烧制的技术,并逐渐形成自己的风格,所生产的陶瓷成为重要的外贸产品,销往东南亚地区。这就是中国陶瓷艺术传播的影响力。

一、越南陶瓷发展简述

前 1 万年以前,越南北部湾沿岸已经开始制陶。考古学家发现在越南的北部湾有石器时代制陶的遗迹。从越南清化省东山村考古发掘的遗存来看,在中国的战国至汉代时期,越南制造的青铜器、玉器、陶器、货币等均与中国相仿或者相同,这说明来自中原的铜器、铁器、陶器等制作方法很早就传播到越南。

(一) 和平文化时期

和平文化时期是东南亚中石器时代(新石器时代早期),因 20 世纪 20 年

---

① 熊煜 . 谈越南的陶瓷艺术 [J]. 装饰, 2003(1): 42-43.

② 郎天咏 . 东南亚艺术 [M]. 石家庄: 河北教育出版社, 2003: 136.

代首次在越南北部和平省发现而得名。距今 7000—9000 年的北山文化遗址（北山文化在广义上可看作和平文化后期）出土了越南最早的原始陶器，是粗糙的手工陶器。[1] 前 3000—4000 年，越南开始进入铜器时代，陶器和铜器同时发展。在前 2000—1500 年的冯源文化遗址中，出土了陶釜、陶瓮、陶盆等，既有手工陶器，也有采用辘轳拉坯的轮制陶器。这些原始陶器的烧成温度在 500℃—900℃，胎质较为粗糙，黏土中混杂着大量的沙粒和植物。部分陶器的表面刻划有几何纹、圆圈纹、垂直线、斜线等。前 1000 年至公元后，东山文化中的绍阳、越进等遗址出土的陶器、陶片纹饰丰富，造型多样，这一时期的陶器与同时期中国南部的几何形扁平压印陶纹相似，显示出了和中国南方印纹陶之间的渊源。

（二）中国化时期

前 111—938 年为越南陶瓷中国化时期，也有人称之为汉—越时期。这个时期的越南北部处在中央王朝的统治之下，也可称之为属于中国，史称越南北属时期。这期间，中国文化大量输入，对于越南地区的封建化产生了重要影响。前 214 年，秦朝在越南北部设置象郡。秦末，中国发生内乱，南海郡尉赵佗割据当地，成立南越国。实际上这是汉族统治者建立的一个地方割据政权。前 111 年，汉武帝平定南越国，在中南半岛设立交趾、九真、日南三郡，以郡县制形式统治今越南中北部。交趾的辖境相当于今广东、广西的大部和越南的北部、中部。汉朝实行直辖统治，设立交趾刺史。43 年，东汉大将马援重新平定交趾、九真、日南三郡。602 年，刘方征讨称兵割据的李佛子，李佛子惧而请降，越南又归于中国统治之下。隋亡后，唐朝消灭南方的萧铣势力，越南入唐。唐朝政府对越南地区的行政建置屡有变更，有安南都护府、静海军节度使等官署，"安南陶瓷"的称呼由此而来。

在中国陶瓷的影响下，越南北部的陶瓷开始成为具有中国陶瓷特色的地方制品，因而也有人称之为"中越瓷"。它与同时期的中国陶瓷在器型、胎质、釉料、装饰等方面有着密切的关联。考古学家在清化省东山县（汉代九真郡）发现了汉时的窑址。越南的汉墓出土物中的各种陶器，与中国汉墓出土物形制

---

① 贺圣达. 东南亚文化发展史 [M]. 昆明: 云南人民出版社, 1996: 22.

相同，这表明汉代时中华文化已流向同时期的越南。[①]1—3世纪，越南出现了铅釉陶，陶奁、陶罐、陶壶、耳杯等的形制模仿中国汉代的铜器、青瓷和漆器，但其胎、釉等的特征与同时期的中国陶瓷相同（图5.1、图5.2）。4—9世纪，越南本地的陶瓷产品主要模仿越州青瓷、广东白瓷。7世纪之后，陶工艺取得进步，出现了两种新产品——砂陶和棕陶。砂陶是选用白色瓷土，以较高的烧窑温度制成的陶器。棕陶以红棕色或灰黑色圆柱形的大罐为主。到了9世纪，中国的海外贸易市场不断发展，陶瓷被大规模地输出到世界各地，位于东南亚的越南就是其中的重要一站。大批贸易瓷器来到了越南，一方面对越南本土的陶瓷产品形成冲击，另一方面影响了越南陶器的风格，成为当时越南陶器的主流。10世纪，越南生产的陶瓷除了供应本国，也向国外输出，开始了大规模的对外陶瓷贸易。

图5.1　灰陶奁　越南（1—3世纪）　法国巴黎赛努奇博物馆藏

图5.2　釉陶四耳壶　越南（4—5世纪）　日本东京大学文学部藏

（三）大越时期至李陈时期

968年，丁部领建立了安南丁氏王朝，定国号"大瞿越"，受宋朝册封。这是越南北部地区从中国独立后建立的第一个封建王朝。970年，丁朝开始，正式使用国号"大越"。975年，宋太祖封丁部领为检校太尉、交趾郡王，封丁琏（南越王）为静海节度使、安南都护。980年，丁氏王朝因内讧引起宫廷政变而退出历史舞台。丁朝十道将军殿前都指挥使黎桓自称大行皇帝，改年号为天福，仍以华闾为国都，史称前黎朝。前黎立国时间为980—1009年，尽管时间不长，但越南逐渐开始形成了一个国家的文化个性。

---

① 李涛,许思远.中国陶瓷海外传播及文明共同体的符号对话:基于丝绸之路考古的研究[J].华夏传播研究,2021(1):69-81.

1009—1400 年为越南的李陈时期，是越南北部又一强盛的大一统封建朝代。李朝为 1009—1225 年，陈朝为 1225—1400 年。1009 年，前黎朝左亲卫殿前指挥使李公蕴夺取政权，建立越南李朝，定都升龙（今河内）。李朝建立后，学习唐朝和宋朝的中央政治制度模式，国力逐渐强盛。1054 年，李圣宗将国号改为"大越"，这也成为之后几朝的国号。李朝中晚期，国力逐渐衰落。1224 年，李朝权臣外戚废李惠宗，立李佛金（女）为李昭皇。1225 年，越南女皇帝李昭皇禅嫁于陈日煚（陈守度侄子）；同年，李昭皇禅让于陈日煚，陈朝取代李朝。对内沿用国号"大越"，对外使用国号"安南"，首都仍然为升龙。陈朝这一时期对应的是中国南宋后期到明朝初期。

1400 年，陈朝末期权臣胡季犛废少帝自立为王，建立胡朝，陈朝灭亡。1405—1407 年，明成祖派兵击败胡朝。1407 年，永乐帝改安南为交趾，设立三司，辖境相当今越南的北部、中部地区，安南重新被纳入中国版图，治所在交州府（今越南河内）。1407—1427 年，重新归属中国的越南北部进一步加深了与中原政治、经济、文化的交流。

三上次男在《越南陶瓷和陶瓷贸易》中说道："……李朝统治下的大越国，在 9—11 世纪大量输入越窑系青瓷、龙泉窑系青瓷以及福建、广东诸窑口生产的白瓷、湖南的长沙窑瓷，中国东南部诸窑生产的黑褐釉瓷等。"[①] 唐末五代时期为躲避战乱而移居越南的中国人中有中国陶工。[②] 这些客观条件让越南北部的陶瓷事业不断得到发展，并逐渐形成了自己的风格。

李朝建立之后，越南作为独立国家开始生产陶瓷，开启了越南陶瓷史上的新篇章。新建都城需要大量的陶瓷用具，这极大地刺激了越南本土陶瓷事业的发展。例如建筑工程需要陶瓷材料，当时已经可以烧造各种砖瓦，白瓷瓦、琉璃瓦、大型花砖等。陶瓷业的品种增多，已经可以烧造出棕色、白玉色、象牙色的彩釉，部分陶瓷器皿上有较为细腻的镂雕和浮雕纹样。河内附近出土的大量 12—13 世纪的陶瓷用具主要是模仿自中国宋代的青瓷、白瓷、泛黄绿釉彩的钵类器等。12—14 世纪，李朝还流行一种褐色内嵌技法绘制的陶瓷，有学

---

① 中国古陶瓷学会. 中国古陶瓷研究（第 14 辑）[M]. 北京：紫禁城出版社，2008：549.

② 中国古陶瓷学会. 中国古陶瓷研究（第 14 辑）[M]. 北京：紫禁城出版社，2008：548.

者认为受到了中国北方磁州窑陶瓷的影响。

陈朝时期，越南国内的陶瓷生产逐渐兴盛，既仿制中国的陶瓷产品，又独立制作陶瓷产品。中国陶瓷大量输入越南，"这一时期的中国，浙江的龙泉青瓷和福建、广东诸窑的青瓷、白瓷，景德镇窑生产的陶瓷，还有华东诸窑的黑褐釉瓷、绿釉瓷、黄釉褐彩瓷等，大量生产和输出海外……陈朝后半期的 14世纪，中国开始烧制新的品种——元青花、元釉里红，多数在亚洲出售，也输入到越南陈朝"①。陈朝开始烧制白釉、青釉、绿青釉、黄釉、黑褐釉，这与当时中国输入越南的陶瓷产品非常接近，例如色彩鲜艳的绿釉和青釉与同时期广东地区的青绿釉瓷非常相似。陈朝后期，越南生产的传统陶瓷白瓷、淡黄釉瓷、黑褐釉瓷，器型端正，釉色纯正，这是制瓷技术提升的表现。青釉瓷的生产数量整体偏少，但器型、纹样、釉色等方面与中国生产的瓷器极度相似。此时，越南初创的铁绘白瓷、初仿中国的青花瓷登上了历史的舞台。14—15 世纪，越南开始制作赤色陶瓷，开始是模仿元代的染色瓷，黑色居多，后来又有青紫色，作品具有厚重感。

李陈时期的陶瓷发展与海外贸易有着直接的关联。12 世纪，越南与中国的宋朝保持着良好的外交和贸易关系，中国制瓷技术不断传入越南。此时，越南的瓷窑温度可达到 1300 摄氏度。陶瓷产品已广泛运用支钉和匣钵。在瓷土使用上，开始从景德镇进口高岭土，有利于提高产品的质量。13 世纪末 14 世纪初，陈朝大越王国极力推动陶瓷贸易出口。通过海上丝绸之路，越南与中国的沿海港口、印度、阿拉伯国家、波斯等地连接起来，开展了香料、纺织品、金属、陶瓷等方面的贸易。14 世纪 30 年代，越南的铁绘白瓷向东南亚输出。这些铁绘白瓷的器型、装饰纹样与中国的瓷器相似，可能是元代彩绘瓷器的简化版，亦是越南彩绘的先驱。

1350—1360 年，中国反元活动频繁，元朝的陶瓷贸易受阻。1368—1567年，明朝禁止私人出海，中国瓷器的贸易量锐减，陶瓷产量随之降低。国际上称这段时间为"明朝空白期"，中国商品在世界贸易市场上缺失。这两个空白期，为东南亚的泰国（素可泰王国）和越南（北部大越王国）发展瓷器事业提供了

---

① 中国古陶瓷学会. 中国古陶瓷研究（第 14 辑）[M]. 北京: 紫禁城出版社, 2008: 149-150.

契机,两国积极参与亚洲的瓷器贸易。但是,有一点必须指出,在"明朝空白期",中国仍然向东南亚出口瓷器,因为伊斯坦布尔的奥斯曼帝国是中国青花瓷的忠实"粉丝"。在 15 世纪初越南北部再次归属中国的时期,活跃在中国南部的阿拉伯商人对青花瓷有着巨大的需求,这开拓了越南青花瓷的海外销售市场。

(四)黎阮时期

1428—1789 年为后黎时期。1428 年,黎利正式登基称帝,建立后黎朝,仍然沿用李、陈两族所定的国号"大越"。首都为升龙,这是之前多个越南王朝的国都。1527 年,莫登庸篡位登基称帝,莫朝取代后黎王朝。1532 年,后黎朝遗臣阮淦拥立黎维宁为帝,后黎朝复国。北方莫朝与南方后黎朝形成对峙。1592 年,后黎灭莫朝,统一越南全境。其间,实际掌权的为郑氏家族,史称"郑主"。阮氏家族在南方建立割据政权,史称"阮主"。其实已经是分裂局面,但在历史上仍然以后黎为正统朝代。直到 18 世纪中叶,后黎统治黑暗,导致叛乱频发。1778 年,阮文岳在越南南部登基称帝,史称西山朝。1789 年,后黎王朝灭亡,西山王朝统一越南全境。

黎阮时期,陶瓷生产规模不断扩大,产品质量不断提升,种类增多。在市场需求的引导下,铁绘白瓷的产量急剧下降,彩绘类陶瓷迅速发展。彩绘陶瓷有盘、钵、壶、瓶、水注、盒、杯等,其中大型的盘子、中型的钵、小型的碗为多数。越南青花瓷器蓬勃发展,从造型到纹样都达到了巅峰水平。红绘陶瓷是彩绘陶瓷的一种,又可称之为"安南红彩绘",始于 15 世纪中后期,16 世纪盛行,主要造型有台、钵、罐等(图 5.3)。

图 5.3　彩绘水牛纹盘　越南(16 世纪)　日本东京国立博物馆藏

16 世纪中期，越南北部为郑氏割据势力，中部为阮氏割据势力，曾经的大一统在事实上已经被打破。军事对抗频发，社会动荡不安，越南的陶瓷生产也随之进入低谷。1567 年，明朝海禁解除，大批量的中国陶瓷出口海外，中国成为世界陶瓷贸易的最大"商家"。越南陶瓷的出口量则急剧下降。在印度尼西亚雅加达旧港荷兰东印度公司仓库遗址，并未发现这一时期的越南陶瓷遗物，这从侧面反映了当时越南陶瓷的发展走向衰落。

17 世纪，越南的彩绘瓷不仅制作精良，而且展现了越南陶瓷文化的独立个性。越南北部开始出现染色陶瓷釉色流淌的特殊效果，这种效果主要用在茶碗、水罐、花瓶等瓷器上。河内南部的巴茅窑是最大的制窑基地，直至近代仍然盛行烧制染色陶瓷。典型器物如日本东京国立博物馆收藏的"永治二年六月初八□□造□道圆光真人功德"彩绘贴花双龙纹长颈瓶、吉美美术博物馆收藏的"岁次丁丑年"白瓷狮子座蜡烛台。

总体来说，黎阮时期越南彩绘瓷产量较高，除满足国内需求外，还大量出口，销往印度、印度尼西亚及西亚其他国家。

二、以越窑青瓷为代表的中国陶瓷对越南陶瓷的影响

越南著名史学家陈重金说："国人濡染中国文明非常之深……这种影响年深日久已成了自己的国粹。"[①] 与高棉、泰国相比，越南的釉陶生产与中国陶瓷有着更密切的关系。[②] 古代越南陶瓷在形制、色彩、纹样等方面都体现了与中国陶瓷的紧密关系，下面以中国越窑青瓷、元青花、耀州窑、福建漳州红绿彩瓷等为例，分析中国陶瓷对越南陶瓷艺术的影响。

（一）越南青瓷

越南人珍爱青瓷，将青瓷称为"玉釉瓷"。越南青瓷的釉色有淡青、翠绿、黄绿等，这与越窑青瓷的色彩基本一致。受佛教装饰的影响，越南青瓷的装饰多为莲花纹，有的作刻划莲花纹，有的作雕塑莲花纹，这与越窑青瓷的莲花装饰也较为一致。因为时间久远，关于越南青瓷模仿越窑青瓷的资料的确不

---

① 陈重金. 越南通史 [M]. 戴可来，译. 北京. 商务印书馆，1992: 3.
② 潘春芳. 中外陶瓷艺术史纲 [M]. 南京: 南京艺术学院出版社，1999: 124.

图5.4 青釉划花罐 越南（5—7世纪） 日本东京国立博物馆藏

图5.5 越窑青瓷莲瓣纹龙柄鸡首壶 南朝 浙江省博物馆藏

多，但是我们依然可以找到一些线索（图5.4、图5.5）。

4—9世纪，越南本地所产陶瓷或仿越州青瓷，或似广州白瓷。[①]越南河内附近的古墓出土了来自中国的陶瓷和越南本土烧造的陶瓷，其中古墓出土的硬灰陶、施透明灰釉的灰釉陶与中国汉代的陶瓷非常相似。[②]后汉时期，越南的九真郡（今清化省东山县）已经开始烧制灰釉陶瓷。此时的器型主要模仿中国青铜器，以尊形器、鼎形器为多。当时越南仍属中国统治，因此陶瓷形制模仿中国青铜器是正常现象。这些灰釉陶瓷（青灰釉）主要供给中国在越南的统治阶层及中国化的当地豪族使用，以满足上层统治阶级的喜好为主。"这些都表明越南陶瓷和中国南方地区早期陶瓷相类并有明显的传承关系。"[③]唐代，越窑青瓷开始批量出口到世界各地。《新唐书·地理志》记载唐代通向海外的7条航道之"海夷道"[④]，即从我国南部沿海广东出发，过越南、苏门答腊、马来半岛，到锡兰岛（今斯里兰卡）和印度，再向西航至大食（今阿拉伯）。"产于浙江中北部地区的越窑秘色瓷是这个时期中国海上贸易的主体，从各国出土中国陶瓷来看，越窑生产的秘色瓷遍及朝鲜、日本、菲律宾、越南、

① 郎天咏. 东南亚艺术 [M]. 石家庄：河北教育出版社，2003：136.

② 郎天咏. 东南亚艺术 [M]. 石家庄：河北教育出版社，2003：136.

③ 郎天咏. 东南亚艺术 [M]. 石家庄：河北教育出版社，2003：136.

④ 赵庶洋.《新唐书·地理志》研究 [M]. 南京：凤凰出版社，2015：27.

印度、伊朗、坦桑尼亚、埃及等沿海国家，出口时间自唐至宋持续 300 余年。"[1] 越南在多个时期均属中国统治，越南青釉陶瓷受到越窑、广东、福建等地的陶瓷制造业的影响是毫无疑问的。例如，现收藏于越南比利时布鲁塞尔皇家艺术及历史博物馆的 4—5 世纪的越南灰釉虎子（图 5.6），与同时期的越窑青瓷虎子非常相似（图 5.7）。

图 5.6　灰釉虎子　越南（4—5 世纪）比利时布鲁塞尔皇家艺术及历史博物馆藏

1947 年，瑞典考古学家在越南河内南部清化省厚禄县东汉墓葬中发现了一件 2—3 世纪的青釉带流提梁壶（图 5.8），该提梁壶现收藏于巴黎赛奴奇博物馆。在该东汉墓中还出土了常见的青釉瓷壶和青釉瓷三足奁。[2] 此类"带流提梁壶"追溯其样式渊源于古代印度犍陀罗地区（今巴基斯坦西北部）。[3] 类似样式的提梁铜壶在余姚博

图 5.7　越窑青瓷虎子　西晋　浙江省博物馆藏

物馆也有一件（图 5.9），而余姚是越窑青瓷的重要产地之一。相关学者认为，1995 年在余姚出土的西晋时期越窑青瓷鸡首壶（图 5.10）的原始造型很可能借鉴了犍陀罗式带流提梁铜壶的样式。[4] 该案例说明，越南青釉瓷仿青铜器的造型应该是当时的流行款式，而越窑青瓷在早期瓷器世界贸易中已经影响了各地陶瓷业的生产和发展。

① 魏建钢. 唐代"海上丝绸之路"兴起的原因分析：以越窑"秘色瓷"出口为例 [J]. 世界地理研究，2019（5）：172–180.

② Janse, Olov Robert Thure, Archaeological Research in Indo–China, vol. 1, Cambridge Mass: Harvard University Press, 1947.

③ 林立. 犍陀罗式带流提梁壶考 [J]. 故宫博物院院刊，2023（7）：69–82.

④ 林立. 犍陀罗式带流提梁壶考 [J]. 故宫博物院院刊，2023（7）：69–82.

图5.8　越窑青釉象流提梁壶　东汉　法国巴黎赛努奇博物馆藏
图5.9　越窑青瓷兽流提梁铜壶　东汉至三国　余姚博物馆藏
图5.10　越窑青瓷鸡首壶　西晋　浙江省博物馆藏

（二）元青花

陈朝后期，元青花、釉里红也输入越南。随即，越南北部开始烧制青花瓷。可以这样说，在14世纪，世界上能够烧制青花瓷且达到较高技术水平的只有中国与越南。14世纪半叶，越南河内的仿中国青花瓷规模庞大，大部分产品用于出口，河内附近的北方瓷窑扩张迅速。1993年，越南渔民发现沉没在越南海域的约1450年的"会安号"渔船，船上载有约15万件越南出产的出口青花瓷，有盘、壶、瓶、罐、杯、碗、盒和瓷像等。从装饰风格来看，这些青花瓷仿制于中国青花瓷。这些越南生产的青花瓷，形制规整，青花发色淡雅，已经达到较高的艺术水平（图5.11）。15—16世纪，越南青花瓷生产进入黄金时期。越南生产的外销瓷与中国青花的整体装饰风格非常相似，区别在于瓷坯是灰色，釉色不如中国青花透明。直到17世纪，中国青花瓷再次成功占据东南亚青花瓷市场，越南青花瓷逐渐失去竞争力，淡出东南亚贸易市场。

土耳其托普卡比宫馆藏越南大和八年（1450）的青花牡丹唐草纹天球瓶（图5.12），是目前越南发现的最早的青花纪年器。该天球瓶肩带横书"大和八年匠人南策州裴氏戏笔"汉字铭款，可见是后黎朝仁宗时期所作。该天球瓶直口、长颈、丰肩、硕圆腹、平底，全器以青花装饰，釉料呈蓝灰色，造型庄

图5.11　越南青花花瓶　越南（14世纪）　美国大都会艺术博物馆藏
图5.12　越南青花牡丹唐草纹天球瓶　越南（15世纪）　土耳其托普卡比宫馆藏
图5.13　越南青花双鸟纹盘　越南（15世纪）　日本大阪市立东洋陶瓷美术馆藏

重、构图饱满、画风工谨、层次丰富。天球瓶是景德镇窑的创新器型，永乐时创烧，宣德时盛行，是中国典型的官窑重器。越南仿烧天球瓶作为宫廷大型陈设器，不论从造型、装饰还是款书看，都见证了15世纪越南青花对中国瓷器的学习和效仿，是对中国陶瓷基因的继承和发展。再如，收藏于大阪市立东洋陶瓷美术馆的15世纪越南青花双鸟纹盘（图5.13），口径41.5厘米，盘心以右旋的形式绘画一对飞翔的鹊鸟。这种构图在中国传统凤凰纹（双凤纹）中常见。[①] 矢岛律子通过对纹饰的研究，提出该器物的年代可能较纪年铭天球瓶更早，可能在1425—1450年。

（三）越南仿耀州窑系青瓷

　　越南李陈时期，中国耀州窑青瓷批量出口到世界各地，广泛受到欢迎，引发了国内外仿制耀州窑瓷器的风潮。古代越南中北部地区的窑场在此背景下，以我国宋代耀州窑系青瓷为主要仿制对象，烧造"越南仿耀州窑系青瓷"，造型以碗、盏、碟为主。广西西南部的防城港市，发现了十余件越南仿耀州窑系

---

① 小林仁.越南青花小考：以大阪馆藏越南青花双鸟纹盘为例 [J]. 收藏，2010（5）：34−37.

青瓷碗、碟、钵、杯等残片。[①] 澎湖地区也发现了仿耀州窑系青瓷碗残片若干。日本博多、壹岐的水崎遗迹中也发现了越南仿耀州窑系青瓷。这说明了越南仿耀州窑系青瓷的生产数量庞大，不仅流通于国内，还远销到亚洲各地。

许之衡《饮流斋说瓷》云："瓷虽小道而于国运世变亦隐隐相关焉。"中国陶瓷如此，越南陶瓷发展的历史亦如是。越南陶瓷发展进程与越南历史平行，反映了人们如何在此处生活、如何与邻近文化发生着联系。在中国陶瓷烧制技术与艺术风格的影响下，越南陶瓷传承有序，在众多工艺美术产品中成为成果斐然的一个门类。

---

① 霍巍, 韦莉果. 11—14世纪的越南仿耀州窑系青瓷及相关问题研究 [J]. 江汉考古, 2019（5）：103-109.

第六章

越窑青瓷在泰国的传播与影响

　　中国与泰国交往历史悠久，长期友好往来。泰国位于中南半岛的中南部，西接缅甸，东北与老挝相邻，东南是柬埔寨。在泰国，不管是史前时代的邦国还是历史时代的国家都与中国长期友好往来，关系密切。早在 2000 多年前的汉武帝时期,中国的船只已经通过泰国的邑卢没、谌离国,驶往印度的黄支国。[①]谌离国，今泰国素叻他尼府。[②]东汉《汉书》卷八十三记载了中泰互遣使节、互送贡品，还提到中国使节从陆路由广州乘船，经过越南、柬埔寨，渡过暹罗湾，步行越过克拉地峡，然后乘船到印度。[③]《册府元龟》卷九百七十记载了盘盘国在唐朝贞观年间的 4 次进贡。[④]盘盘国，在今泰国南部的马来半岛上。[⑤]宋元时期，泰国与中国官方交往较为密切。赵汝适的《诸蕃志》有对"三佛齐"的记录，三佛齐包含今泰国的一部分领土。[⑥]《宋会要辑稿》记载，崇宁二年（1103），罗斛国来贡。[⑦]樊绰的《蛮书》记载了孟族建立的女王国哈利奔猜国。[⑧]元代时，泰国南部罗斛国从 1194 年开始与中国往来，共派遣使者 5 次。暹国

---

① 韩振华 . 前二世纪至公元一世纪间中国与印度东南亚的海上交通：汉书地理志粤地条末段考释 [J]. 厦门大学学报（社会科学版），1957（2）: 195-227.

② 段立生 . 泰国史散论 [M]. 南宁：广西人民出版社，1993: 92.

③ 段立生 . 泰国史散论 [M]. 南宁：广西人民出版社，1993: 1.

④ 周伟洲 . 唐朝与南海诸国通贡关系研究 [J]. 中国史研究，2002（3）: 59-73.

⑤ 段立生 . 泰国史散论 [M]. 南宁：广西人民出版社，1993: 94.

⑥ 段立生 . 泰国史散论 [M]. 南宁：广西人民出版社，1993: 3.

⑦ 黎道纲 . 泰国古代史地丛考 [M]. 北京：中华书局，2000: 229.

⑧ 段立生 . 泰国史散论 [M]. 南宁：广西人民出版社，1993: 3.

（古素可泰王国，今泰国北部宋加洛一带）从 1257 年开始与中国往来，到元末，中国派遣使者到暹国 3 次，暹国派遣使者 9 次。[①]《太平御览》引三国吴康泰《扶南土俗》，明确记录了康泰等人出使南海诸国时到过林阳国（今泰国西部）。《新唐书》记载了泰国暹罗湾的盘盘国。[②] 明代洪武年间，暹罗遣使来华达到 39 次；嘉靖至崇祯年间，暹罗遣使来华有 16 次。[③] 清朝，泰国仍持续向中国派遣使者依然持续。顺治九年（1652），暹罗国王向中国遣使进贡，并要求中国皇帝赐封。康熙年间，规定暹罗贡期为三年一次，并对贡道、船只、官员等有严格的规定。[④] 康熙、乾隆年间，暹罗持续进贡清朝，清朝坚持以"厚往薄来"的原则进行嘉奖。18 世纪后期，因缅甸入侵，暹罗来华中断。清咸丰二年（1852），暹罗入贡中断。

一、泰国陶瓷发展简述

泰国陶瓷发展历史可以分为两个阶段：第一阶段是远古到泰国成为统一国家前，可称早期城邦时代（远古至 1257 年）[⑤]；第二阶段是统一国家时代（1257 年至今）[⑥]。

（一）早期城邦时代

1. 班清文化时期

根据考古发掘，班清文化时期（前 360—200）已出现了石头、铁、金制的劳动工具及装饰品、陶瓷等。班清文化最早发现于泰国东北部乌隆府依旺县

---

① 吴宁. 中国瓷器对泰输出及对泰国瓷器的影响 [M]// 中国古陶瓷学会. 外销瓷器与颜色釉瓷器研究. 北京：故宫出版社，2012：321.

② 刘清涛. 唐宋时期海上丝绸之路上的古罗国：基于中文史料的探查 [J]. 海交史研究，2018（2）：17-30.

③ 何芳川. 古代来华使节考论 [J]. 北京大学学报（哲学社会科学版），2005（3）：64-75.

④ 黄国安. 清代中国和暹罗的友好关系 [J]. 东南亚纵横，2000（S2）：115-118.

⑤ 吴宁. 中国瓷器对泰输出及对泰国瓷器的影响 [M]// 中国古陶瓷学会. 外销瓷器与颜色釉瓷器研究. 北京：故宫出版社，2012：320.

⑥ 吴宁. 中国瓷器对泰输出及对泰国瓷器的影响 [M]// 中国古陶瓷学会. 外销瓷器与颜色釉瓷器研究. 北京：故宫出版社，2012：320.

班清村，这是东南亚青铜时代至铁器时代早期的重要遗址。班清出土的最早陶器距今已有约 5600 年的历史，有红纹陶、灰陶、红黑陶（图 6.1 至图 6.3）。① "班清遗址从最底层至第六层均有陶器出土，而且在班清的出土物中最具特色的就是彩陶……出土了数以千计的各种浅黄透红色陶器。"② 那空拍农县、沙空那空县、孔敬县、程裂县等均出土了与此类似的陶器，因此班清文化可视为泰国东北部的一种考古文化。③

2. 陀罗钵地王国

孟人是东南亚地区最古老的民族之一。④ 泰国早期的国家组织在孟人的组织中产生。3 世纪，孟人在湄南河盆地形成了两个重要的国家，中国古籍记载为 "金邻" 和 "林阳"。⑤6 世纪，孟人在湄南河下游建立了陀罗钵地王国。其在《大唐西域记》中记载为 "堕罗钵底国"，在《南海寄归法传》中记载为 "杜和钵底国"，"新旧唐书则称为堕和罗或投和"⑥，其前身就是金邻和林阳。7 世纪，陀罗钵地王国已经成为湄南河下游重要的国家。大约在 11 世纪，陀罗钵地王国被真腊征服。12 世纪初，罗富里地区又兴起了一个孟人建立的国家罗斛国，其在强盛时期吞并 "暹国"，后在 14 世纪为泰人政权所灭。⑦

三国时期，吴国官员朱应和康泰出使扶南，他们在著作中提到了金邻和林阳。⑧ 唐代贞观年间，陀罗钵地王国的使节再次来到长安，双方互赠礼物。

3. 西维猜国

8—13 世纪，泰国南部半岛由西维猜国统治。西维猜国强盛富裕，交通便利，有利于对外贸易的开展。13—18 世纪，西维猜国疆域涵盖今泰国南部和苏马

① 李元君．丝绸之路上的东南亚文明：泰国 [M]．南宁：广西人民出版社，2015：24．

② 彭南林．泰国班清文化 [J]．云南民族学院学报，1987（3）：45-49．

③ 王大道．云南青铜文化及其与越南东山文化、泰国班清文化的关系 [J]．考古，1990（6）：531-543．

④ 中山大学东南亚史研究所．泰国史 [M]．广州：广东人民出版社，1987：8．

⑤ 中山大学东南亚史研究所．泰国史 [M]．广州：广东人民出版社，1987：8．

⑥ 中山大学东南亚史研究所．泰国史 [M]．广州：广东人民出版社，1987：9．

⑦ 中山大学东南亚史研究所．泰国史 [M]．广州：广东人民出版社，1987：10．

⑧ 中山大学东南亚史研究所．泰国史 [M]．广州：广东人民出版社，1987：14．

图6.1

图6.2

图6.3

图6.1 红纹陶 泰国班清文化时期 泰国班清国家博物馆藏
图6.2 红纹陶 泰国班清文化时期 泰国班清国家博物馆藏
图6.3 红黑陶 泰国班清文化时期 泰国班清国家博物馆藏

达岛。今泰国素叻他尼府位于古代西维猜国境内，今马来亚半岛东海岸，濒临泰国湾。在素叻他尼府的柴亚及附近地区的文化遗址中，发现了 9—10 世纪的数百件近似长沙窑的釉下彩绘钵残片，越窑钵、水壶，华北窑白瓷钵、唾壶，以及广东窑的内部大星状无釉的褐绿釉钵。[1]

4. 清盛王国

清盛位于泰国北部清莱府，1328—1408 年，先铺国王在此建国。在与缅甸交战中此城被毁，直到拉玛五世王时才重新建设为县，即清盛县。清盛王国时期，泰国的陶瓷技术已经达到鼎盛，能施多种釉。这一时期瓷器烧制的主要地点在今清莱府与清迈府。出土的文献及文物表明，虽然其制造技术受到中国的影响，但是其条纹图案具有明显的泰族特点，可以证明这一地区的瓷器与泰族关系密切。相关文物现收藏于泰国国立博物馆、帕姚府博物馆及那孔拉岔斯玛府、素可泰府等处。

（二）统一国家时代

1257 年，泰国开始进入统一国家时代，按照历史进程，可划分为素可泰王朝、阿瑜陀耶王朝、吞武里王朝、拉达纳哥信（曼谷）王朝。[2]

1. 素可泰王朝

13 世纪中期，泰国北部的泰人驱逐高棉势力，在泰国建立了最早的统一国家，定都素可泰，历史上称为"素可泰王朝"（1257—1350）。"素可"具有幸福的意思，"素"是自由的意思，素可泰王朝的意思为"快乐开始的地方"。素可泰王朝是泰国历史上第一个由泰族建立的统一政权，首都在西萨查那莱。素可泰时期是泰国文化史上的黄金时期，素可泰文化是泰国文化的象征之一。素可泰王朝位于北部的清迈地区和南部的阿瑜陀耶地区之间，在南河、冰河的上游，土地广袤，是当时强盛的邦国。版图扩展到今马来西亚、缅甸、老挝等。中国人与其他东南亚人在这一时期移居到这里。

素可泰王朝与中国建立了外交关系与经贸关系。《元史》记载：素可泰国

---

① 王文强 . 略述我国陶瓷的外销及其影响 [C]// 中国古陶瓷研究会, 中国古外销陶瓷研究会 . 中国古代陶瓷的外销 . 北京：紫禁城出版社, 1988: 141.

② 李元君 . 丝绸之路上的东南亚文明：泰国 [M]. 南宁：广西人民出版社, 2015: 105.

王多次遣使来华，回国时带回赏赐的织锦、瓷器，还有制作陶瓷的工匠。[①]泰国（暹罗）拉麻卡曼国王曾于1294—1300年两次访问元大都，并带回陶工传授中国制陶工艺。[②]当时，泰国政府在对外贸易方面采取垄断政策，中国是最重要的贸易国。素可泰时期，来自中国的瓷器被朝廷皇室和贵族收藏，被视为"上品"。

素可泰王朝的早期陶瓷吸收了高棉文化的因素[③]，后随着中国大量的陶瓷产品输入泰国，以及中国工匠加入技术队伍，泰国陶瓷更多地受到中国陶瓷的影响。兰甘亨国王为发展陶瓷业而从中国引进陶瓷技术，雇用中国的制瓷工匠，在素可泰开窑，后因素可泰瓷土问题，将瓷窑迁移到宋加洛。[④]素可泰的窑址称为"突良窑"。宋加洛翻译自"Saukankhlok"，现在是素可泰的一个县。素可泰王朝在来自中国的陶瓷工匠的参与和指导下，开始仿制中国河北磁州窑的产品。在这些仿制瓷器中，有一种厚硬的瓷缸，浅黄釉下还刻上几条黑棕线索为装饰，行销颇广。[⑤]宋加洛窑"极力模仿中国陶瓷"[⑥]，其青釉青花瓷受到了龙泉窑的影响。随着时间的推移，具有泰国本土特色的陶瓷器逐渐增加，并远销菲律宾、占城、日本[⑦]、印度尼西亚、马来西亚、印尼、斯里兰卡等地，甚至远销埃及[⑧]。日本人称泰国陶瓷为"宋胡录"，这是宋加洛的谐音。"宋胡录"有顶级暹罗瓷器之含义，这说明当时的素可泰陶瓷在中国陶瓷烧制技术的影响下取得了很高的成就。

在这里有必要提及兰纳王朝。11—13世纪，部分泰族人迁居至今泰国北部。13世纪前后，兰纳王朝在泰国北部崛起。1355—1525年，兰纳王朝进入鼎盛

① 王亚民，王莉英. 中国古陶瓷研究（第14辑）[M]. 北京：紫禁城出版社，2008: 538.

② 叶喆民. 中国陶瓷史[M]. 北京：生活·读书·新知三联书店，2006: 474.

③ 潘春芳. 略论唐宋以来中国陶瓷对柬、泰、越陶瓷的影响[J]. 陶瓷研究，1991(1): 4-10.

④ 中山大学东南亚史研究所. 泰国史[M]. 广州：广东人民出版社，1987: 34.

⑤ 曹晋. 华族对东南亚文化的影响[J]. 西南民族学院学报（哲学社会科学版），1997(4): 26-31.

⑥ 陈晖，熊韬，聂雯. 泰国文化概论[J]. 广州：世界图书出版广东有限公司，2014: 171.

⑦ 李元君. 丝绸之路上的东南亚文明：泰国[M]. 南宁：广西人民出版社，2015: 35.

⑧ 陈晖，熊韬，聂雯. 泰国文化概论[J]. 广州：世界图书出版广东有限公司，2014: 171.

时期。1525—1558年，兰纳王朝进入衰落时期。^①在此期间，泰国除了素可泰王朝、兰纳王朝，还有一些小国家，但素可泰王朝建立了比较完善的国家管理体系，因此被认为是泰国的第一个王朝。

2. 阿瑜陀耶王朝

"阿瑜陀耶"在泰语中的意思为"不可战胜"。1350年，罗斛国国王"乌通王"拉玛铁菩提一世宣布脱离素可泰王朝的控制，并迁都至今泰国中部的阿瑜陀耶，开启了独立的阿瑜陀耶王朝的新历史（1350—1767）。阿瑜陀耶王朝历经400余年，是泰国历史上统治时间最长的一个王朝。经济最繁荣的时期，人口达到了100万人。因华侨称阿瑜陀耶城为大城，阿瑜陀耶王朝又称"大城王朝"。阿瑜陀耶王朝建立时，北方已有泰族建立的素可泰王朝。15世纪，阿瑜陀耶王朝吞并了素可泰王朝，与泰国更北的兰纳王朝为邻。15世纪中叶，查洛王建立了更完善的行政与法律制度，使阿瑜陀耶王朝的封建专制统治更加巩固。1767年，阿瑜陀耶被缅甸军队占领，阿瑜陀耶王朝灭亡。

阿瑜陀耶王朝时期，中国与暹罗的朝贡贸易、民间贸易繁荣。根据不完全统计，整个明代，阿瑜陀耶派遣使者访问中国有112次，中国明王朝派使者达到19次之多，这体现了两国的密切关系。^②洪武二十年（1387）、二十三年（1390），暹罗进贡胡椒、苏木、降香等物产达到28万斤之多。^③清康熙六十一年（1722），清政府公开奖励商人到暹罗贩卖大米。大米贸易促成了潮州人移民泰国的大高潮。^④由此，阿瑜陀耶王朝时期，华人在泰国达到了一定的规模，可以说形成了华人社会。魏源《海国图志》"暹罗国"条有对华人生活状况的描述，这是华人社会的真实写照。"华人社会的形成，使中华文化有了赖以生存的群体基础和传播空间。"^⑤因此，在后来的历史发展中，中国的手工艺包括陶瓷技术在泰国得到了更大范围的传播。

阿瑜陀耶城在今泰国首都曼谷以北的湄南河畔，当时水上运输繁荣，南北

① 宋歌，姜子帆. 泰国：海丝路的战略支点 [M]. 北京：北京联合出版公司，2016：54-55.
② 中山大学东南亚史研究所. 泰国史 [M]. 广州：广东人民出版社，1987：63.
③ 李元君. 丝绸之路上的东南亚文明：泰国 [M]. 南宁：广西人民出版社，2015：183.
④ 李元君. 丝绸之路上的东南亚文明：泰国 [M]. 南宁：广西人民出版社，2015：183.
⑤ 李元君. 丝绸之路上的东南亚文明：泰国 [M]. 南宁：广西人民出版社，2015：189.

货物在这里汇集。此时的陶瓷贸易繁荣，来自中国、日本、欧洲等的瓷器纷纷被运到了这片土地。中国陶瓷工艺伴随着大量的中国陶瓷器来到了泰国，当中国的五彩瓷和描金瓷传入泰国之后，泰国的工匠开始模仿其技艺，并烧制泰国的五彩瓷。清代将出口泰国的彩色陶瓷专称为苯扎龙瓷。泰国人将这种彩瓷技法与泰国自身的装饰纹样风格相结合，从中国进口定制瓷器。部分出口泰国的彩瓷底部有中国皇帝的年号。从中国定制的瓷器有两种：一是按照中国图案装饰设计的瓷器，直接从中国订购再运到泰国销售；二是按照泰国图案设计瓷器，在中国烧制再运到泰国销售。这些陶瓷器色彩艳丽、纹样华丽，带有欧洲洛可可艺术风格。

阿瑜陀耶王朝的陶瓷产品，不仅供国内，而且对外输出，形成了陶瓷贸易市场。14 世纪末至 16 世纪晚期，由于中国产品短缺，西萨查那莱窑不断出口陶瓷，出口地为印度尼西亚和菲律宾。缅泰战争之后，才逐渐停止出口。1992 年，考古学家在爪哇海域马来西亚半岛西海岸发现了泰国"皇家南海号"沉船，沉船上装载有西萨查那莱窑的陶瓷器，现在已经打捞出了 2.1 万余件。[①]1998 年，沉没于马来西亚半岛海域的明代中国商船"图灵号"被发现，船上装载有泰国西萨查那莱窑早期青釉罐和瓶，约占出水陶瓷器总量的 57%。这些均是当时泰国对外瓷器贸易繁荣发展的证明。

3. 吞武里王朝

吞武里王朝（1767—1782）是泰国历史上第三个王朝。因暹罗的驱缅复国战争是在披耶达信（中国人，原名郑信）的带领下取得胜利，阿瑜陀耶王朝沦亡后，郑信被拥立为吞武里大帝，历史上称他为"郑皇"。吞武里王朝统一了四分五裂的泰国，恢复了阿瑜陀耶王朝的疆域。虽立国时间不长，但在历史上有着非常重要的地位，它为泰国的重新统一以及曼谷王朝的建立奠定了基础。新建的吞武里王朝需要大量的瓷器用品，向中国购买瓷器是一个自然而然的选择。但因吞武里王朝建国时间较短，留存至今的瓷器非常少。吞武里王朝在中国定制的瓷器，其纹样和造型仍同于阿瑜陀耶王朝时期的风格，具有泰国特色。

---

① 吉乐. 海上丝绸之路的陶瓷：外销瓷如何塑造全球化的世界 [M]. 北京：中国科学技术出版社，2022：16.

4.拉达纳哥信王朝

1782 年，泰国王室开始统治泰国，被称为"却克里王朝""拉达纳哥信王朝"。因首都是曼谷，也称"曼谷王朝"，至今已经历了九世国王。

曼谷王朝统治下的泰国，生活习俗沿袭之前，本地生产生活用瓷器，如瓯、碗、汤具、锅具等。皇室、贵族为使用优质瓷器，专门从中国定制各种陶瓷产品，如莱南通瓷、苯扎龙瓷等。这些陶瓷的装饰图案大多是阿瑜陀耶王朝的纹样造型，如泰国皇家鸟、狮子、仙女等。除了进口定制陶瓷，泰国还积极仿制莱南通瓷、苯扎龙瓷等。

拉达那哥信王朝的拉玛二世王时期，大多数的莱南通瓷是从中国定制的。后来，其国内开始仿制莱南通瓷器。莱南通瓷的技术传承了苯扎龙瓷，主要造型有碗、盘、盆、香炉，受中国粉彩、五彩、珐琅彩的影响，显得金碧辉煌、富丽堂皇。莱南通瓷的底色一般为金色、白色，构图和装饰风格与广彩瓷类似，装饰母题以中国画题材结合泰国传统装饰题材为主，纹饰繁密。

拉达那哥信王朝的拉玛四世王时期，是仿制中国瓷器最盛行的时期。烧制的苯扎龙瓷表面釉色丰富，最主要有五种，即白色、黑色、黄色、青色、红色，泰语称之为"Benjarong"，中国称之为"五彩"。

在拉达那哥信王朝的拉玛五世王时期，泰国从中国定制白色瓷碗，然后由泰国绘泰国传统纹样，施彩釉。拉玛四世王至九世王时期，中国青花瓷在泰国占有重要地位，泰国称其为"莱堪瓷"，流行至今。

二、古代泰国代表性陶瓷

泰国古代陶瓷中，最重要的陶瓷有素可泰陶瓷、宋加洛陶瓷、兰那泰陶瓷等，这些陶瓷的烧制技术及造型、色彩、纹样等均受到中国陶瓷的影响。

（一）素可泰陶瓷

素可泰陶瓷因窑址在素可泰而得名。13 世纪初，高棉政府在永河边建立素可泰城，随后开始建窑并烧造器物。13 世纪 20 年代至 50 年代，泰国人逐渐摆脱高棉统治，独立建立素可泰王朝。素可泰窑自 13 世纪初建造，生产至少持续到 15 世纪末 16 世纪初，海底沉船中的瓷器是重要证据。传说，素可

图6.4 素可泰窑玉壶春瓶 泰国
（12—13世纪） 美国国立亚洲艺
术博物馆藏

泰陶瓷的创始人是由越南安南地区辗转而来的华人。1982年5月，冯先铭在日本东京贸易瓷研究大会上的演讲中提到，"据泰国文献记载，十三世纪后期素可泰王朝要求元王朝制瓷工匠到泰国传授制瓷工艺技术"[①]。

素可泰王朝时期，素可泰窑的部分窑址位于今泰国西春寺偏东北方向、菩培峦寺北面、素可泰城墙（老）北面等。素可泰窑生产的陶瓷种类主要有釉下褐彩、釉下黑彩器物，单色白釉陶瓷，以及无釉炻器和陶器等。其中以釉下褐彩、釉下黑彩器物为典型（图6.4）。

釉下彩画陶瓷是素可泰窑的典型装饰手法，用笔粗犷、随性、自由，在其他窑口中罕见。这种装饰手法受到了中国磁州窑的影响。同时，素可泰窑的陶瓷采用化妆土，这与磁州窑也较为一致。而从陶瓷装饰纹样的内容来看，素可泰窑与广东雷州窑、云南玉溪窑亦有相仿之处。

（二）宋加洛陶瓷

宋加洛又译作"宋卡洛""宋胶洛"等。过去，人们经常把素可泰窑和宋加洛窑视为一个窑，实际上，两者略有时间先后之别和地域差别。素可泰窑先于宋加洛窑产生，后因宋加洛地区拥有更合适的瓷土和釉料而发展得更好。可以这样说，宋加洛陶瓷是素可泰陶瓷的进阶版本。从广义来说，宋加洛陶瓷也属于素可泰陶瓷的范围。而因宋加洛陶瓷窑址主要位于西萨查纳莱地区，也有专家学者称之为西萨查那莱陶瓷。但这里要注意的是，西萨查那莱地区生产陶瓷比素可泰时期还要早。西萨查那莱地区有许多古窑址，遗存显示产品精致，

---

① 冯先铭.冯先铭中国古陶瓷论文集[M].北京：紫禁城出版社，两木出版社，1987：332.

是素可泰时期用于外销的商品。[1] 西萨查那莱窑的主要陶瓷产品有孟陶（灰釉陶器）、青瓷、铁绘、白釉褐彩、褐釉等，以模仿中国龙泉窑青瓷最为知名。

古代宋加洛窑位于西萨查那莱与素可泰王国之间。宋加洛瓷器是素可泰王国最有名、产量也最大的瓷器，考古已发现多座宋加洛荒窑。宋加洛的古窑遗址大部分位于素可泰府的西萨查纳莱地区，早在12世纪，该地区就已经开始烧制陶器——从早期的无釉陶器到黄绿色釉的灰釉陶器。这说明，这一地域有制作陶瓷器的基础。14—15世纪，因中国战乱无法获得中国瓷器，泰国就开始自己烧制瓷器。大约在1350—1356年，浙江陶工为躲避战乱渡海南下抵达泰国，在宋加洛建窑。[2] 宋加洛窑主要生产黑彩炻瓷、青瓷、棕瓷以及黑白单色釉瓷等，其中最著名的为青瓷和釉下彩。宋加洛陶瓷明显受到中国陶瓷的影响。[3] 素可泰的旧城现在还有一些被称为"都良窑"的古窑遗址，名称可能是从中国江西景德镇的"富良窑"演变而来的。[4] 泰国商业部长汶瓦图曾经赠送给中国一只复制的都良窑陶淡绿釉盖罐（图6.5），现在收藏于国际友谊博物馆。釉下黑彩瓷的灵感来自中国青花瓷和越南青花瓷。[5] 受到龙泉窑的影响，泰国大量生产龙泉窑风格的青釉划花陶器，主要包括壶、执壶、瓶、盘、盏托等。有的陶瓷容器的颈部有莲花纹装饰，外表也有莲花纹装饰，这是模仿了龙泉窑的青瓷。宋加洛瓷器的烧制技术已经达到了中国的制瓷水平，其装饰艺术融合了中国传统艺术和印度佛教艺术（图6.6至图6.8）。

素可泰王朝对外贸易发达，而宋加洛瓷器是最畅销的出口货物之一，外销到菲律宾、印度尼西亚、日本等国家，进而取代了越南安南窑瓷器在东南亚的领先地位。到了16世纪，素可泰王朝衰落，宋加洛瓷器随之衰落。

---

①　段立生. 泰国文化艺术史 [M]. 北京：商务印书馆, 2005: 178.

②　傅云仙. 中国古代陶瓷和烧造技术在泰国的传播和发展：以素可泰窑和宋卡洛窑为例 [J]. 昆明师范高等专科学校学报, 2005 (1)：22-24.

③　段立生. 泰国文化艺术史 [M]. 北京：商务印书馆, 2005: 177.

④　李元君. 丝绸之路上的东南亚文明：泰国 [M]. 南宁：广西人民出版社, 2015: 128.

⑤　吉乐. 海上丝绸之路的陶瓷：外销瓷如何塑造全球化的世界 [M]. 北京：中国科学技术出版社, 2022: 15.

图6.5

图6.6

图6.7

图6.8

图6.5　都良窑陶淡绿釉盖罐（复制品）　国际友谊博物馆藏

图6.6　宋加洛窑鱼纹盘　泰国素可泰王朝时期　泰国兰甘亨国家博物馆藏

图6.7　宋加洛窑外销瓷　泰国素可泰王朝时期　泰国兰甘亨国家博物馆藏

图6.8　白浊釉褐彩唐草纹龙首水注　泰国（16世纪）　泰国曼谷大学东南亚陶瓷博物馆藏

（三）兰那泰陶瓷

15 世纪，兰那泰陶瓷开始生产[①]，这意味着泰国北部的陶瓷业开始发展。比较重要的窑口有山甘烹窑、卡隆窑、讪柿窑、北宫窑、班波素窑、帕天府窑、绅戎县窑等。[②] 这里主要介绍清迈的山甘烹窑、卡隆窑。

山甘烹窑位于兰那泰城邦（今清迈）。素可泰与兰那泰有悠久的交往历史。宋加洛陶瓷业受到中国陶瓷的影响，山甘烹陶瓷业也受到中国陶瓷的影响。1559 年，因素可泰王朝覆灭，山甘烹陶瓷也停止发展。阿瑜陀耶王朝建立之后，恢复生产山甘烹陶瓷。由于该窑地理位置优越，交通便利，陶瓷原材料丰富，陶土、瓷土丰富，品质优良，其生产的瓷器广受欢迎。在山甘烹陶瓷装饰中，有一种类似中国太极的"双鱼纹"。这种"双鱼纹陶瓷与中国陶瓷十分相似"[③]。

卡隆窑又译为"卡侬窑""远卡侬窑""卡龙窑"及"维昂卡隆"等。随着泰国中北部陶瓷窑址陆续被考古发掘，卡隆窑开始引起学术界的关注。1936 年，卡隆窑陶瓷遗址被发现于清迈市的卡隆地区。[④] 卡隆窑创烧于清盛王国时期。[⑤] 卡隆陶瓷的瓷土质量较高，烧制而成的瓷器重量轻、胎体薄。卡隆窑的陶瓷装饰用铁绘技法较多，具有灰褐色的外观，精致而有光泽。常用生动的手法描绘植物纹样、动物纹样。从曼谷国立博物馆收藏的卡隆窑的陶瓷作品看，这些陶瓷具有中国元代青花的艺术特色，有些造型及装饰与磁州窑及河南鹤壁窑址出土的作品相似。[⑥]

① 段立生．泰国文化艺术史 [M]．北京：商务印书馆，2005：180.

② 段立生．泰国文化艺术史 [M]．北京：商务印书馆，2005：181.

③ 段立生．泰国文化艺术史 [M]．北京：商务印书馆，2005：182.

④ 潘春芳．略论唐宋以来中国陶瓷对柬、泰、越陶瓷的影响 [J]．陶瓷研究，1991（1）：4-10.

⑤ 吴宁．中国瓷器对泰输出及对泰国瓷器的影响 [M]// 中国古陶瓷学会．外销瓷器与颜色釉瓷器研究．北京：故宫出版社，2012：321.

⑥ 潘春芳．略论唐宋以来中国陶瓷对柬、泰、越陶瓷的影响 [J]．陶瓷研究，1991（1）：4-10.

三、以越窑青瓷为代表的中国陶瓷对泰国陶瓷的影响

"泰国的许多瓷器都源于中国"[①],受中国瓷器的影响较大,主要原因有四个方面。一是泰国的泰族与中国的傣族拥有共同的祖先,从某种意义上来说,泰国与我国傣族的文化基因有血脉相通之处。二是中泰邦交友好。中国瓷器传入泰国,最早的文字记载见于《汉书》,中国将瓷器作为礼物赠送给泰国。中国宋元时期,中泰往来频繁,关系密切。明代,双方互派使者达到了97次。清代,泰国向中国进贡。顺治帝赐帕昭八萨封号为"暹罗国王"。雍正帝赐泰国封号为"天南乐国"。三是中泰贸易发达,陶瓷是中泰贸易的重要商品之一。唐代,中国陶瓷作为大宗商品进入泰国各地,泰国各个地区发掘出土的大量中国陶瓷可以证明这一点。唐宋及至清代,中泰瓷器贸易频繁,中国瓷器是被皇室和贵族收藏的上品。这一点可以在泰国出土的陶瓷器中得到验证。[②]四是泰国陶瓷的工匠中有来自中国的陶瓷匠师。"泰国最初能够制造瓷器是与中国陶瓷工匠的努力分不开的。"[③]"元大德年间,泰国国王到元大都拜见元成宗时,曾提出招聘磁州窑工。"[④]中国瓷器启发了泰国瓷器的生产,满足了泰国人的日常生活需求。下面以越窑青瓷、龙泉青瓷、磁州窑瓷器、青花瓷等为切入点来分析中国陶瓷对泰国陶瓷的影响。

(一)越窑青瓷

"据日本学者三木荣民研究(宋胡禄图鉴序言)和征引古文献记载:在795年的唐代,传说有中国陶匠十人,到泰国传授烧瓷技艺。"[⑤]而唐代时,中国陶瓷"南青北白",越窑作为最重要的青瓷已经在世界贸易中扮演了重要的

---

① 吴宁. 中国瓷器对泰输出及对泰国瓷器的影响 [M]// 中国古陶瓷学会. 外销瓷器与颜色釉瓷器研究. 北京: 故宫出版社, 2012: 319.

② 冯先铭. 泰国、朝鲜出土的中国陶瓷 [J]. 中国文化, 1990 (1): 59-62.

③ 曹晋. 华族对东南亚文化的影响 [J]. 西南民族学院学报(哲学社会科学版), 1997 (4): 26-31.

④ 赵学峰. 中国磁州窑典籍 [M]. 北京: 中国文史出版社, 2006: 36.

⑤ 杨永曦. 中国古陶瓷对泰国陶瓷的影响 [M]// 中国古陶瓷学会. 中国古陶瓷研究(第8辑). 北京: 紫禁城出版社, 2003: 202.

角色。考古资料显示，唐宋时期的越窑青瓷在世界各地 20 多个国家和地区都有出土，其中就包括泰国。[①] 根据泰国国家博物馆展览的越窑青瓷、长沙窑瓷器推断，中国瓷器在 9 世纪甚至更早就已经作为商品被运到泰国。在泰国南部出土了中国瓷器，其年代为唐代至晚清，产地以浙江、福建、江西三省为主。[②] 在古代马来半岛重要贸易集散地柴亚，出土了 9—11 世纪的钵、水注、壶等越窑制品。[③] 泰国南部国克考、林民波遗址发掘出土了一定数量的玉璧底碗、大环底矮圈足碗、碟、盖盒、壶、罐等。这些越窑青瓷质地坚硬，是唐代最受欢迎的外销陶器，它的硬度超过了当时在中国境外生产的所有陶器。[④]

（二）龙泉青瓷

浙江龙泉窑是中国古代重要的青瓷窑系。晚唐五代时期开始创烧，宋中晚期逐渐"走出越窑、瓯窑系统"[⑤]，形成自己的独特风格，元代达到鼎盛，清康熙时期停烧。龙泉青瓷造型优美、线条流畅、釉色纯净，胎体坚致厚重。1000 年前，在中国龙泉窑技术的影响启发下，泰国开始建立瓷窑，模仿龙泉青瓷进行烧制，烧制著名的宋加洛瓷器。[⑥] 宋加洛陶瓷产品以壶、钵、瓶、碗、盆居多，底足均无釉，风格与宋代龙泉窑瓷器相近，施青釉入窑烧制，或是素胎。釉色青灰或青绿而且透明，釉厚处有开片。在灰色的瓷胎上雕刻出莲花、莲瓣、唐草等纹样。同时，除了满足本国市场，还远销到世界各地，欧洲、日韩为重要的海外销售基地。

泰国在那空是贪玛叻府的泰讪抛村、他鲁村的考古发掘中，发现了来自中国的瓷器。猜测在 12—14 世纪，这些地方是港口或者紧邻港口附近，因为陶瓷贸易往往依赖海运。泰讪抛村、他鲁村的出土瓷器中有大量来自龙泉窑的青

---

① 李刚. 浅论越窑和龙泉窑青瓷的外销 [M]// 中国古陶瓷学会. 中国古陶瓷研究（第 14 辑）. 北京：紫禁城出版社，2008：117.

② 冯先铭. 泰国、朝鲜出土的中国陶瓷 [J]. 中国文化，1990（1）：59-62.

③ 三上次男. 晚唐、五代时期的贸易陶瓷 [J]. 杨琮，译. 文博，1988（2）：57-61.

④ 彼利雅·盖勒. 泰国佛教文化艺术 [J]. 傅云仙，译. 昆明：云南美术出版社，2008：82.

⑤ 王光尧，沈琼华. 天下龙泉：龙泉青瓷与全球化 [J]. 故宫博物院院刊，2019（7）：4-12.

⑥ 冷东. 中国瓷器在东南亚的传播 [J]. 东南亚纵横，1999（1）：31-35.

图6.9　青釉高足钵　泰国（15世纪）　泰国国家博物馆藏
图6.10　青釉瓶　泰国（15—16世纪）　泰国曼谷苏拉俄萨谢鲁拉先生藏
图6.11　泰国仿龙泉青瓷罐　泰国（15世纪）　故宫博物院藏

瓷盘，上面刻有浅浅的莲花纹和双鱼浮雕，与朝鲜新安海岸发现的龙泉青瓷一样。[①] 除此之外，他鲁村还出土了龙泉窑的青瓷墨盒、青瓷花瓶、管状瓶，以及存放骨灰的青瓷小罐。模仿生产龙泉窑瓷器的窑址除了宋加洛窑，还有槎良窑。宋加洛窑和槎良窑生产的瓷器，区别在于底部，宋加洛窑是用支烧钉，槎良窑生产的陶瓷底部是小圆圈。[②]（图6.9 至图6.11）

（三）磁州窑瓷器

磁州窑始创于宋代，终于元代，是中国北方最大的民窑体系，窑址在河北磁县观台镇和彭城镇一带。泰国的素可泰时期的陶瓷烧制技术受到中国陶瓷技术的影响，例如素可泰窑、卡隆窑、山甘烹窑、西萨查那莱窑等均生产仿北方磁州窑、南方龙泉窑风格的瓷器。[③] 仿磁州窑风格的铁绘陶瓷产品是重要的产品之一。

关于磁州窑制瓷技术的传播，冯先铭在《马来西亚、泰国、菲律宾出土的中国瓷器》一文中记述：13世纪后期，素可泰王朝要求元王朝制瓷工匠到

---

① 彼利雅·盖勒.泰国佛教文化艺术 [J]. 傅云仙，译. 昆明：云南美术出版社，2008: 129.

② 段立生. 泰国文化艺术史 [M]. 北京：商务印书馆，2005: 178.

③ 吴宁. 中国瓷器对泰输出及对泰国瓷器的影响 [M]// 中国古陶瓷学会. 外销瓷器与颜色釉瓷器研究. 北京：故宫出版社，2012: 323–328.

泰国传授制瓷工艺技术。[①]还有一些学者认为，因战乱进入安南的北方匠人，在素可泰窑定居设窑，根据泰国的装饰风格生产磁州窑风格的釉下白地黑绘瓷器。[②]

磁州窑瓷器主要有两个特点：一是采用化妆土，二是釉下绘白地黑花或者褐花。这两点均在宋加洛瓷器中得到了很好的延续。另外，磁州窑的装饰母题与宋加洛瓷器的装饰母题非常接近。

磁州窑瓷器所绘内容题材丰富，有折枝花纹、缠枝花纹、花蝶纹、动物纹、大雁、游鱼等（图6.12至图6.15）。宋加洛窑与磁州窑装饰有类似的花卉和游鱼纹。素可泰窑在整个器表上画满了唐草纹（图6.16、图6.17）和肥硕鱼纹。

（四）青花瓷

根据国外文献记载，泰国（暹罗）兰甘亨王曾于1294—1300年两次访问元大都，并带回陶工传授制陶工艺。[③]明代费信《星槎胜览》"暹罗国"条记载："货用青白花瓷器……烧珠……之属。"这说明当时的青花瓷交易已经非常流行。受元明时期的青花瓷的影响，宋加洛窑产出少量的青花瓷器，技术上虽与中国的青花瓷无法比拟，但是具有暹罗特色（图6.18）。

（五）苯扎龙瓷

苯扎龙瓷，又译为"宾乍隆瓷"，原意为五彩瓷，有黑、红、白、绿、蓝、紫、青等色。[④]中国产苯扎龙瓷主要生产时间在阿瑜陀耶王朝晚期至拉达那哥信王朝初期。初期苯扎龙瓷是专门为泰国皇室从江西景德镇、福建、广东两省定制的瓷器品种，最早产地是江西。

---

① 冯先铭. 冯先铭中国古陶瓷论文集 [M]. 北京：紫禁城出版社，两木出版社，1987：332.

② 傅云仙. 中国古代陶瓷和烧造技术在泰国的传播和发展：以素可泰窑和宋卡洛窑为例 [J]. 昆明师范高等专科学校学报，2005（1）：22-24.

③ 刘伟. 从世界各国对中国陶瓷的仿制谈起 [M]// 冯小琦. 古代外销瓷研究. 北京：故宫出版社，2013：412.

④ 耿宝昌. "宾乍隆"一词的由来 [J]. 景德镇陶瓷，1986（2）：49-50.

图6.12

图6.13

图6.14

图6.15

图6.16

图6.17

图6.12　磁州窑白地黑花花果纹枕　宋　故宫博物院藏
图6.13　磁州窑白地黑花虎纹枕　宋　故宫博物院藏
图6.14　磁州窑白地黑花云雁纹四系瓶　宋　故宫博物院藏
图6.15　磁州窑白釉划水波游鱼纹腰形枕　北宋　故宫博物院藏
图6.16　铁绘罐　泰国（15—16世纪）　泰国曼谷苏拉俄萨谢鲁拉先生收藏
图6.17　铁绘盒　泰国（15—16世纪）　泰国国家博物馆藏

图6.19 苯扎龙瓷五彩人物火焰纹碗 晚清
广东省博物馆藏

图6.18 青花罐 泰国（15—16世纪）
泰国国家博物馆藏

图6.20 苯扎龙瓷彩绘兽草纹钵 泰国（18—19
世纪） 泰国国家博物馆藏

  清代早期，泰国向中国订购大量的苯扎龙瓷和莱南通瓷。[①] 泰国宫廷使用
的瓷器瓷胎大多来自江西景德镇，在广东上釉绘画。中国工匠在这些陶瓷上的
绘画纹样仿制泰国的民族图案和民族色彩。苯扎龙瓷色调鲜艳，纹饰以佛教装
饰、植物花卉、缠枝纹饰、动物纹样为主，形制以生活用具为主，碗最多，盖
缸也有多种样式，实用性和艺术性并存[②]（图6.19、图6.20）。

---

① 吴宁. 中国瓷器对泰输出及对泰国瓷器的影响 [M]// 中国古陶瓷学会. 外销瓷器与颜色釉
瓷器研究. 北京: 故宫出版社, 2012: 329.

② 吴宁. 中国瓷器对泰输出及对泰国瓷器的影响 [M]// 中国古陶瓷学会. 外销瓷器与颜色釉
瓷器研究. 北京: 故宫出版社, 2012: 330.

图6.21　金地彩绘四耳瓷壶　泰国
（19世纪）　泰国国家博物馆藏

（六）莱南通瓷

莱南通瓷在技术上与苯扎龙瓷类似，但以金色为主色，呈现金色的纹样。拉玛二世时期，最流行的装饰纹样是植物花卉纹，例如牡丹纹、玫瑰纹及来自中国的四季花卉纹等。到拉玛四世、五世的时候，泰国从中国定制白釉瓷坯，由泰国匠人绘制纹样后，在泰国的瓷窑烧制（图6.21）。

除此以外，泰国生产的黑褐釉瓷器、白浊釉瓷器、白釉铁绘瓷器等均受到中国陶瓷的影响。青瓷和白釉铁绘是泰国瓷器的代表，曾远销埃及、印度尼西亚、菲律宾、日本等国。日本茶人常选其为茶具。

综上所述，中国历代各种瓷器传入泰国，促进了泰国陶瓷业的发展。从进口陶瓷、定制陶瓷到仿建瓷窑、仿制中国瓷器，泰国瓷器的发展无处不体现了中国瓷器的影响。中国瓷器传入泰国后，不仅作为一种器物，更作为一种文化载体。瓷器作为中泰文化交流的重要媒介，其承载的中国饮食文化、茶文化、装饰文化对泰国人民的生活产生了重要影响。

第七章

越窑青瓷在伊朗的传播与影响

　　伊朗，一个神秘而奇幻的西亚国家，虽然没有优越的地理条件，但是伊朗人民在古代历史上创造了灿烂的波斯文明。中国和伊朗之间虽有高山、沙漠、重洋阻隔，但根据考古发掘资料，在前 4000 年晚期两国就有某种联系。[①] 横贯东西的丝绸之路和中国到波斯湾的海上航路，使得两国联系紧密。中国古代陶瓷通过丝绸之路、海上陶瓷之路来到了伊朗，并对伊朗的经济、文化产生了重要的影响。

一、中国与伊朗的古代交往

　　根据考古材料，目前并未发现在伊朗地区有旧石器时代早期人类活动的痕迹。从旧石器时代中期开始，伊朗境内开始有了人类活动的痕迹。约在前 5000 年，伊朗地区进入了新石器时代。[②] 前 5000—前 4000 年，伊朗制陶业有明显的进步，从泥塑到泥条盘筑，再到陶轮制作[③]，这是伊朗地区制陶业技术专业化的表现。东伊朗地区安诺文化（一期至二期）的陶器和我国仰韶文化的陶器在形制上有着惊人的相似之处，或许和这个部落的迁徙有关。[④]

　　伊朗文献中记录的埃兰古国是最早进入文明社会的国家。约在前 2700 年，

①　李铁匠. 伊朗古代历史与文化 [M]. 南昌：江西人民出版社，1993：278.
②　于卫青. 波斯帝国 [M]. 北京：中国国际广播出版社，2014：6.
③　于卫青. 波斯帝国 [M]. 西安：三秦出版社，2001：16.
④　李铁匠. 伊朗古代历史与文化 [M]. 南昌：江西人民出版社，1993：278.

古埃兰独立成国。① 从地理学上说，埃兰人可以称为"伊朗"这个国家的奠基人。埃兰河与两河流域存在着广泛的联系。前 2300 年末，埃兰建立了统一的联邦国家。② 前 7 世纪中叶，亚述王阿淑尔巴尼帕攻占埃兰，埃兰灭亡。③ 前 8 世纪后期，西伊朗语的雅利安人开始迁入伊朗高原。米底人和波斯人都是雅利安人。部落首领儿子戴奥凯斯成为米底的第一任君王。在当时的亚述人眼中，米底人势力更大，因此，古代西亚文献常常把波斯人称为米底人。④

米底王国和阿黑门尼德王朝对伊朗文化的形成起到了极为关键的作用。米底的历史地位非常重要，这是伊朗语雅利安人建立的第一个国家，是波斯帝国登上历史舞台的前奏和序曲。波斯帝国把米底作为首都之一，米底在行省中的地位仅次于波斯。米底的历史和文化被波斯人直接继承。

（一）波斯

在世界历史上，伊朗长期被人们称为"波斯"，中国、古巴比伦、犹太、希腊等邻国称之为"波斯帝国"。在中国的文献中，北齐魏收撰写的《魏书·西域传》中记有"波斯国"，这是中国史籍中第一次出现波斯。"波斯国，都宿利城，在忸密西，古条支国也。去代二万四千二百二十八里。城方十里，户十余万，河经其城中南流。……其王姓波氏，名斯。坐金羊床，戴金花冠，衣锦袍、织成帔，饰以真珠宝物。"⑤

前 8 世纪，波斯人迁入埃兰的安尚地区，当时臣属于埃兰。⑥ 这些波斯人当时建立了 10 个部落，相互结成了部落联盟，称为"雅利安"，阿黑门族的阿黑门涅斯成为史册记载的第一位首领。前 7 世纪，波斯人已经定居在扎格罗斯山脉南部的法尔斯，希腊语称之为"波斯"。⑦

① 丹尼尔. 伊朗史 [M]. 李铁匠，译. 上海：东方出版中心，2010：26.
② 于卫青. 波斯帝国 [M]. 北京：中国国际广播出版社，2014：15.
③ 于卫青. 波斯帝国 [M]. 北京：中国国际广播出版社，2014：16.
④ 于卫青. 波斯帝国 [M]. 西安：三秦出版社，2001：41.
⑤ 中华书局编辑部. 二十四史（简体字本）[M]. 北京：中华书局，2000：1536-1537.
⑥ 于卫青. 波斯帝国 [M]. 北京：中国国际广播出版社，2014：41.
⑦ 埃尔顿·丹尼尔. 伊朗史 [M]. 李铁匠，译. 上海：东方出版中心，2010：36.

前 6 世纪中叶开始，波斯帝国逐渐在伊朗高原崛起，成为古代世界的一大强国。前 559 或前 558 年，居鲁士成为安尚王。[①] 前 550 年，波斯领袖居鲁士（阿契美尼德的波斯人后裔，居鲁士的前几代在安善为王）率领军队攻入米底的首都哈马丹 [②]，从此，伊朗阿黑门尼德王朝代替了米底，建立起了历史上第一个跨越亚非欧三大洲的帝国，史称波斯帝国。波斯帝国的建立，标志着伊朗历史新纪元的开始。从此之后，波斯成为一个持续的独立且庞大的国家民族实体，以其政治、文化上的优越地位而成为西亚的中心。

在前 3 世纪 30 年代，随着亚历山大大帝的东征，波斯帝国遭到沉重打击，逐渐走向衰落。前 334 年的格拉尼卡斯战争、前 333 年的伊苏斯战争、前 331 年的高加梅拉战争等迅速摧毁了波斯帝国。前 330 年，波斯帝国大流士三世败亡，首都沦陷。此后，伊朗地区经历了长时间的分裂和混乱，各种政治势力此起彼伏。

（二）安息

安息时期大约为前 3 世纪至 3 世纪，这是一个"组织松散、文化多元"[③] 的时期。前 247 年，阿帕勒人的部落首领阿萨一世带领族人在阿萨克城自立为王，建立了阿萨息斯王朝。[④] 我国汉朝时期称之为"安息"。西方国家则称之为"帕提亚"（Parthia）。帕提亚王国的建国者为安息一世（Arsaces I），波斯人称之为"Ashk"。安息国人民有自己的语言和文字，这些文字出现在钱币、陶器等物品上。

司马迁《史记·大宛列传》记载："安息在大月氏西可数千里。……其属大小数百城，地方数千里，最为大国。"[⑤]《汉书·西域传》记载："安息国，王治番兜城，去长安万一千六百里。不属都护。北与康居、东与乌弋山离、西与条支接。土地风气，物类所有，民俗与乌弋、罽宾同。……其属大小数百城，

①　埃尔顿·丹尼尔.伊朗史 [M].李铁匠，译.上海：东方出版中心，2010：38.

②　于卫青.波斯帝国 [M].北京：中国国际广播出版社，2014：53.

③　丹尼尔.伊朗史 [M].李铁匠，译.上海：东方出版中心，2010：53.

④　李铁匠.古代伊朗文化史 [M].苏州：苏州大学出版社，2003：65.

⑤　王锋，陈冬梅.波斯历史文化与伊朗穆斯林风情礼仪 [M].北京：民族出版社，2002：4.

地方数千里，最大国也。……武帝始遣使至安息，王令将二万骑迎于东界。东界去王都数千里，行比至，过数十城，人民相属。因发使随汉使者来观汉地，以大鸟卵及犁靬眩人献于汉，天子大说。安息东则大月氏。"①这段话是汉朝与安息国的结交记录，具有非常重要的历史意义。安息使者把犁靬眩人（杂技人）送到中国，天子非常高兴。

前119年，汉武帝派遣张骞带领使团第二次出使西域。前116年或前115年，张骞的副使出使安息，西汉和安息两国政府开始建立联系。这是历史记载中中国和伊朗的第一次外交活动②，是两国正式交往的开始。

东汉永元九年（97），汉和帝刘肇派遣班超出使西域，班超派遣甘英到安息西界。③此后，两国使节交往频繁。

《后汉书·西域传》有这样的记载："安息国居和椟城，去洛阳二万五千里。北与康居接，南与乌弋山离接。地方数千里，小城数百，户口胜兵最为殷盛。其东界木鹿城，号为小安息，去洛阳二万里。章帝章和元年，遣使献师子、符拔。符拔形似麟而无角。和帝永元九年，都护班超遣甘英使大秦，抵条支。临大海，欲度，而安息西界船人谓英曰：'海水广大，往来者逢善风三月乃得度。若遇迟风，亦有二岁者。故入海人皆赍三岁粮。海中善使人思土恋慕，数有死亡者。'英闻之乃止。十三年，安息王满屈复献师子及条支大鸟，时谓之安息雀。自安息西行三千四百里至阿蛮国。从阿蛮西行三千六百里至斯宾国。从斯宾南行渡河，又西南至于罗国九百六十里，安息西界极矣。自此南乘海，乃通大秦，其土多海西珍奇异物焉。"④

《后汉书·西域传》"条支"条记载："条支国城在山上，周回四十余里。……土地暑湿，出师子、犀牛、封牛、孔雀、大雀。大雀其卵如瓮。"⑤

87年，安息国王佛罗格斯二世派遣使者到中国，赠送中国狮子、符拔。101年，安息王满屈派使者送来了狮子和条支大鸟，条支大鸟指的是安息

---

① 中华书局编辑部. 二十四史（简体字本）[M]. 北京：中华书局，2000：2867.

② 张西平. 中国历史文献中的伊朗[J]. 国际汉学，2022（S1）：94-104.

③ 张西平. 中国历史文献中的伊朗[J]. 国际汉学，2022（S1）：94-104.

④ 范晔. 后汉书[M]. 北京：中华书局，1999：1973.

⑤ 范晔. 后汉书[M]. 北京：中华书局，1999：1973.

雀。①148 年，安息国王满屈二世的太子安清字世高到中国游历，通习汉文。190 年，安玄到东汉首都洛阳，与中国僧人严佛调共同翻译经文。②

可以说，西汉和安息建立了直接的联系，共同为维护商路的畅通做出了很多的努力。中国的各种物资可以运送到安息，中国的手工业技术也传入安息。例如，各种金属和冶铁技术已经传入，钢材已经传入。③中世纪时期的大马士革钢来自中国。"木鹿钢材"的木鹿来自中国的钢材贸易中心。中国与伊朗往来频繁，影响多面，为双方政治、经济、文化交流的深入开展奠定了良好的基础。

（三）萨珊王朝

3 世纪，萨珊王朝在伊朗高原建立，标志着伊朗历史的新篇章。224 年，法尔斯省萨珊族头人阿尔达希尔带领族人大败安息王阿塔巴努斯五世，举兵独立。④266 年，阿尔达希尔入主安息都城秦西封，开始建立统一的萨珊政权，这一年被学术界视为萨珊王朝的建立之年。⑤萨珊王朝继承了古波斯的传统文化，政治上实行中央集权，军事上不断扩张，经济上推行自由贸易政策，文化上大力发展工艺美术、建筑艺术。可以说，这个时期的伊朗文化艺术达到了巅峰。

萨珊王朝在国际通用"波斯"的名称，其名传入中国。北齐史官魏收所著《魏书·西域传》率先记录了"波斯"，介绍了波斯的地理、动物、宗教、文化等情况。例如，介绍波斯鸵鸟云："波斯国，都宿利城，在忸密西，古条支国也。去代二万四千二百二十八里。城方十里，户十余万，河经其城中南流。……有鸟形如橐驼，有两翼，飞而不能高，食草与肉，亦能啖火。"⑥《魏书·西域传》中也有对安息的记录："安息国，在葱岭西，都蔚搜城。北与康居，西与波斯相接，在大月氏西北，去代二万一千五百里。"⑦

① 张西平.中国历史文献中的伊朗 [J]. 国际汉学，2022（S1）：94-104.
② 朱杰勤.中国和伊朗关系史稿 [M]. 乌鲁木齐：新疆人民出版社，1988：5-6.
③ 埃尔顿·丹尼尔.伊朗史 [M]. 李铁匠，译.上海：东方出版中心，2010：38.
④ 王新中，冀开运.中东国家通史（伊朗卷）[M]. 北京：商务印书馆，2002：111.
⑤ 李铁匠.古代伊朗文化史 [M]. 苏州：苏州大学出版社，2003：103.
⑥ 中华书局编辑部.二十四史（简体字本）[M]. 北京：中华书局，2000：1536.
⑦ 中华书局编辑部.二十四史（简体字本）[M]. 北京：中华书局，2000：1539.

萨珊王朝前期，政府间交往暂时中断，但是民间交往依然持续。例如，东汉末年的汉灵帝特别喜欢"胡"物，竖琴由伊朗传入中国。伊朗的佛教徒昙谛和安法贤先后于 254 年、265 年来到洛阳，翻译佛经。[①] 这些均说明了两国的经济文化交流在持续进行。

根据《魏书》和波斯史籍记载，455—522 年，萨珊王朝派遣使者来中国几十次，中国也遣使往来。[②]553 年，萨珊王朝库思老一世派使团到西魏。[③] 隋炀帝时期，曾派以李昱为首的中国使团前往波斯，后波斯派使团跟随到中国回报。[④]638 年，萨珊王朝还遣使者到中国送礼[⑤]，此时萨珊王朝已经受到阿拉伯人的攻击。在这种情况下，还派遣使者来到中国，说明其对中国的重视。

隋唐时期，中国人对波斯的认识不断加深，相关史籍在地理和物产方面介绍较为详细。《隋书·西域传》有如下记载："波斯国，都达曷水之西苏蔺城，即条支之故地也。其王字库萨和。都城方十余里，胜兵二万余人，乘象而战。……波斯每遣使贡献。西去海数百里，东去穆国四千余里，西北去拂菻四千五百里，东去瓜州万一千七百里。炀帝遣云骑尉李昱使通波斯。寻遣使随昱贡方物。"[⑥]《旧唐书》的记载更为详细具体，涉及皇位继承、地理位置、宗教、风俗、对外政治交往等。如在地理位置方面，《旧唐书·西域传》记载："波斯国，在京师西一万五千三百里，东与吐火罗、康国接，北邻突厥之可萨部，西北拒拂菻，正西及南俱临大海，户数十万。其王居有二城，复有大城十余，犹中国之离宫。"[⑦]

在 661—762 年，萨珊王朝在西亚和中亚割据一方的波斯国领袖，派遣使者来中国 23 次。[⑧] 另外，曾有波斯王朝的子嗣、大将、大族等人来到唐朝政府任职，例如波斯酋长阿罗喊（憾）留在唐朝服务，还曾出使东罗马帝国，

---

① 朱杰勤. 中国和伊朗关系史稿 [M]. 乌鲁木齐：新疆人民出版社, 1988: 8.

② 朱杰勤. 中国和伊朗关系史稿 [M]. 乌鲁木齐：新疆人民出版社, 1988: 9.

③ 朱杰勤. 中国和伊朗关系史稿 [M]. 乌鲁木齐：新疆人民出版社, 1988: 9.

④ 朱杰勤. 中国和伊朗关系史稿 [M]. 乌鲁木齐：新疆人民出版社, 1988: 10.

⑤ 朱杰勤. 中国和伊朗关系史稿 [M]. 乌鲁木齐：新疆人民出版社, 1988: 10.

⑥ 中华书局编辑部. 二十四史（简体字本）[M]. 北京：中华书局, 2000: 1244-1245.

⑦ 中华书局编辑部. 二十四史（简体字本）[M]. 北京：中华书局, 2000: 3613.

⑧ 朱杰勤. 中国和伊朗关系史稿 [M]. 乌鲁木齐：新疆人民出版社, 1988: 11.

唐王朝给予了将军和公爵封号，他去世后葬在了洛阳。[①] 又如，佛教僧人安吉藏[②]的祖父是波斯人，是佛教界的名人。[③]

7世纪中叶，阿拉伯人征服了伊朗。自此，伊朗成为阿拉伯帝国的一部分，其政治、经济和文化等各方面都受到了伊斯兰文明的影响。文化是相互影响的，在伊斯兰时期，伊朗虽然失去了往日的辉煌，但依然保持着强大的文化影响力，对阿拉伯文化的发展产生了深远的影响。

早期，伊朗地区的丝织物是依赖中国进口的，到了萨珊王朝时期，其已经能够自行生产精细的织物且有出口。萨珊王朝时期，伊朗建立了王家丝织作坊，产品质量高，我国称之为"胡绫"。《隋书·列传·何稠》记录了"波斯尝献金绵锦袍，组织殊丽"[④]。唐玄奘《大唐西域记》记载，"波剌斯国……工织大锦、细褐、氍毹之类"[⑤]。此时的波斯织物已经非常有名，花纹与织造工艺既有伊朗特征，也有中国特征。[⑥]7世纪初，中国的纸张传入阿拉伯和波斯。8世纪中叶，中国的造纸术由撒马尔罕传入伊朗。[⑦]这些均说明隋唐时期中国和伊朗交往频繁，相互之间的技术传播影响了各种造物技术的发展。

（四）宋元时期伊朗地区与中国的交往

宋代周去非的《岭外代答》、赵汝适的《诸蕃志》对"波斯"有相关描述。

《岭外代答》记载："西南海上波斯国，其人肌理甚黑，鬓发皆拳，两手钏以金串，缦身以青花布。无城郭。其王早朝，以虎皮蒙杌，叠足坐。群下礼拜。出则乘软兜或骑象，从者百余人，执剑呵护。食饼肉饭，盛以瓷器，掬而啖之。"[⑧]

《诸蕃志》记载："在西南海上，其人肌理甚黑，鬓发皆蚪。以青花布缠身，

---

① 朱杰勤.中国和伊朗关系史稿[M].乌鲁木齐：新疆人民出版社，1988：11.

② 朱杰勤.中国和伊朗关系史稿[M].乌鲁木齐：新疆人民出版社，1988：12-13.

③ 朱杰勤.中外关系史[M].桂林：广西师范大学出版社，2011：56.

④ 中华书局编辑部.二十四史（简体字本）[M].北京：中华书局，2000：1073.

⑤ 玄奘.大唐西域记[M].上海：上海人民出版社，1977：275-276.

⑥ 李铁匠.古代伊朗文化史[M].苏州：苏州大学出版社，2003：150.

⑦ 李铁匠.古代伊朗文化史[M].苏州：苏州大学出版社，2003：150.

⑧ 周去非.岭外代答[M].屠友祥，校注.上海：上海远东出版社，1996：64.

以两金串铃手，无城郭。其王早朝以虎皮蒙杌，叠足坐。群下膜拜而退。出则乘软兜，或骑象，从者百余人，执剑呵护。食饼肉饭，盛以瓷器，掬而啖之。"[1]这段文字基本来自《岭外代答》。

8—9世纪，中国的陶瓷器应该已经大量流入伊朗。呼罗珊区的总督阿里·宾·伊萨曾经将20件精美的中国瓷器和2000件普通瓷器献给巴格达河隆·拉西德国王。[2] 这些陶瓷是用骆驼队从陆路运输过去的，可见当时中国瓷器已经作为一种贸易产品大量进入伊朗。[3]

在伊朗的苏丹纳巴德城曾经发掘出大批13世纪的瓷器，这些瓷器的装饰受到中国的影响。[4] 在这批瓷器中，有莲花、龙凤纹、蒙古人物装饰，应该绝大多数是伊儿汗王朝时期烧制的。13世纪初，蒙古贵族集团入侵伊朗。13世纪中叶，旭烈兀建立伊儿汗王朝。"伊儿汗国与元帝国之间的政治关系基本定性为藩臣与宗主之间的宗藩关系。"[5]伊朗在伊儿汗王朝时期与中国元朝交往频繁，尤其在合赞汗统治时期更为密切。合赞汗的一个妃子为元世祖宗室女阔阔真[6]，后来成为合赞汗的皇后。1297年，法克尔哀丁作为西亚伊儿汗的使者，通过海路到达中国，拜谒元成宗铁穆耳，受赐贵族之女。[7]合赞汗的大丞相刺失德·丁·法都刺编写的世界史著作《史集》中有一部分描述的是蒙古人及其建国历史。[8]张星烺的《中西交通史料汇编》收入了关于中国的内容。

1299年，元代使臣（泉州人）奉旨出使伊朗，并带回宝物呈献给朝廷。1953年，在福建泉州发现的墓碑刻有"大元进贡宝货，蒙圣恩赐赏，至于大德三年内，悬带金字海青牌面，奉使火鲁没思田地勾当，蒙哈赞大王特赐七宝

---

① 冯承钧. 诸蕃志校注 [M]. 北京：文物出版社，2022：102-103.

② 中国硅酸盐学会. 中国陶瓷史 [M]. 北京：文物出版社，1982：225.

③ 三上次男. 陶瓷之路 [M]. 李锡经，高喜美，译. 北京：文物出版社，1984：99.

④ 朱杰勤. 中国和伊朗关系史稿 [M]. 乌鲁木齐：新疆人民出版社，1988：77.

⑤ 徐良利. 论伊儿汗国与元帝国的政治关系 [J]. 求索，2009（8）：219-221.

⑥ 朱杰勤. 中国和伊朗关系史稿 [M]. 乌鲁木齐：新疆人民出版社，1988：26.

⑦ 朱杰勤. 中国和伊朗关系史稿 [M]. 乌鲁木齐：新疆人民出版社，1988：26.

⑧ 朱杰勤. 中国和伊朗关系史稿 [M]. 乌鲁木齐：新疆人民出版社，1988：27.

图7.1 出使波斯国石刻拓片 泉州海外交通史博物馆藏

货物，呈献朝廷，再蒙旌赏。自后回归泉州本家居住，不幸于大德八年十"[1]等文字（图 7.1）。这里的哈赞大王就是合赞汗。该墓碑现在收藏于泉州海外交通史博物馆。

汪大渊在至正年间出海两次，历经十个国家和地区。其撰写的《岛夷志略》记载波斯离港[2]（今巴士拉）、甘埋里[3]等为伊朗地域。这说明，元朝时期，中国和伊朗的往来不仅可以通过西域商路，还可以通过海路，即从南海进入印度洋，然后直接到达波斯湾。

从上述材料可以得知，伊儿汗国与中国元朝建立了密切友好的政治关系，促进了中国与西亚及欧洲的经济、文化等方面的交流。

（五）明清时期伊朗地区与中国的交往

1392 年，伊朗被帖木儿占领，首都位于撒马尔罕。明朝廷与撒马尔罕有政治往来，双方互派使者。1387 年、1389 年、1394 年，帖木儿派使者奉国书及礼品来中国[4]；1395 年，明朝派使者傅安等访问撒马尔罕。帖木儿去世后，

---

① 朱杰勤. 中国和伊朗关系史稿 [M]. 乌鲁木齐: 新疆人民出版社, 1988: 26.

② 汪大渊. 岛夷志略校释 [M]. 苏继庼, 校释. 北京: 中华书局, 1981: 300−301.

③ 汪大渊. 岛夷志略校释 [M]. 苏继庼, 校释. 北京: 中华书局, 1981: 364−365.

④ 朱杰勤. 中国和伊朗关系史稿 [M]. 乌鲁木齐: 新疆人民出版社, 1988: 29.

其子依然与明政府往来。例如，帖木儿四子沙哈鲁统治哈烈（今阿富汗赫拉特地区）、呼罗珊、妫水一带，1397年，明朝派陈德文访问哈烈。陈德文曾经采集哈烈各地风俗。1408年，明朝派使者傅安携礼物访问哈烈。1409年，经过长途跋涉的沙哈鲁派出的哈烈使者抵达北京，明朝派使者同哈烈使者回访。1410年，沙哈鲁又派使者到中国。明政府还曾经派大臣劝和哈里、沙哈鲁讲和罢兵。[1] 1413年，明成祖朱棣派遣陈诚、李暹等前往西域诸国，写下《西域行程记》和《西域番国志》，记录西域实况。《西域番国志》其实是一份报告，描述出使西域的所见所闻，其中谈到了当时的伊朗，并记录了哈烈的经济生活、宗教生活等。[2] 1412年，明朝派郑和船队访问伊朗的忽鲁谟斯（霍尔木兹的古音译），自印度洋进入波斯湾，到达巴格达等城市。[3] 1417年，郑和率领船队来到忽鲁谟斯。1421年，郑和又率领船队来到忽鲁谟斯。马欢《瀛涯胜览》、费信《星槎胜览》、巩珍《西洋番国志》等文献如实记录了当时忽鲁谟斯的情况。

据统计，1417—1418年，明朝曾派出300多人的使团访问哈烈。[4] 1419—1420年，中国又派使节到哈烈重申旧约。同年底，沙哈鲁同帖木儿系诸领袖共同派遣使臣前往中国。这是为了建立远邦友好关系和增进贸易往来。

帖木儿系的君主多次派使节来华。1415年、1419年，泄剌失（失剌思）派使者来访中国。1419年，亦思法杭（亦思弗罕）来访。1422年，不花剌（卜花儿）来访。在1415—1499年的撒马尔罕时期，伊朗派遣使者达到19次之多。[5]

总的来说，古代伊朗历史发展经历了多个阶段，每个阶段都有其独特的政治、经济和文化特点。从波斯帝国的辉煌到萨珊王朝的繁荣，再到伊斯兰时期的变迁和近代的独立解放，伊朗的历史充满了曲折和传奇。这些历史事件不仅塑造了伊朗的民族性格和文化传统，也为世界历史的发展留下了深刻的印记。中伊在文化领域的交往，推动了汉文化向西域的传播，为世界文化发展注入了新的活力。

---

① 朱杰勤. 中国和伊朗关系史稿 [M]. 乌鲁木齐: 新疆人民出版社, 1988: 30.
② 陈诚. 西域行程记　西域番国志 [M]. 周连宽, 校注. 北京: 中华书局, 2000: 65-81.
③ 朱杰勤. 中国和伊朗关系史稿 [M]. 乌鲁木齐: 新疆人民出版社, 1988: 33.
④ 朱杰勤. 中国和伊朗关系史稿 [M]. 乌鲁木齐: 新疆人民出版社, 1988: 29-30.
⑤ 朱杰勤. 中国和伊朗关系史稿 [M]. 乌鲁木齐: 新疆人民出版社, 1988: 30.

二、中国与伊朗的丝绸之路

"丝绸之路"一词是德国地理学家李希霍芬（Ferdinand von Richthofen）于 1877 年提出的。隋唐时期，中国与中亚、西亚的经济文化交流密切。北路是中国草原丝绸之路，从长安和洛阳（两京）出发，经河西走廊至西域，这是丝绸之路的主干道。南路就是东南沿海的丝绸之路，经东南亚、印度洋、阿拉伯海到西亚的巴基斯坦和伊朗的港口，再经红海在苏丹东北登陆，然后到埃及开罗抵地中海南岸。

（一）陆路

陆路交通分为南北两线，均以甘肃敦煌为出发点。这条陆路，后世称为"丝绸之路"。丝绸之路是东西方政治、经济、文化联系的重要通道。

《汉书·西域传》记载："自玉门、阳关出西域有两道：从鄯善傍南山北，波河西行至莎车，为南道；南道西逾葱岭则出大月氏、安息。自车师前王廷随北山，波河西行至疏勒，为北道；北道西逾葱岭则出大宛、康居、奄蔡、焉（耆）。"[①]由奄蔡南下，可达安息，再由此向西，到达罗马帝国。《汉书》所载均为天山以南路线。东汉之后，由于风沙入侵，两地来往的旅行者多改走天山以北线路。

隋唐时期，中国与波斯的陆路交通基本与汉代相同。裴矩《西域图记》记载："发自敦煌，至于西海，凡为三道，各有襟带。北道从伊吾，经蒲类海、铁勒部、突厥可汗庭。度北流河水，至拂（菻）国，达于西海。其中道从高昌、焉耆、龟兹、疏勒，度葱岭，又经钹汗、苏对沙那国、康国、曹国、何国、大小安国、穆国，至于波斯，达于西海。其南道从鄯善、于阗、朱俱波、喝槃陀，度葱岭，又经护密、吐火罗、挹怛、忛延、漕国，至北婆罗门，达于西海。其三道诸国，亦各自有路，南北交通。"[②]《西域图记》是以记录西域各国地理资料为主的地方志，原有三卷，现已散佚。《隋书·裴矩传》收录了该书序言，《隋

---

① 中华书局编辑部 . 二十四史（简体字本）[M]. 北京：中华书局，2000：2855.

② 王锋，陈冬梅 . 波斯历史文化与伊朗穆斯林风情礼仪 [M]. 北京：民族出版社，2002：32.

书》卷六十七记录了裴矩对波斯的描述。①

北道到拜占庭，中途经过波斯；中道直达波斯；南道的终点为北印度和印度洋，由印度洋进入波斯湾。②

南宋咸淳元年（1265），释志磐编写出《佛祖统纪》，该书有图 12 幅，图中分南北两条线描绘了从中国到西方的路线。③ 其中，由陇西至条支、安息、奄蔡的陆路交通路线比较详细。"从武威始，往张掖至酒泉，出敦煌后沿蒲昌海分南北两路通往西域。北路经伊吾、流沙、且弥、乌贪、单桓、郁立师、劫国、卑陆、后车师、交师至车师前国。再往西，经狐胡、蒲类、乌孙，达疏勒，越葱岭，至大宛、附墨、奥键、康居、奄城。南路沿蒲昌海南岸，经阳关、白龙堆沙漠、若羌、小宛、且末、精绝、戎卢、渠勒至于阗，循昆仑山谷西行，经皮山、西夜、乌宅、依耐、无雷，沿葱岭南麓，往西北可达休循，往西或西南达厥宾、大月氏、安息（伊朗）、乌龙山、条支。"④ 通往西域的两条路线都标注了安息国。该书将"有关阿拉伯世界的地理状况绘制成图，尚属首见"⑤。

（二）海路

2000 多年前，中国和伊朗的海路交通已经建立。

《汉书·地理志》记载，今广东番禺（古属汉南海郡）是汉代贸易的都会。从中国南海出发，向南航行，经过马来半岛，进入印度洋，到达印度的黄支国，最后达到黄支国南面的已程不国（锡兰，今斯里兰卡）。此时，通过锡兰，中伊两国以及东南亚、印度等贸易船只在此进行交易。若要去伊朗，可以在锡兰换船。其原文如下："自日南障塞、徐闻、合浦船行，可五月，有都元国；又船行可四月，有邑卢没国；又船行，可二十余日，有谌离国；步行，可十余日，有夫甘都卢国。自夫甘都卢国船行，可二月余，有黄支国，民俗略与珠崖相类。

① 中华书局编辑部. 二十四史（简体字本）[M]. 北京: 中华书局, 2000: 1062.

② 朱杰勤. 中国和伊朗关系史稿 [M]. 乌鲁木齐: 新疆人民出版社, 1988: 16.

③ 张西平. 中国历史文献中的伊朗 [J]. 国际汉学, 2022（S1）: 94-104.

④ 张西平. 中国历史文献中的伊朗 [J]. 国际汉学, 2022（S1）: 94-104.

⑤ 汪前进. 伊斯兰古典科学在中国的传播新论 [C]// 叶奕良. 伊朗学在中国论文集（第 3 集）. 北京: 北京大学出版社, 2003: 176.

其州广大，户口多，多异物，自武帝以来皆献见。有译长，属黄门，与应募者俱入海，市明珠、璧流离、奇石异物，赍黄金杂缯而往。所至国皆禀食为耦，蛮夷贾船，转送致之。亦利交易，剽杀人。又苦逢风波溺死，不者数年来还。大珠至围二寸以下。平帝元始中，王莽辅政，欲耀威德，厚遗黄支王，令遣使献生犀牛。自黄支船行，可八月，到皮宗；船行，可二月，到日南、象林界云。黄支之南，有已程不国，汉之译使自此还矣。"①

到了 7 世纪，中国的船舶可以直接开往波斯湾，伊朗的船只也可以直接到达广州。当时伊朗的"波斯舶"帆船可以载六七百人。②

《新唐书·地理志》记载了由中国南部至波斯湾和弗利剌（幼发拉底）河口的路线："又北四日行，至师（狮）子国，其北海岸距南天竺大岸百里。又西四日行，经没来国"③，经过提飔，至新河头（印度河），"又西一日行，至乌剌国，乃大食国之弗利剌河。南入于海。小舟溯流，二日至末罗国，大食重镇也。又西北陆行千里，至茂门王所都缚达城"。④

9 世纪，阿拉伯商人苏莱曼（Sulaiman）访问过波斯湾，他在游记中写道："货物从巴士拉（Bassorah）、阿曼以及其他地方运到斯罗夫，大部分中国船在此装货。"⑤中伊两国在海道上往来频繁。

元代汪大渊《岛夷志略》记载了波斯湾的重要港口波斯离港、甘埋里。⑥对"波斯离"的记载如下："境与西夏联属，地方五千余里。关市之间，民比居如鱼鳞。田宜麦禾。气候常冷。风俗侈丽。男女身长，编发。穿驼褐毛衫，以软锦为茵褥。烧羊为食。煮海为盐。有酋长。地产琥珀、软锦、驼毛、腽肭脐、没药、万年枣。贸易之货，用毡毯、五色缎、云南叶金、白银、倭铁、大风子、牙梳、铁器、达刺斯离香之属。"⑦

① 中华书局编辑部.二十四史（简体字本）[M].北京：中华书局，2000：1330.

② 朱杰勤.中国和伊朗关系史稿 [M].乌鲁木齐：新疆人民出版社，1988：18.

③ 吴松弟.两唐书地理志汇释 [M].合肥：安徽教育出版社，2002：330.

④ 吴松弟.两唐书地理志汇释 [M].合肥：安徽教育出版社，2002：331.

⑤ 索瓦杰，译注.中国印度见闻录 [M].汶江，穆根来，译.北京：中华书局，1983：7-10.

⑥ 汪大渊.岛夷志略校释 [M].苏继庼，校释.北京：中华书局，1981：364-365.

⑦ 汪大渊.岛夷志略校释 [M].苏继庼，校释.北京：中华书局，1981：300-301.

明代时，最重要的海路交往案例就是郑和下西洋。郑和船队分别于1412年、1417年和1421年三次到达忽鲁谟斯。马欢、费信和巩珍都在使团中担任文书或翻译工作，三人都写有游记如实记录忽鲁谟斯的情况。[1]

三、伊朗发现的中国陶瓷

中国和伊朗很早有了来往，因此中国陶瓷器很早就输入伊朗。在萨马拉出土的文物证明，9世纪时，已经有中国的陶瓷器输入两河流域。这些出土的瓷器有白瓷、黄色和白色的陶器，青瓷和有青色及黄色的釉陶。"除了青瓷外，萨马拉的陶匠都会模仿"[2]，当然，就质量而言，中国陶瓷器要质量优于萨马拉陶瓷器。

波斯湾在伊朗和阿拉伯半岛之间，是连接西亚与东亚的重要交通航线。波斯湾重要的陶瓷遗址分布有斯罗夫、基什岛、霍尔木兹、内沙布尔、马夫班及苏丹纳巴德等地。关于这些陶瓷到达伊朗的途径，学界认为既有陆路也有海路。而"海陆接力转运"应该更符合实际。[3]

（一）斯罗夫遗址

斯罗夫（Siraf）今称塔赫里（Tāhiri），在伊朗布舍尔省东南海滨。在古波斯帝国至白衣大食统治期间（先秦至晚唐五代），其一直是波斯湾最重要的对外贸易港口，也是与唐代中国贸易的终点港。《新唐书·地理志》卷四十三记载了从广州出发到达东南亚以及近东地区的航路。[4] 学界一般认为，书中记载的"缚达城"为巴格达或者它附近，"末罗"为巴士拉。

斯罗夫是连接波斯湾、红海、印度洋的港湾城市，是中国与东非的贸易中枢。9世纪至10世纪末发展最为繁荣。970年，波斯湾发生大地震，斯罗夫毁于一旦。11世纪，斯罗夫走向衰退。斯罗夫的港口废弃之后，一些斯罗夫商人流亡到中国，并在泉州定居。《诸蕃志》记载："……元祐、开禧间各遣使入贡。有番

---

① 张西平.中国历史文献中的伊朗 [J].国际汉学，2022（S1）：94-104.

② 朱杰勤.中国和伊朗关系史稿 [M].乌鲁木齐：新疆人民出版社，1988：76.

③ 刘未.中亚及东欧地区出土宋元陶瓷研究 [J].故宫博物院院刊，2022（6）：31-54.

④ 中华书局编辑部.二十四史（简体字本）[M].北京：中华书局，2000：756.

商曰施那帏，大食人也。"[①]日本学者桑原骘考证，《诸蕃志》记载的"施那帏"，意思为"尸（斯）罗夫人"[②]。

斯罗夫遗址出土了大量的中国陶瓷碎片，有越窑青瓷、唐代白瓷、长沙窑瓷等。其中最引人注目的是唐代的白瓷和越窑青瓷。[③]这里发掘的五代末至北宋前期的越窑青瓷碗，外壁装饰有莲瓣纹，内底刻划花鸟纹，质地优良。斯罗夫遗址发掘的还有晚唐时期的碗、钵等器物。如晚唐长沙窑青釉褐彩碗，碗的口部、下部施青釉，上部施酱釉。

（二）忽鲁谟斯（霍尔木兹）

忽鲁谟斯是今天霍尔木兹的古音译。《新唐书·地理志》记载："又西北经十余小国，至婆罗门西境。又西北二日行，至拔飓国。又十日行，经天竺西境小国五，至提飓国，其国有弥兰太河，一曰新头河，自北渤昆国来，西流至提飓国北，入于海。又自提飓国西行二十日行，经小国二十余，至提罗卢和国……"[④]"提罗卢和国"中的"卢和"，指的是霍尔木兹甘省洛尔（Lar）地区，"提罗"指的是斯罗夫港所在地塔赫里。[⑤]

马欢的《瀛涯胜览》、费信的《星槎胜览》、巩珍的《西洋番国志》对忽鲁谟斯都有详细的记载。[⑥]《伊本·白图泰游记》《鄂多立克东游录》等有对忽鲁谟斯的记载。14世纪，忽鲁谟斯就取代魁斯（Qais）成为波斯湾的主要贸易中心，中国人称之为"西洋大国"[⑦]。15世纪初，郑和七下西洋，其第四次（1413—1415）、第五次（1417—1419）、第六次（1421—1422）航行的最终目的都是忽鲁谟斯，并在该岛建大明"官厂"。[⑧]人类进入大航海时代后，葡萄牙殖民者

---

① 冯承钧.诸番记校注 [M].北京：文物出版社，2022：75.

② 林梅村.波斯湾古港的变迁：2012年伊朗考察记之一 [J].紫禁城，2012（4）：24-33.

③ 中国硅酸盐学会.中国陶瓷史 [M].北京：文物出版社，1982：225.

④ 吴松弟.两唐书地理志汇释 [M].合肥：安徽教育出版社，2002：330.

⑤ 林梅村.波斯湾古港的变迁：2012年伊朗考察记之一 [J].紫禁城，2012（4）：24-33.

⑥ 朱杰勤.中国和伊朗关系史稿 [M].乌鲁木齐：新疆人民出版社，1988：34.

⑦ 朱杰勤.中国和伊朗关系史稿 [M].乌鲁木齐：新疆人民出版社，1988：33.

⑧ 林梅村.大航海时代东西方文明的冲突与交流：15—16世纪景德镇青花瓷外销调查之一 [J].文物，2010（3）：84-96.

在忽鲁谟斯岛新建城堡，改名"卡马隆"，葡萄牙语的意思是"海虾"。由此，葡萄牙殖民者取代了阿拉伯、波斯海商。17世纪初，伊朗国王阿巴斯带领人民赶走了侵略者。1622年，阿巴斯逝世后，伊朗把这个海港改成了阿巴斯港。伊朗的考古学家指出，忽鲁谟斯的遗址几乎遍地都是中国瓷器碎片[①]，这说明了元明两代忽鲁谟斯陶瓷贸易之繁盛。

（三）内沙布尔

内沙布尔是波斯东北部呼罗珊省的著名城市。9—10世纪，内沙布尔在中西交通和贸易中起到了枢纽的作用。内沙布尔的名称，来源于萨珊王朝的沙普尔一世。9—10世纪，波斯名义上还是属于阿拉伯哈里发王朝统治，但国内封建势力兴起，有一些较大的国家。内沙布尔先后曾是达希尔、沙发维等国的首府，又是呼罗珊总督的所在地，因此作为政治和经济的中心，自然和中国有着频繁的往来。12世纪，因蒙古入侵，城市遭到破坏。13世纪中后叶，因两次大地震而变成废墟。

图7.2　三彩碗底座　伊朗（7—8世纪）
美国纽约大都会艺术博物馆藏

根据三上次男的描述，内沙布尔出土的瓷器种类有越州窑、长沙窑、青瓷、白瓷、青白瓷和元代青釉瓷器。[②]7—8世纪，中国三彩瓷器已经来到了内沙布尔。美国纽约大都会艺术博物馆收藏有一件来自内沙布尔的三彩碗底座（图7.2），上面有龙纹图案装饰，这是中国陶瓷早期传入波斯地区的证据。10世纪中期前后的越窑玉璧足青瓷碗、唇口玉璧足白瓷碗、长沙窑青釉褐彩执壶、北方窑场白釉绿彩器等在此地出土。[③]

① 朱杰勤. 中国和伊朗关系史稿 [M]. 乌鲁木齐：新疆人民出版社，1988：34.

② 三上次男. 陶瓷之路：东西文明接触点的探索 [M]. 胡德芬，译. 天津：天津人民出版社，1983：157-158.

③ 刘未. 中亚及东欧地区出土宋元陶瓷研究 [J]. 故宫博物院院刊，2022（6）：31-54.

三上次男在《陶瓷之路》中专门讲述了在内沙布尔出土器物中三件完整的中国瓷器。[①] 第一件为9世纪末到10世纪初越窑的产品越窑瓷碗，被日本小山富士夫先生收购，后捐赠中国。该碗与浙江慈溪上林湖出产的越窑瓷碗的形制和釉色一致。[②] 第二件是长沙窑的小碟子，被日本石黑孝次郎收购。第三件是日本小山富士夫收藏的白瓷深碗，推测是宋代广东窑白瓷。

（四）马夫班遗址

马夫班是伊朗布什尔最北端的海港城市。虽然现在的马夫班几乎看不到海港的痕迹，但是10—14世纪马夫班应该是中继海港。[③]

从马夫班遗址发掘的瓷器来看，有9世纪的晚唐白釉绿彩陶盘、巩义窑的白瓷，9—11世纪晚唐到北宋时期的越窑青瓷、广东的仿越窑青瓷罐，北宋时期的景德镇青白瓷、白瓷，12世纪的福建白瓷和青瓷，13世纪—14世纪的龙泉青瓷等。"中国陶瓷有从9世纪到14世纪的各时代的产品，最多的是13—14世纪的龙泉青瓷。"[④]

马夫班是一个小规模的中级港口，不受瞩目，因此在9—14世纪受到政治和军事的影响较小，其枢纽贸易存在时间比斯罗夫、基什岛要长。其发掘的瓷器品种与这两个遗址发掘的差不多，因此可以推测马夫班是从斯罗夫或基什岛到巴士拉等的交易路上的中间停泊站、补给站、货物转运站。

（五）基什岛遗址

12世纪至14世纪早期，基什岛海外贸易兴盛，是当时波斯湾海上贸易的重要中心之一。[⑤]12世纪20年代，基什岛被忽鲁谟斯国征服，开始走向衰落。

---

① 三上次男. 陶瓷之路 [M]. 李锡经, 高喜美, 译. 北京: 文物出版社, 1984: 99.

② 刘家琳. 伊朗乃沙布尔出土的唐越窑碗 [J]. 中国历史博物馆馆刊, 1981（1）: 87-88.

③ 森达也. 伊朗波斯湾北岸几个海港遗址发现的中国瓷器 [M]// 冯小琦. 古代外销瓷研究. 北京: 故宫出版社, 2013: 326.

④ 森达也. 伊朗波斯湾北岸几个海港遗址发现的中国瓷器 [M]// 冯小琦. 古代外销瓷研究. 北京: 故宫出版社, 2013: 326.

⑤ 森达也. 伊朗波斯湾北岸几个海港遗址发现的中国瓷器 [M]// 冯小琦. 古代外销瓷研究. 北京: 故宫出版社, 2013: 323.

基什岛遗址在岛的北面中央，根据已经发现的瓷器残片，数量最多的是龙泉青瓷，也有福建白瓷和青瓷、南宋景德镇窑青白瓷、元青花瓷。

（六）苏丹纳巴德城

苏丹纳巴德城曾经发掘出大批 13 世纪的瓷器，有盘、碟、壶、瓶、碗等。[①]这些瓷器的装饰纹样以动植物为主，人物较少。装饰风格受到中国风格影响，有莲花纹、龙凤纹等。绝大多数瓷器是在蒙古人统治伊朗时期制作而成的。朱杰勤认为，"旭烈兀曾经把一千名中国工匠和技师及其家人移植于伊朗。可能有些瓷器成功于中国陶匠之手"[②]。

四、以越窑青瓷为代表的中国陶瓷对伊朗陶瓷的影响

中伊两国很早就开始了友好往来。古代伊朗的许多物品的名称都带有"中国"两个字。在古代，伊朗的白铜来自中国，称为"中国石"[③]。此外，伊朗称硝石为"中国盐"[④]，称肉桂为"中国木"[⑤]，称黄连为"中国根"[⑥]，等等。在 13 世纪，伊朗一度仿制中国的纸币印刷，纸币上还有中国字，用中国的"钞"字。[⑦]

就陶瓷器来说，早在隋唐时期，中国和伊朗就有了货物的交换。波斯人称"高岭土"为"中国土"，质量高的高岭土出产于起儿曼。[⑧]中国陶瓷对伊朗的陶瓷制作和陶瓷艺术有着重要的影响，下文从形制、纹样、色彩等方面进行讨论。

① 朱杰勤 . 中国和伊朗关系史稿 [M]. 乌鲁木齐：新疆人民出版社，1988：77.

② 朱杰勤 . 中国和伊朗关系史稿 [M]. 乌鲁木齐：新疆人民出版社，1988：78.

③ 劳费尔 . 中国伊朗编 [M]. 林筠因，译 . 北京：商务印书馆，1964：388.

④ 劳费尔 . 中国伊朗编 [M]. 林筠因，译 . 北京：商务印书馆，1964：389.

⑤ 劳费尔 . 中国伊朗编 [M]. 林筠因，译 . 北京：商务印书馆，1964：371.

⑥ 劳费尔 . 中国伊朗编 [M]. 林筠因，译 . 北京：商务印书馆，1964：377.

⑦ 劳费尔 . 中国伊朗编 [M]. 林筠因，译 . 北京：商务印书馆，1964：394.

⑧ 劳费尔 . 中国伊朗编 [M]. 林筠因，译 . 北京：商务印书馆，1964：389－390.

（一）波斯釉陶

在讨论波斯釉陶之前，先介绍土陶。约在前 7000 年，伊朗的甘尼·达勒地区已经出现了西亚最早的陶器[1]，伊朗扎格罗斯山脉的甘尼·达勒遗址已经有了陶器产品[2]。约在前 6000 年，伊朗人民已经能够制作早期彩陶。伊朗高原中西部路里斯坦地区古兰遗址出土了典型的耶莫样式的彩陶。[3]

约前 5000 年初至前 3000 年的东伊朗地区安诺文化，又称为土库曼斯坦铜石并用时代的彩陶文化，主要分布在土库曼斯坦南部的科佩特山北麓平原。安诺文化的早期彩陶是用手工制作的，后期采用轮制技术。约前 4000 年至前 2000 年，东伊朗地区安诺文化一期、二期中的陶器与中国的仰韶文化陶器造型极为相似。[4] 具体造型有平底钵、碗、罐等，有深褐色的单彩或者红、黑二色的彩陶。瑞典考古学家专门考察过安诺文化和仰韶文化的彩陶，认为两者之间可能有着某种联系。

约在前 13 世纪，埃兰王国的工匠们开始将从巴比伦获得的釉陶技艺用于生产釉砖，从而逐渐开始应用到陶器上。米底王国统治时期，米底人应该熟练掌握了釉陶烧制技术。"在哈桑尔建筑 Ⅱ 的第 Ⅳ 期（公元前 1000 年—前 800 年）出土了作为建筑装饰的狮子头釉陶雕塑、初期釉陶的壶和青釉斑点的陶杯。"[5] 在安息时代、萨珊王朝时期已经可以烧造青色、青蓝色、绿色的釉陶。萨珊王朝的釉陶，工艺水平高，但几乎都以青铜器作为范本，是模仿金属器皿的造型和装饰的陶器。[6]（图 7.3 至图 7.9）

2024 年 1 月 11 日，"历史之遇——中国与西亚古代文明交流展"和"璀璨波斯——伊朗文物精华展"联合在故宫博物院开幕。2024 年，故宫博物院举办了伊朗特展，其中展示的蓝釉陶器、绿釉陶器的工艺已经相当精美。从图 7.11 和图 7.12 中可以看出，其造型和装饰与中国同时期的陶瓷器非常接近。

---

① 陈进海 . 世界陶瓷艺术史 [M]. 哈尔滨：黑龙江美术出版社，1995：181.

② 陈进海 . 世界陶瓷（第 1 卷）[M]. 沈阳：万卷出版公司，2006：15.

③ 陈进海 . 世界陶瓷（第 1 卷）[M]. 沈阳：万卷出版公司，2006：19.

④ 李铁匠 . 伊朗古代历史与文化 [M]. 南昌：江西人民出版社，1993：278.

⑤ 陈进海 . 世界陶瓷艺术史 [M]. 哈尔滨：黑龙江美术出版社，1995：275.

⑥ 陈进海 . 世界陶瓷（第 1 卷）[M]. 沈阳：万卷出版公司，2006：123.

图7.3   图7.4

图7.5   图7.6   图7.7

图7.8   图7.9

图7.3 陶釉多彩动物纹双耳壶 伊朗（前1000年初） 日本东京石黑先生收藏
图7.4 釉陶多彩莲纹双耳壶 伊朗（前1000年初） 日本冈山市立西亚美术馆藏
图7.5 青釉三耳壶 伊朗帕提亚王国 日本东京石黑先生收藏
图7.6 青釉带把壶 伊朗帕提亚王国 日本出光美术馆藏
图7.7 绿釉三耳陶壶 伊朗萨珊王朝 德国柏林伊斯兰艺术博物馆藏
图7.8 蓝釉陶器陶瓶 伊朗（约7世纪） 故宫博物院展览
图7.9 绿釉陶器 伊朗（约7世纪） 故宫博物院展览

8—9 世纪, 中国的陶瓷器已经规模化进入伊朗地区。可以推测, 9 世纪之前, 中国陶瓷已经进入伊朗的中央地区了。在伊朗的厄尔布尔士山南麓的不同时期的遗址中, 出土了各时期的中国陶瓷。厄尔布尔士山南麓的雷依, 是东西和南北交通干线的重要枢纽, 这里曾出土过唐代后期的越窑玉璧底青瓷碗。[①]

在萨马拉出土的文物证明, 9 世纪中叶, 中国陶瓷器已经输入两河流域, 此时中国的越窑青瓷陶瓷技术已经较为成熟。萨马拉出土有白瓷、青瓷、白陶、黄陶、青色釉陶、黄色釉陶等。"除青瓷外, 萨马拉的陶匠都会模仿"[②], 但与中国的陶瓷产品相比, 仍然有所区别。当然, 此时伊朗生产的是陶器, 而中国的青瓷烧制对原料、对技术、火候等的要求极高, 因此在很长的时期里, 伊朗一直用釉陶模仿中国的瓷器。

11 世纪后半叶至 12 世纪, 中国的青瓷、白瓷对波斯中期伊斯兰陶器青釉、白釉陶器的振兴产生了直接的影响。[③] 伊朗的绿釉、青釉的陶器受中国青瓷的影响而有所发展。因此, 这时的波斯青釉陶器像宋瓷一样优美。青釉、蓝釉的各式碗、钵、瓶、水注等与中国的青瓷形制结构非常相似。显然, 中国的青瓷已经成为中期伊斯兰波斯陶瓷的青釉标准 (图 7.10、图7.11)。

图 7.10 蓝釉刻线纹水注 伊朗 (12世纪) 日本冈山市立伊斯兰博物馆藏

图 7.11 蓝釉浮雕动物纹瓶 伊朗 (13世纪) 丹麦哥本哈根大卫家族收藏

① 三上次男. 陶瓷之路 [M]. 李锡经, 高喜美, 译. 北京: 文物出版社, 1984: 101.
② 朱杰勤. 中国和伊朗关系史稿 [M]. 乌鲁木齐: 新疆人民出版社, 1988: 76.
③ 陈进海. 世界陶瓷艺术史 [M]. 哈尔滨: 黑龙江美术出版社, 1995: 304.

（二）白釉陶

在阿契美尼德王朝时期，伊朗地区已经有了白釉陶。但当时并未成为流行的釉陶。9世纪，中国白瓷传入中东地区，在当地非常流行，并影响了丝绸之路上的陶器生产。伊朗陶工很快就掌握了这种技术，生产出各种优美的白釉陶器。

白釉陶是一种在铅釉中混入氧化锡烧成的乳白色陶器。优质的白釉陶器是西亚重要的特产，华丽的彩陶和蓝绿彩陶器都是以白釉陶为基础而产生的。两河流域的伊斯兰时期的白釉陶器，均存在着"效仿相应时期的中国陶瓷物品之迹象"[①]。伊朗的白釉陶器和白釉蓝绿彩陶器多模仿唐代白瓷造型[②]和萨珊王朝的金属制品造型[③]。伊朗的白釉陶造型以碗、钵、碟为主，造型和底足明显受唐代造型的影响。[④]例如，伊朗白瓷中也出现了玉璧底碗。众所周知，玉璧底碗是越窑青瓷中碗类的重要造型，在世界各地都有出土和模仿，伊朗也不例外。而玉璧底碗作为日用品，已经成为9世纪伊斯兰陶器的主要制品。波斯、美索不达米亚的陶工是极具装饰天分的，发明了在白釉上描绘蓝彩、绿彩的技法，还掌握了各种装饰纹样如草叶纹、轮花纹、阿拉伯铭文等（图7.12至图7.18）。

（三）波斯三彩（多彩釉陶）

中国唐三彩在欧、亚、非三大洲均有发现，在世界各大博物馆中，也能看到保存完整的唐三彩。[⑤]世界上许多国家都曾经仿制过唐三彩，其影响力可见一斑。

8—9世纪，中国的唐三彩、越窑青瓷、白瓷、长沙铜官窑瓷等已经通过丝绸之路来到波斯。波斯人对唐三彩的华丽和白瓷的洁净高雅欣赏有加，波斯

① 李正安. 外国陶瓷艺术图典 [M]. 长沙：湖南美术出版社，1999：279.

② 陈进海. 世界陶瓷艺术史 [M]. 哈尔滨：黑龙江美术出版社，1995：305.

③ 陈进海. 世界陶瓷（第3卷）[M]. 沈阳：万卷出版公司，2006：487.

④ 陈进海. 世界陶瓷艺术史 [M]. 哈尔滨：黑龙江美术出版社，1995：305.

⑤ 陈伟，周文姬. 西方人眼中的东方陶瓷艺术 [M]. 上海：上海教育出版社，2004：18.

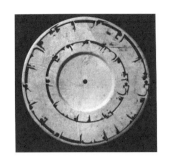

图7.12 图7.13

图7.14 图7.15 图7.16

图7.17 图7.18

图7.12 白地加彩文字钵 伊朗阿拔斯王朝 丹麦哥本哈根大卫家族收藏
图7.13 白地黑彩文字纹盘 伊朗阿拔斯王朝 美国华盛顿特区弗雷艺术馆藏
图7.14 白地多彩动物纹盘 伊朗阿拔斯王朝 伊朗Bastan博物馆藏
图7.15 白地多彩纹饰钵 伊朗阿拔斯王朝 日本永青文库藏
图7.16 白釉剔纹钵 伊朗（12世纪） 英国伦敦维多利亚阿尔伯特博物馆藏
图7.17 白釉鸟首水注 伊朗（12世纪） 日本出光美术馆藏
图7.18 白釉黑彩鱼藻纹钵 伊朗（13世纪） 英国伦敦维多利亚及阿尔伯特博物馆藏

 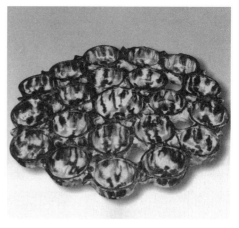

图7.19 多彩釉钵 伊朗（10—11世纪） 希腊雅典Benaki博物馆藏

图7.20 多彩釉连体钵 伊朗（9—10世纪） 日本出光美术馆藏

的匠人以此为范本来试制。经过努力，终于在波斯本地成功烧制多彩釉陶器和白釉陶器、白釉蓝彩陶器等。

波斯人的三彩釉陶制作工序如下：在赤（红）褐色的坯体表面敷挂一层白色的化妆土，刻画花纹之后，再用黄褐釉、绿釉、黄褐釉、紫釉等色釉涂饰其上，最后加挂无色或者微黄透明釉。焙烧时，釉色自然流动相互交融，形成新的化学反应，烧成后光彩斑斓，颇似唐三彩，学者普遍认为这是受到唐三彩的影响而产生的，所以又名"波斯三彩"。陈进海认为，三彩釉陶是对中国唐三彩的仿制、演变和发展。[①] 波斯三彩基本采用了中国唐三彩的样式，但并非原样照搬，而在各个种类中都加进了波斯的风格（图7.19、图7.20）。三上次男对此曾作过总结，认为波斯把进口的中国陶瓷作为模型，按照中国产品的特征形状与花纹仿制相似的陶器，从中可以看到中国陶瓷对整个伊斯兰陶器在形状和花纹上的影响。[②]

11—14世纪，波斯三彩器的产量较大，还供出口，远达非洲。肯尼亚东海岸中部格迪古城遗址中出土了具有代表性的伊斯兰黄釉和黑釉陶器、黄色和

① 陈进海. 世界陶瓷（第3卷）[M]. 沈阳：万卷出版公司，2006：488.

② 邓禾颖. 试论波斯文化与唐代陶瓷的关系 [J]. 陶瓷研究，1999（3）：43-46.

图7.21　多彩釉烛台　伊朗（9—10世纪）　日本出光美术馆藏

图7.22　多彩釉刻线花纹碗　伊朗（9—10世纪）　日本出光美术馆藏

绿色拉毛陶器（sgraffito）以及各种中国青瓷和青白瓷。[①] "sgraffito"的意思为彩釉刮除法，刮去釉彩以显示露出釉下之色彩。该词在描述中国瓷器时特指剔花瓷器，在伊斯兰陶器中，人们将器表的剔、划釉装饰统称为"sgraffito"。例如，把绿色的花柱和叶子状图案蚀刻在碗身的白色背景上，待其干燥后，再在表面涂上黄、绿和棕色的斑点图案。[②] 彩釉刮涂法与三彩配色方案的结合，使该器物成为当时在中国唐三彩启发下生产的伊朗陶器的典型代表（图7.21、图7.22）。

（四）波斯青花

　　世界各国对中国青花瓷的仿制，以土耳其、伊朗和越南等国家最为出色。[③] 伊朗青花瓷又称波斯青花，是一种白釉蓝彩陶器，受中国青花瓷影响最大。

① 刘岩，秦大树，齐里亚马·赫曼．肯尼亚滨海省格迪古城遗址出土中国瓷器 [J]．文物，2012（11）：37-60．

② Do Khai Ly，苏淼，杨媛媛．传播与共融：中国文化对丝绸之路沿线装饰艺术的影响 [J]．东华大学学报（社会科学版），2022（2）：37-46．

③ 刘伟．从世界各国对中国陶瓷的仿制谈起 [M]// 冯小琦．古代外销瓷器研究．北京：故宫出版社，2013：410．

"青花"是我国首创烧制的一种瓷器新品种,即白地蓝花瓷器的专用名称。[①]
根据史籍,青花钴料的名称非常丰富,有无名异、无名子、苏麻离青、苏泥渤
青、回青、阪塘青、石青、老圆子、韭菜边、画烧青等。[②] 从钴料来说,有国
产料和进口料。浙江江山、云南玉溪、江西景德镇等均有钴料矿产。进口料主
要为人们常说的"苏麻离青",国外研究者多认为是从古波斯地区输入的。

　　我国战国时期已经在陶器上应用钴料作为呈色剂。到了唐代,唐三彩和纯
蓝釉的陶器中的蓝色都是钴料的呈色。[③] 部分专家认为我国的青花瓷从唐代启
蒙,为始创初期。到了宋代,依然有用国产钴料进行青花瓷烧制的。浙江龙泉
金沙塔塔基、绍兴环翠塔塔基出土了宋代的青花瓷片。[④] 到了元代,青花瓷进
入大发展时期,其中景德镇青花世界闻名,大量产品用于出口贸易。从 8 世纪
初开始,巩县窑的唐青花已经出现在中东、伊斯兰地区,到 8 世纪中晚期大量
出口。[⑤] 三上次男认为:"在八—九世纪的时候,从中国输入唐三彩和邢州白
瓷后,马上就造出华丽的所谓波斯三彩(多彩彩纹陶器和多彩刻文陶器)和白
釉蓝彩陶器……在陶瓷方面,流行中国作风的情况,遍及整个中东地域。"[⑥] 这
里的"白釉蓝彩陶器"指的就是波斯青花。

　　8 世纪初期,巩县窑的唐青花已经出现在中东、伊斯兰地区。到了 8 世纪
中晚期,出口数量大增。爪哇、斯里兰卡、巴基斯坦、伊朗、伊拉克、埃及、
叙利亚等国的遗址中均出土过巩县窑的唐青花或其他陶瓷。

　　阿拔斯王朝(750—1258)是阿拉伯帝国的第二个王朝,虽然其政治中心
在巴格达,但是文化影响力远及伊朗等地区。对阿拔斯王朝时期的贵族来说,
波斯青花在生前用于生活,死后用于丧葬。一般民众在举行丧礼时租借青花,

---

① 李辉柄. 青花瓷器的起始年代 [J]. 故宫博物院院刊, 1995 (S1): 63-71.

② 汪庆正. 青花料考 [J]. 文物, 1982 (8): 59-64.

③ 中国硅酸盐学会. 中国陶瓷史 [M]. 北京: 文物出版社, 1982: 341.

④ 冯先铭. 青花瓷器的起源与发展 [J]. 故宫博物院院刊, 1994 (2): 29-39.

⑤ 张松林, 廖永民. 唐青花的兴衰、外销及其在国外的影响 [M]// 冯小琦. 古代外销瓷器研究.
北京: 故宫出版社, 2013: 94.

⑥ 张松林, 廖永民. 唐青花的兴衰、外销及其在国外的影响 [M]// 冯小琦. 古代外销瓷器研究.
北京: 故宫出版社, 2013: 94-95.

图7.23 青釉黑彩唐草纹钵 伊朗（13世纪） 日本富士美术馆藏

图7.24 白釉蓝彩鸟形水壶 伊朗伊儿汗王朝 法国国立陶瓷美术馆藏

图7.25 蓝釉金彩花纹壶 伊朗（13世纪末） 美国纽约大都会艺术博物馆藏

因此青花逐渐成为宗教活动及葬礼中使用的器具。由于来自中国的青花瓷价格昂贵，波斯地区的陶工开始仿制青花瓷。

伊朗的白釉蓝彩陶器是受到中国的青花瓷影响之后才发展起来的。[①]这并不是说伊朗在早期不会使用钴料进行装饰，而是说，高品质的白釉蓝彩陶器在受到中国青花瓷的影响之后，才有了更精致的优秀作品。在伊斯兰的世界里，陶工很早就会生产白底蓝彩陶器，波斯克尔曼和阿富汗巴达夫香出产的钴料一直是中国青花的优质原料。

伊儿汗国时期（1256—1353），伊朗的釉陶产品主要有釉下彩绘陶、白地蓝彩陶、华丽彩陶、青蓝底描金色绘陶、青蓝釉浮雕式饰纹陶、釉上彩绘陶等（图7.23至图7.25）。其中，釉下彩绘陶、华丽彩陶的技术受到元青花的影响，技术更加成熟。

波斯青花不仅在造型上模仿中国青花瓷，在装饰纹样上也喜欢借鉴中国的

---

① 陈进海. 世界陶瓷艺术史 [M]. 哈尔滨: 黑龙江美术出版社, 1995: 327.

图7.26 青釉白彩剔刻黑彩花纹钵 伊朗帖木儿王朝 美国纽约大都会艺术博物馆藏

图7.27 淡青釉白彩剔刻鹿纹钵 伊朗帖木儿王朝 美国华盛顿特区弗雷艺术馆藏

图7.28 长方形壁砖 伊朗帖木儿王朝 美国纽约美术馆藏

传统纹样来作为创作素材。例如，以元青花瓷器上的龙、凤、麒麟、缠枝花以及牡丹花纹等纹饰作为创作素材来进行装饰。1322年建造的法拉明（Faramin）大清真寺门面上龙的形象，与现存于伊朗、土耳其等博物馆内的元代青花瓷上的龙纹非常相似[①]，由此可以看出当时元青花的影响力。

帖木儿王朝时期（1370—1507），陶器生产延续了伊儿汗国的制作方式，青花陶器显著发展。青蓝釉下黑绘陶和青蓝釉饰纹陶是参考青花陶器进行了技术和装饰的创新。帖木儿的青花陶受到中国青花瓷的影响，陶器表面的蓝、白色泽更加纯粹明亮。在造型上有大盘、执壶等，在装饰上有莲花、凤、龙和各种缠枝花卉纹（图7.26至图7.28）。从考古发掘来看，帖木儿青花陶器虽然数量不多，但是质量优越，这种陶器可能很早就到达了非洲。

萨菲王朝（1501—1722）又被称为萨法维王朝或沙法维王朝。萨菲王朝的工艺美术世界闻名。其陶瓷事业在中国瓷业的影响下，达到了波斯—伊斯兰陶瓷发展的顶峰。萨菲王朝阿拔斯大王为了向欧洲出口瓷器，仿制中国瓷器，设法把几百名中国瓷匠连同家眷引进伊朗。这些中国匠人主要居住在伊斯法罕，中国的制瓷技术由此在伊朗得到传播。三上次男有相关论述："阿拔斯大王从中国明朝招来了三百名陶工，要他们制作

① 刘伟. 历代外销瓷（下）[J]. 收藏家，2006（6）：19-24.

图7.29 白釉蓝彩瓶 伊朗萨菲王朝 日本出光美术馆藏　　图7.30 白釉蓝彩龙纹壶 伊朗萨菲王朝 日本出光美术馆藏　　图7.31 白釉蓝彩人物纹盘 伊朗萨菲王朝 美国华盛顿特区弗雷艺术馆藏

模仿中国的青釉陶瓷器。"① 这足以证明阿拔斯大帝时期（1587—1629）对模仿中国陶瓷的追求。萨菲王朝阿拔斯大帝时期，波斯青花烧造技术是从中国引入的，由于在波斯境内没有找到瓷土，只能烧出一种白釉蓝彩陶器。② 当然，伊朗还有带有本国强烈个性的瓷器（图7.29 至图7.31）。此时的波斯青花，装饰精致，质量上乘，大量外销欧洲、非洲。17 世纪的荷兰商人把伊朗的瓷器运往欧洲，作为中国的瓷器出售。③

　　在西亚的各国博物馆中，收藏中国古瓷最多的是伊朗的博物馆。阿拔斯大帝捐献了 1160 余件当时最受珍重的中国陶瓷给清真寺中的中国陶瓷搜集室。④ 这个搜集室，考古学家称之为"Chinese room"，意思为"中国房间"。⑤ 这个清真寺，应该是当时伊朗西北部的阿尔德比勒灵庙。20 世纪 30 年代，伊朗王室将阿尔德比勒灵庙所藏的比较完整的瓷器移到德黑兰考古博物馆。这里所说的这批瓷器就是阿拔斯大帝捐献给神庙的其中一部分。

① 三上次男 . 陶瓷之路：东西文明接触点的探索 [M]. 胡德芬，译 . 天津：天津人民出版社，1983：166.

② 熊寥 . 中国陶瓷与中国文化 [M]. 杭州：浙江美术学院出版社，1990：431.

③ 朱杰勤 . 中国和伊朗关系史稿 [M]. 乌鲁木齐：新疆人民出版社，1988：79.

④ 三上次男 . 陶瓷之路：东西文明接触点的探索 [M]. 胡德芬，译 . 天津：天津人民出版社，1983：170.

⑤ 朱培初 . 明清陶瓷和世界文化的交流 [M]. 北京：轻工业出版社，1984：132.

图7.32　正德款青花梵文烛台　明　故宫博物院藏

图7.33　正德款青花阿拉伯文折沿盘　明　故宫博物院藏

　　萨菲王朝之后，阿夫沙尔王朝（1736—1796）、赞德王朝（1750—1794）和凯伽王朝（1794—1924）三个王朝生产的波斯青花比前期青花的质量和产量都要高，但从整体上来说，在艺术风格上并无太大的变化。部分青花装饰倾向于欧洲油画式的图案和画风。

　　当然，文明的交流是相互的，中国瓷器的装饰纹样上也会有伊朗的纹饰。例如，明正德年间的官窑瓷器中有"回回花"装饰（图 7.32、图 7.33）。"回回花"装饰，指花叶装饰由阿拉伯纹共同构成。

　　从上述描述可知，16 世纪之后，伊朗才开始生产与中国青花瓷相类似的瓷器。17 世纪的波斯青花，胎质仍然较为粗糙，但由于高性价比，欧洲商人用低于中国青花瓷的价格将其运送到欧洲进行销售。在康熙、嘉庆时期，伊朗已经可以生产尺寸较大的青花瓷盘。18 世纪，伊朗模仿生产中国的釉里红，获得成功。[①]17 世纪 60—70 年代，当时的一名商人在伊朗专门进行陶瓷贸易，在参观了克尔曼、设拉子等地的陶瓷工厂后，认为"这些陶瓷器的制作方法，

---

① 朱培初. 明清陶瓷和世界文化的交流 [M]. 北京：轻工业出版社，1984：133.

和中国瓷器完全相同"①。

三上次男曾说："波斯……通过连结东西两个世界的陆路与海路……自东西南北各方所传来的文化，更成为了肥沃此地文化的材料，由此而产生出丰富的波斯文化。"② 英国史学大家汤因比（Arnold Joseph Toynbee）曾说："各个文明并不是孤立存在的，他们恰恰是相互接触的，文明的相互接触包括同时代文明在空间中的接触和不同时代的文明在时间中的接触。"③ 中国瓷器文化与波斯文化的交流，体现了东西方文化的交流和碰撞，可以视为世界人类文化交流的缩影。

---

① 朱培初. 明清陶瓷和世界文化的交流 [M]. 北京：轻工业出版社，1984：133.

② 三上次男. 陶瓷路 [M]. 宋念慈，译. 台北：艺术家出版社，1980：89.

③ 陶继波，张小雄. 汤因比《历史研究》史观与其史学理论的思考 [J]. 内蒙古师范大学学报（哲学社会科学版），2023（5）：102−108.

第八章

越窑青瓷在非洲的传播与影响

　　中国和非洲相距甚远，但往来很早。根据文字记载和考古资料，中非人民在 2000 多年前的汉朝就已经有了来往。[①] 汉武帝时期，张骞出使西域，开通了丝绸之路，大量的中国货物通过这条路远销到埃及、地中海沿岸以及欧洲的一些地区。[②] 到了唐朝，中国与非洲的文化交流、贸易往来进一步扩大。唐代的《经行记》《酉阳杂俎》等记录了非洲的一些国家，说明中国与非洲的交往逐渐频繁。在唐代的文献中，还记载了非洲的大食国（埃及）、秋萨罗国、摩邻国、老勃萨、拨拔力国、孝亿国、仍建国、悉怛国、怛干国、勿斯离国、甘棠国等。到了宋代，中非往来日趋密切。宋代的《续博物志》《清波别志》《岭外代答》《诸蕃志》《事林广记》等是中非交往的重要证明。史料中记载的弼琶啰国（拨拔力国）、中理国、层拔国、昆仑层期国、大食国、木兰皮国、勿斯里国（埃及）、遏根陀国等均在非洲地界。从实物来说，瓷器便是交往中最重要的物证之一。在非洲的古代遗址中，出土了大量的来自中国的陶瓷，涉及唐、五代、宋、元、明、清各时期的中国瓷器。越窑青瓷是早期瓷器的重要代表，本章主要讲述越窑青瓷在非洲的发现及影响力。

一、史籍中的中非交往

　　古代，非洲尼罗河流域和亚洲黄河流域最先兴起了文明古国。前 6—前 4 世纪，波斯帝国兴起。波斯帝国位于两大文明中心的中东地区，是两大文明中

---

① 夏鼐. 作为古代中非交通关系证据的瓷器 [J]. 文物，1963（1）：17–19.

② 陈公元. 古代非洲与中国的友好交往 [M]. 北京：商务印书馆，1985：1.

心的桥梁。《史记·大宛列传》说大夏（今阿富汗北部）"颇与中国同业，而兵弱，贵汉财物"。这个时期，中国丝绸已经可以通过大夏到达埃及。112年，已有埃及的魔术杂技艺人来到西安。这是中非文化交流的最早记录。梳理中国古代史料中关于非洲一些国家的记载，以及中非人民交往的文字记录，可知中华瓷器文化已经逐渐传播到非洲，并影响了非洲的经济、文化发展以及非洲人民的生活习惯等。

（一）唐代

唐时，中国史书上关于非洲的记载已经逐渐增多。唐代杜环是第一个有记录的到达非洲的中国人，其所著《经行记》就记载了关于西业非洲的游历内容。杜环为杜佑之族子，随镇西节度使高仙芝西征。怛逻斯之役，为大食人所擒。天宝十载（751），至四海。宝应元年（762），因贾商船舶，自广州而回。回来之后根据自己的经历写下《经行记》。可惜此书遗失已久，在杜佑《通典》《魏略·西戎传》中采用甚多。贾耽的《海内华夷图》已经记录了广州经波斯湾到非洲的航程。[①]《酉阳杂俎》是唐代段成式创作的笔记小说集，成书时间大约在唐宣宗大中八年（854）。该作品有前卷20卷，续集10卷。

1. 大食国

张星烺在《中西交通史料汇编》中这样写道："惟中国人所得知者，似皆闻自大食人，而非亲见者也。中国书最早记之者，为杜环《经行记》。"[②]《经行记》中提到了非洲的摩邻国。

唐与大食有较多的接触与交往。唐高宗永徽二年（651），大食派使者前往唐朝访问，这拉开了官方正式交往的序幕。根据《册府元龟》《资治通鉴》等史料记载，永徽二年到贞元十四年（798），大食官方派遣使者达30多次。民间交往同样频繁，唐肃宗上元元年（760），在扬州的大食人、波斯人有几千人。[③]这种频繁的交往，促进了唐与非洲的文化交流。唐代称倭马亚王朝哈里发（660—750）为白衣大食，称阿拔斯王朝哈里发（750—1258）为黑衣

① 陈公元. 从贾耽的"通海夷道"看唐代中非关系 [J]. 西亚非洲, 1983（3）: 46-52.

② 张星烺. 中西交通史料汇编（第2册）[M]. 北京: 中华书局, 1977: 8.

③ 陈公元. 古代非洲与中国的友好交往 [M]. 北京: 商务印书馆, 1985: 9.

大食。①

《酉阳杂俎》记载："大食国马解人语。"② 这是一种文学性的描述，形容阿拉伯地区（大食国）的马能够听懂人说的话。这种描述可能源于对阿拉伯文化的想象和传说。在古代，阿拉伯帝国（大食国）与中原王朝有着密切的交往，这种交往体现在各个方面，文化交流也是其中重要的一方面。

《酉阳杂俎》又记载："大食勿斯离国，石榴重五六斤。"③ 大食是唐代对阿拉伯帝国的专称，唐人借用了当时波斯人对阿拉伯人的称谓。大食即现在的阿拉伯半岛，是世界上最大的半岛。关于唐朝与大食之间的贸易，无论是文献记载还是考古出土实物，均可证明唐朝输往大食的大宗商品主要是瓷器、丝绸等工艺品，一些经济作物，例如杏、桃、姜、肉桂、茶等也被引入大食。而唐朝从大食引入的物产只有玻璃器、香料。

2. 秋萨罗国

秋萨罗，为西班牙古国名，Castilla 之译音。《明史·佛郎机传》写作"干丝腊"④。秋萨罗国是古波斯湾沿岸港口，为古罗马之一部，在今伊拉克巴士拉之西。

3. 摩邻国

摩邻，Maghrib el Aksa 的首字母译音，全称麻格力伯爱尔阿克萨，又简称麻格力伯，宋代称为木兰皮，在今天的摩洛哥。阿拉伯人征服摩洛哥之后，用新名称称之。后来，欧洲人讹作摩洛哥。赵汝适的《诸蕃志》中有木兰皮的记载，为 Maghrib 的翻译音；古代罗马人称之为毛莱塘尼亚，英文名称Mauretania。⑤

杜佑《通典》"大秦"条记载：摩邻国在秋萨罗国西南，"渡大碛，行二千里至其国。其人黑，其俗犷。少米麦，无草木，马食干鱼，人餐鹘莽。鹘莽，

---

① 沈福伟. 丝绸之路中国与非洲文化交流研究 [M]. 乌鲁木齐：新疆人民出版社, 2010: 123.
② 段成式. 酉阳杂俎 [M]. 杜聪, 校点. 济南：齐鲁书社, 2007: 112.
③ 段成式. 酉阳杂俎 [M]. 杜聪, 校点. 济南：齐鲁书社, 2007: 215.
④ 张星烺. 中西交通史料汇编（第 1 册）[M]. 北京：中华书局, 1977: 111.
⑤ 张星烺. 中西交通史料汇编（第 1 册）[M]. 北京：中华书局, 1977: 111

208 / 中国越窑青瓷艺术海外传播交流路径与影响力研究

即波斯枣也。瘴疬特其"①。

《新唐书》关于"拂菻"的记载中提到了"摩邻":"自拂菻西南度大碛二千里,有国曰磨邻,曰老勃萨。其人黑而性悍,地瘴疬,无草木五谷。饲马以槁鱼。自食鹘莽。鹘莽,波斯枣也。"②这一段《新唐书》的记载,取材于《经行记》。

4. 老勃萨

老勃萨,当下有几种说法,认为是利撒、红海西岸的苗司霍尔姆司、伊拉克的巴士拉、阿克苏姆、脱勒姆森等。张星烺认为,老勃萨是指摩洛哥以东地区,即脱勒姆森(Tlemssen),这是一个北非的国家。"磨邻与老勃萨并列,皆在拂菻西南,可知两地必相邻。"③老勃萨应该在巴勒斯坦的西南方向,这与《经行记》的记载是一致的。许永璋认为老勃萨在今阿尔及利亚西部的特莱姆森(脱勒姆森)。④

《新唐书》记载:"自拂菻西南度大碛二千里,有国曰磨邻,曰老勃萨。"⑤摩邻与老勃萨皆在拂菻西南。"拂菻国在苫国西,隔山数千里,亦曰大秦。"⑥拂菻为拜占庭帝国,应该是在东罗马帝国及西亚地中海沿岸诸地。⑦

5. 拨拔力国

拨拔力国,在今索马里的柏培拉。段成式的《酉阳杂俎》对此国有相关记载:"拨拔力国,在西南海中。不食五谷,食肉而已。……无衣服,唯腰下用羊皮掩之。……大食频讨袭之。"⑧

《新唐书》卷二二一下《西域传》记载:"大食西南属海,海中有拨拔力种,无所附属。不生五谷,食肉,刺牛血和乳饮之。"⑨

---

① 王颋. 摩邻:中国中世纪关于西非洲的记载 [J]. 中国史研究, 2001(1):154-162.

② 中华书局编辑部. 二十四史(简体字本)[M]. 北京:中华书局, 2000:4749.

③ 张星烺. 中西交通史料汇编(第2册)[M]. 北京:中华书局, 1977:10.

④ 许永璋. 老勃萨国考辨 [J]. 文史哲, 1992(2):31-35.

⑤ 中华书局编辑部. 二十四史(简体字本)[M]. 北京:中华书局, 2000:4749.

⑥ 张星烺. 中西交通史料汇编(第1册)[M]. 北京:中华书局, 1977:110.

⑦ 张绪山. "拂菻"名称语源研究述评 [J]. 历史研究, 2009(5):143-151.

⑧ 段成式. 酉阳杂俎 [M]. 杜聪, 校点. 济南:齐鲁书社, 2007:31-32.

⑨ 中华书局编辑部. 二十四史(简体字本)[M]. 北京:中华书局, 2000:4749.

张星烺在《中西交通史料汇编》中写道："拨拔力，科斯麻士书称为巴巴利（Barbary），即在今索马利之地。"[1] 学者一般认为此即索马里北部亚丁湾的港口城市柏培拉[2]，张星烺认为这可与宋代《诸蕃志》所记"弼琶罗"相印证。冯承钧在《诸蕃志校注》中也有此注释：弼琶啰国在今非洲Somali，中国古籍翻译的名称为"拨拔力"。[3]

6. 孝亿国

《酉阳杂俎》卷四《境异》记载："孝亿国界，周三千余里，在平川中，以木为栅，周十余里……气候常暖，冬不凋落。……有祆祠三百余所，马步甲兵一万。不尚商贩，自称孝亿人。"[4]

大部分学者认为孝亿国指的是埃及南部[5]，这基本上以张星烺的观点为依据。张星烺认为，孝亿国位于埃及南部一个叫作Siut的地方。Siut，为埃及南部之古名，孝亿是中文译名。[6]

7. 仍建国

《酉阳杂俎》卷四《境异》记载："仍建国，无井及河涧，所有种植，待雨而生。以紫矿泥地，承雨水用之。穿井即若海水，又咸。土俗，潮落之后，平地为池，取鱼以作食。"[7]

大部分学者认为，仍建国为非洲北部突尼斯海边之古城。[8] 张星烺在《中西交通史料汇编》中认为，仍建似即Utica之译音，为非洲北部突尼斯（Tunisa）海边之古城。[9]

---

① 张星烺.中西交通史料汇编（第2册）[M].北京：中华书局，1977：10.

② 张星烺.中西交通史料汇编（第2册）[M].北京：中华书局，1977：25.

③ 冯承钧.诸蕃志校注[M].北京：文物出版社，2022：83.

④ 段成式.酉阳杂俎[M].杜聪，校点.济南：齐鲁书社，2007：31.

⑤ 许永璋.我国古籍中关于非洲的记载[J].世界历史，1980（6）：53-61.

⑥ 张星烺.中西交通史料汇编（第2册）[M].北京：中华书局，1977：11

⑦ 段成式.酉阳杂俎[M].杜聪，校点.济南：齐鲁书社，2007：31.

⑧ 许永璋.我国古籍中关于非洲的记载[J].世界历史，1980（6）：53-61.

⑨ 张星烺.中西交通史料汇编（第2册）[M].北京：中华书局，1977：12.

也有专家认为"仍建"是"僧祇""僧耆"这些唐代常用名词的异译。[1] 仍建大致在加拉纳河以北，肯尼亚滨海区干旱草原附近，是南迁后班图人的居住地区。[2]

8. 悉怛国、怛干国

悉怛国为苏丹，怛干国为撒哈拉沙漠中达开尔沙岛。[3]

《酉阳杂俎》卷十六《毛篇》中有对两国的记载："悉怛国、怛干国出好马。"[4]

张星烺在《中西交通史料汇编》中认为，悉怛国读音与 Sudan 接近；怛干国，"似即撒哈拉沙漠中之 Dakhel Oasis（达开尔）沙岛也"[5]。

9. 勿斯离国

勿斯离，有作勿斯里、麻霞勿、密昔儿、米昔儿、密思儿、迷思耳、麦西国、蜜徐篱等的。张星烺在《中西交通史料汇编》中认为，勿斯离的读音来自阿拉伯人的 Misr，《圣经》中写作 Mizraim。[6]

《酉阳杂俎》记载："大食勿斯离国，石榴重五六斤。"[7] "勿斯离国"说的就是埃及[8]地域，这与南宋赵汝适《诸蕃志》的"勿斯离国"是可以对应的。《诸蕃志》记载："勿斯离国，属白达国节制……"冯承钧注云："勿斯离，本书大食条作蜜徐篱，皆为 Misr 之同名异译……"[9]

在唐人眼中，石榴来自大食和勿斯离国（埃及），并且这些产地的石榴大而饱满；从汉代引入的石榴，到了唐朝种植已经很普遍了。书中记录此事，主要说明该国种植的石榴特别大。此时唐朝与勿斯离国应该有较多的交往。

① 沈福伟. 中国与非洲：3000 年交往史 [M]. 太原：山西教育出版社，2021：174.

② 沈福伟. 中国与非洲：中非关系二千年 [M]. 北京：中华书局，1990：235.

③ 许永璋. 我国古籍中关于非洲的记载 [J]. 世界历史，1980（6）：53-61.

④ 段成式. 酉阳杂俎 [M]. 杜聪，校点. 济南：齐鲁书社，2007：112.

⑤ 张星烺. 中西交通史料汇编（第 2 册）[M]. 北京：中华书局，1977：12.

⑥ 张星烺. 中西交通史料汇编（第 2 册）[M]. 北京：中华书局，1977：12-13.

⑦ 段成式. 酉阳杂俎 [M]. 杜聪，校点. 济南：齐鲁书社，2007：215.

⑧ 张星烺. 中西交通史料汇编（第 2 册）[M]. 北京：中华书局，1977：12-23.

⑨ 冯承钧. 诸蕃志校注 [M]. 北京：文物出版社，2022：95-96.

10. 甘棠国

甘棠国，南海古国名，又作甘堂、骨堂等。甘棠与大唐交往频繁，唐代的史籍中有不少甘棠使者来唐朝贡的记录。

《册府元龟》记载：贞观十年（636）十二月，"疏勒、朱俱波、甘棠，并遣使来朝"。[①]《新唐书》记述：贞观二年（628）九月，"甘棠使者入朝，国居海南"。[②]《新唐书》还记录了贞观十三年（639）甘棠的使者和疏勒、朱俱波的使节同时抵达长安。"贞观九年，遣使者献名马。又四年，与朱俱波、甘棠贡方物。"[③]太宗谓群臣曰："……朕提三尺剑定四海，远夷率服，不减二君者。"[④]《新唐书》又记："甘棠，在海南，昆仑人也。"[⑤]甘棠是昆仑民族所建国家，代表了南方极远的地方。[⑥]

张星烺认为甘棠必为非洲东海岸之国。《唐会要》卷九十九记载："甘棠在大海之南，昆仑人也。贞观十年，与朱俱波国朝贡同日至。"[⑦]《资治通鉴》卷一百九十四对此也有记载："甘棠在大海南。"胡三省注云："甘棠在西海之南，昆仑人也。二者皆在西域。"这揭示了甘棠位于非洲东海岸。[⑧]

11. 桑给巴尔

宋代《诸蕃志》《岭外代答》中记录的"昆仑层期国"为《旧唐书》《新唐书》所记载的桑给巴尔。许永璋在《我国古籍中关于非洲的记载》[⑨]中认为，僧祇（桑给巴尔人）已经来到了当时的都城长安，这说明唐代与东非沿海各国已经有了一定的来往。僧祇不仅指代南海土著种族，也可能是对非洲东海岸黑种人的通称。

僧祇，是马来群岛和唐人对非洲黑人的称呼。从出土的"昆仑奴"黑人俑

① 王钦若, 等. 册府元龟 [M]. 南京: 凤凰出版社, 2006: 11229.
② 中华书局编辑部. 二十四史（简体字本）[M]. 北京: 中华书局, 2000: 4776.
③ 中华书局编辑部. 二十四史（简体字本）[M]. 北京: 中华书局, 2000: 4730.
④ 中华书局编辑部. 二十四史（简体字本）[M]. 北京: 中华书局, 2000: 4730.
⑤ 中华书局编辑部. 二十四史（简体字本）[M]. 北京: 中华书局, 2000: 4731.
⑥ 沈福伟. 中国与非洲: 中非关系二千年 [M]. 北京: 中华书局, 1990: 221.
⑦ 张星烺. 中西交通史料汇编（第 2 册）[M]. 北京: 中华书局, 1977: 13.
⑧ 张星烺. 中西交通史料汇编（第 2 册）[M]. 北京: 中华书局, 1977: 14.
⑨ 许永璋. 我国古籍中关于非洲的记载 [J]. 世界历史, 1980（6）: 53-61.

可以看到来自非洲的可能性。^①

美国学者谢弗在《唐代的外来文明》一书中说，非洲黑奴是阿拉伯国家掠夺贩卖得到的，然后这些黑奴作为"贡人"或奴隶流入了唐朝，凡是非洲黑人均可以称为"僧祇人"。其中一部分来自北非，成为僧祇奴。"在马来群岛，相当普遍地将非洲黑人称作 Zangi"，唐人称之为"僧祇""僧耆"，是指最古代和最广义的"Zanzibal（桑给巴尔）的土著人"。这里所指的区域非常广泛，是"指东非的广大地区"，这个"东非地区则是乘着东北季风从波斯湾出发的船只可以到达的自然终点"。^②

《新唐书》《册府元龟》均提到了朝贡中的"僧耆""僧祇"。《新唐书》"诃陵"条记载："诃陵，亦曰社婆，曰阇婆，在南海中。……元和八年，献僧祇奴四、五色鹦鹉、频伽鸟等。"^③诃陵国，爪哇人的国家。《册府元龟》"朝贡第四"条记载：开元十二年（724）十二月，"尸利佛誓国王遣使俱摩罗献侏儒二人，价耆女一人，杂乐人一部，及五色鹦鹉"。^④"价耆"为"僧耆"，这里应该是抄误。

12. 三兰国

贾耽的《皇华四达记》"广州通海夷道"中提到三兰国。虽然贾耽并未到过非洲，但是描述非常准确，应该是中国的商人或者航海家远航到了东非海岸一带。

陈公元认为，三兰国是今天的红海南岸索马里的泽拉港。^⑤泽拉是拨拔力国的都城，是当时东西交往、海上贸易的重要港口之一。张星烺认为，三兰国"必在更南东非洲沿岸"^⑥。许永璋认为，三兰国指的是大食以西，古代东非沿岸被称为桑给巴尔的地方，在今天的坦桑尼亚。^⑦无论是何种更精确的答案，在三兰国在非洲是无疑的。

① 宋伟光. 对陶俑中胡人族属的追问 [J]. 美术观察, 2016（9）: 115-117.

② 谢弗. 唐代的外来文明 [M]. 吴玉贵, 译. 北京: 中国社会科学出版社, 1995: 103.

③ 中华书局编辑部. 二十四史（简体字本）[M]. 北京: 中华书局, 2000: 4779.

④ 王钦若, 等. 册府元龟 [M]. 南京: 凤凰出版社, 2006: 11239.

⑤ 陈公元. 古代非洲与中国的友好交往 [M]. 北京: 商务印书馆, 1985: 8.

⑥ 张星烺. 中西交通史料汇编（第2册）[M]. 北京: 中华书局, 1977: 159.

⑦ 许永璋. 我国古籍中关于非洲的记载 [J]. 世界历史, 1980（6）: 53-61.

（二）宋代

宋代，中非交往领域扩展，交往程度加深。中非双方的直接交往和官方外交活动增加。宋代史料中提到的非洲国家更多，介绍更详细。

1. 弼琶啰国（拨拨力国）

南宋赵汝适《诸蕃志》上卷中有关于"弼琶啰国"的记载："弼琶啰国，有四州，余皆村落。"[①]冯承钧认为，弼琶啰国为唐代段成式《酉阳杂俎》中写的"拨拨力国"。今天的地址位于非洲索马里北部业丁湾南岸柏培拉附近。

2. 中理国

中理国，在今非洲索马里。根据中理国的"Migiartinia"的翻译，应为今亚丁湾索马里角米朱蒂尼亚[②]，当时应该包括其东北海面的索科特拉岛（今属也门民主人民共和国）在内，同弼琶罗国（今柏培拉附近）接界。古代东西方船舶航海经此。

南宋赵汝适《诸蕃志》上卷中有关于"中理国"的记载："国有山与弼琶啰国隔界，周围四千里，大半无人烟。"[③]《马哥孛罗游记》第3册记载，中理即索马里海滨也。[④]张星烺认为原来的字应为"申理"，抄写时将"申"抄成了"中"。[⑤]"申理"的读音与"索马里"（Somalia）接近。

3. 层拔国

层拔国为古国名，故地在今非洲东部索马里以南一带。古代为大食属国。《诸蕃志》中记为"层拔"，《文献通考》卷三百三十二"四裔考"、《宋史》卷四百九十作"层檀"，《岛夷志略》作"层摇罗"，均是 Zanzilar 的翻译音。层拔国是桑给巴尔地区的国家，实指今坦桑尼亚一带的东非海岸。[⑥]

《诸蕃志》上卷中有关于"层拔国"的记载："层拔国在胡茶辣国南海岛中，西接大山，其人民皆大食种落，遵大食教度。……每岁胡茶辣国及大食边海等

---

① 冯承钧. 诸蕃志校注 [M]. 北京: 文物出版社, 2022: 83.
② 赵汝适. 诸蕃志校释 [M]. 张博文, 校释. 北京: 中华书局: 1996: 106.
③ 冯承钧. 诸蕃志校注 [M]. 北京: 文物出版社, 2022: 86.
④ 张星烺. 中西交通史料汇编（第2册）[M]. 北京: 中华书局, 1977: 27.
⑤ 张星烺. 中西交通史料汇编（第2册）[M]. 北京: 中华书局, 1977: 27.
⑥ 赵汝适. 诸蕃志校释 [M]. 张博文, 校释. 北京: 中华书局, 1996: 100.

处发船贩易，以白布、瓷器、赤铜、红吉贝为货。"①

《马哥孛罗游记》第三册记载层拔国即桑西巴。1988 年，英国人在桑西巴岛发掘得到宋代铜钱。②

宋代周辉的《清波别志》提到层檀国，就是桑给巴尔。该书记载："层檀南海旁国也，国城距海二千里……经勿巡、古林、三佛齐国乃至广州。……人之语音如大食国云。"③

《宋史》中记录的层檀国与上述内容相近，区别在于《清波别志》记"国城距海二千里"，《宋史》记为"距海二十里"。《宋史》"层檀国"条记载："层檀国在南海傍，城距海二十里。熙宁四年始入贡。海道便风行百六十日，经勿巡、古林、三佛齐国乃至广州。……元丰六年，使保顺郎将层伽尼再至，神宗念其绝远，诏颁赏如故事，仍加赐白金二千两。"④《宋史》卷四百九十记载，熙宁四年（1071）层檀国开始入贡，元丰六年（1083），层檀国再派使者访问宋朝。⑤

元代，汪大渊两次"附舶浮于海"，周游百余个国家（地区），曾经到达过东非的层摇罗国。汪大渊在《岛夷志略》中记载了非洲东海岸情形："层摇罗，国居大食之西南。……有酋长，地产红檀、紫蔗、象齿、龙涎、生金、鸭嘴胆矾。"⑥

4. 昆仑层期国

关于昆仑层期国的地理位置，有两种说法。一种说法认为故地在今马达加斯加及其附近的非洲沿岸。⑦此处的"昆仑"并非中国的昆仑山，而是对马达加斯加原名"Komr"或"Qomr"的音译。另一种说法是在桑给巴尔⑧，位于东非大陆，具体是指索马里以南到莫桑比克的东非海岸及沿岸岛屿。这个范围

① 冯承钧 . 诸蕃志校注 [M]. 北京 : 文物出版社，2022 : 81.

② 张星烺 . 中西交通史料汇编（第 2 册）[M]. 北京 : 中华书局，1977 : 29.

③ 许永璋 . 层檀国试探 [J]. 世界历史，1993（5）: 47-54.

④ 中华书局编辑部 . 二十四史（简体字本）[M]. 北京 : 中华书局，2000 : 10896.

⑤ 许永璋 . 我国古籍中关于非洲的记载 [J]. 世界历史，1980（6）: 53-61.

⑥ 汪大渊 . 岛夷志略校释 [M]. 苏继廎，校释 . 北京 : 中华书局，1981 : 558.

⑦ 费琅 . 昆仑及南海古代航行考 [M]. 冯承钧，译 . 北京 : 中华书局，1957 : 32.

⑧ 张星烺 . 中西交通史料汇编（第 2 册）[M]. 北京 : 中华书局，1977 : 30.

并不是指今天的桑给巴尔岛。

南宋赵汝适的《诸蕃志》上卷记载有"海上杂国"，提到"昆仑层期国"在"西南海上，连接大海岛。……转卖与大食国为奴，获价甚厚"[①]。南宋周去非的《岭外代答》第三卷"昆仑层期国"条记载："西南海上有昆仑层期国，连接大海岛。……又海岛多野人，身如黑漆，拳发。诱以食而擒之，动以千万，卖为蕃奴。"[②]这段话与《诸蕃志》的记录大致相同。

杨慎《滇国记》记载："波斯、昆仑诸国来贡大理者，皆先谒相国焉。"[③]这是非洲的昆仑层期国进贡云南大理国的记载。

5.大食国（埃及）

中国古籍中关于大食的记载非常丰富。

《诸蕃志》记录了许多与大食相关的国家，有些是大食的属国，有些与其有密切的关系。

《岭外代答》卷二"海外诸蕃国"条讲到了"大食诸国"。"海外诸蕃国大抵海为界，各为方隅而立国。正南诸国，三佛齐，其都会也。……又其远则麻离拔国，为大食诸国之都会。又其外则木兰皮国为极西诸国之都会。……又其西有海曰东大食海。渡之而西，则大食诸国也。大食之地甚广，其国甚多，不可悉载。又其西有海名西大食海。渡之而西，则木兰皮诸国，凡丁余。更西，则日之所入，不得而闻也。"[④]

6.木兰皮国

木兰皮国，在今非洲西北部和欧洲西班牙南部地区。木兰皮国说的是阿尔摩拉维德王朝（Almoravide），这是 11 世纪由来自撒哈拉的柏柏尔人在西非（今摩洛哥地区）建立的王朝。张星烺在《中西交通史料汇编》中写道："此方言木兰皮诸国凡千余，是木兰皮者，非洲北部诸国之总名也，不仅指摩洛哥而言。"[⑤]这里的木兰皮也应该有诸多的属国。

①　冯承钧.诸蕃志校注[M].北京：文物出版社，2007：101.

②　周去非.岭外代答[M].屠友祥，校注.上海：上海远东出版社，1996：63.

③　张星烺.中西交通史料汇编（第2册）[M].北京：中华书局，1977：29.

④　周去非.岭外代答[M].屠友祥，校注.上海：上海远东出版社，1996：37.

⑤　张星烺.中西交通史料汇编（第2册）[M].北京：中华书局，1977：31.

周去非在《岭外代答》卷三中记载："大食国西有巨海，海之西，有国不可胜计。大食巨舰所可至者，木兰皮国尔。盖自大食之陀盘地国发舟，正西涉海一百日而至之。"[1]

元代白珽《湛渊静语》卷二记载："舟之最大者，莫若木兰皮国。其舟内有市井买卖，机坊酒肆之类。"[2]

这些记载与几乎与《诸蕃志》相同。《诸蕃志》上卷记载："木兰皮国，大食国西有巨海。海之西，有国不可胜数。大食巨舰所可至者，木兰皮国尔。"[3]

7. 遏根陀国

《诸蕃志》上卷记载："遏根陀国，勿斯里之属也。"[4] 遏根陀国，应该是今天的亚历山大港，古时候为地中海东南岸主要港口。[5] 清代周世棠、孙海环的《二十世纪中外大地图》上标注有遏根陀城，在其他地图上，这一地区为亚历山大港。[6]

关于遏根陀国的记载，最早来源于魏国鱼豢的《魏略·西戎传》，名曰"乌迟散"[7]。前 332 年，亚历山大征服埃及后，命名为亚历山大城。德国有学者认为《魏略》中提及的"乌迟散"应是"乌迪散"（Odisan），是亚历山大的别称。[8]

8. 默伽猎国

《诸蕃志》中记录的"海上杂国"之默伽猎国，也写作默伽腊国。默伽猎，阿拉伯语 Mogerb-cl-aksa 之音，此言西域，摩洛哥（Morocco）之原名。

《诸蕃志》记载："默伽猎国……教度与大食国一同……管下五百余州，各有城市。有兵百万，出入皆乘马。……海水深二十丈，产珊瑚树。"[9]

---

① 周去非. 岭外代答 [M]. 屠友祥, 校注. 上海: 上海远东出版社, 1996: 59.
② 许永璋. 我国古籍中关于非洲的记载 [J]. 世界历史, 1980（6）: 53-61.
③ 冯承钧. 诸蕃志校注 [M]. 北京: 文物出版社, 2007: 94.
④ 冯承钧. 诸蕃志校注 [M]. 北京: 文物出版社, 2007: 97.
⑤ 张星烺. 中西交通史料汇编（第 2 册）[M]. 北京: 中华书局, 1977: 36.
⑥ 张星烺. 中西交通史料汇编（第 2 册）[M]. 北京: 中华书局, 1977: 37.
⑦ 赵汝适. 诸蕃志校释 [M]. 张博文, 校释. 北京: 中华书局: 1996: 123.
⑧ 戴闻达. 中国人对非洲的发现 [M]. 胡国强, 覃锦显, 译. 北京: 商务印书馆, 1983: 6.
⑨ 赵汝适. 诸蕃志校释 [M]. 张博文, 校释. 北京: 中华书局: 1996: 134.

陈元靓《事林广记》记载：“默伽腊国，有国王。海出珊瑚树。”许永璋认为这里所说的默伽腊国就是《诸蕃志》中的默伽猎国。[1]

9. 陁盘地国

陁盘地国，今日之埃及杜姆亚特港。12 世纪，杜姆亚特港为法提玛王朝对外贸易的主要港口之一。

《岭外代答》卷三记载的“木兰皮国”中提及“陀盘地”：“盖自大食之国发舟，正西涉海一百日而至之。”[2]

《诸蕃志》记载：“自大食之陁盘地国发舟，正西涉海百余日方至其国。”[3]

二、非洲各地发现的中国陶瓷

早在 6—7 世纪，中国的陶瓷器就来到了非洲，之后，随着两地海运的发展，中国陶瓷器陆续进入非洲。9—10 世纪，中国陶瓷器批量运往非洲。[4]非洲是一座中国古瓷的巨大宝库，在埃及、埃塞俄比亚、索马里、坦桑尼亚、津巴布韦、赞比亚、刚果等地均发现了中国瓷器或瓷片。[5]曼布鲁伊遗址和马林迪[6]老城遗址，位于肯尼亚马林迪区域，这里考古发掘了大量的中国瓷片以及伊斯兰釉陶。在埃及开罗福斯塔特遗址中出土了大量的不同阶段、不同时期、不同品种的中国陶瓷器，几乎涵盖中国唐代至清代各个时代的陶瓷，这为当下的中非古代陶瓷文化交流史研究提供了翔实的证据。下文参考三上次男、马文宽、张星烺等诸多学者的研究，介绍非洲各地发现的越窑青瓷。

（一）北非

北非，一般是指今苏丹、埃及、利比亚、突尼斯、阿尔及利亚、摩洛哥、

① 许永璋. 我国古籍中关于非洲的记载 [J]. 世界历史，1980（6）：53–61.

② 周去非. 岭外代答 [M]. 屠友祥，校注. 上海：上海远东出版社，1996：59.

③ 赵汝适. 诸蕃志校释 [M]. 张博文，校释. 北京：中华书局：1996：118.

④ 秦大树. 中国古代陶瓷外销的第一个高峰：9—10 世纪陶瓷外销的规模和特点 [J]. 故宫博物院院刊，2013（5）：32–49.

⑤ 朱凡. 中国文物在非洲的发现 [J]. 西亚非洲，1986（4）：55–61.

⑥ 丁雨. 肯尼亚滨海省马林迪老城遗址的初步研究 [J]. 南方文物，2014（4）：130–138.

亚速尔群岛和马德拉群岛等。在古代，北非一带文化高度发达。古代北非地区，各种文明汇聚，北非文化在与古埃及文明、古波斯文明、古希腊文明、迦太基文明以及后来的伊斯兰文明等的交融中不断发展。

1. 埃及

古埃及是举世皆知的四大文明古国之一，其创造的璀璨光辉的文明至今仍熠熠生辉。古埃及位于非洲东北部尼罗河中下游地区，北靠地中海，东濒红海，南边是努比亚（今尼罗河第一瀑布迤南至苏丹喀土穆一带），是亚、非、欧三洲交通要塞。中国与埃及的往来很早就开始了。早在前11世纪，处于西周时期的中国商人就将丝绸运往中亚、西亚，最后到达埃及。在中国的战国时期，埃及处于希腊化时代，亚历山大城的名声已经传到了中国。在中国史书中，已经出现了"黎轩""黎鞬""乌迟散""阿荔散"等记载。[①] 埃及古文献中也有关于中国的记载。古埃及的天文学家、地理学家托勒密（Claudius Ptolemaeus）在《地理志》中就称中国为"秦尼国""赛里斯国"。[②] 该书写于150年前后。6世纪，亚历山大城的科斯马斯（Cusmas Indicopleustes）在《基督教世界风土记》中，称中国为"秦尼策国""秦尼斯塔国"。这些史料均是对中国与非洲交往的真实记录。埃及人称中国瓷器为"西尼"，意思是"中国的"。[③]

（1）福斯塔特

根据考古发掘，在埃及出土的中国古陶瓷数量居非洲首位，其中福斯塔特是重要的陶瓷器出土遗址。福斯塔特遗址位于开罗南郊，这在当时是连接东西贸易的节点，也是东西方文化碰撞的地方。福斯塔特古城兴盛始于法蒂玛王朝，终止于马木鲁克王朝。9—14世纪，福斯塔特是埃及的政治、商业和制陶业中心，也是重要的工商业贸易城市，这是伊斯兰政权在埃及的重要据点，在伊斯兰世界具有重要的影响力。

从20世纪初开始，不同国家的不同研究机构对福斯塔特遗址进行了调查和发掘。例如，埃及文物局、开罗美国研究中心、瑞典远东古物博物馆、日本

---

① 雷钰, 苏瑞林. 中东国家通史（埃及卷）[M]. 北京: 商务印书馆, 2003: 389.

② 雷钰, 苏瑞林. 中东国家通史（埃及卷）[M]. 北京: 商务印书馆, 2003: 390.

③ 雷钰, 苏瑞林. 中东国家通史（埃及卷）[M]. 北京: 商务印书馆, 2003: 394.

早稻田大学、日本中近东文化中心、开罗法国考古研究所、出光美术馆团队等均主持或参与了在福斯塔特遗址的考古。在如此巨大面积的废墟中，出土了各种建筑遗迹和大量文物，其中，中国古瓷占据了很大的比例。福斯塔特遗址出土的中国古瓷数量多、质量精、窑口多。

1964—1965年，日本小山富夫士对福斯塔特库藏的中国古瓷进行分类统计，有10106片之多；1964—1972年，美国埃及考古研究中心的专家在福斯塔特遗址发掘中国古瓷4000片。[①] 根据目前考古发掘情况，福斯塔特遗址出土的中国陶瓷器中，唐代至北宋的主流产品是越窑产品，北宋至南宋是青白瓷产品，南宋至元代是龙泉青瓷，明代15世纪以后是青花瓷。[②] 福斯塔特遗址出土的越窑青瓷的瓷片达到了900多片，这可以推测，当时的越窑青瓷是作为一种主流产品进口，受到了极大的欢迎。

当然，除了中国古瓷，仿制中国陶瓷的本土大量遗存也陆续出土。这些陶瓷与中国的陶瓷十分相像，应该在各方面都受到了中国陶瓷器的影响。11世纪，埃及开始用本地的瓷土烧制仿宋代中国青瓷。14—15世纪，仿制中国青花瓷的造型和纹样。出土的这些瓷器与中国青花瓷非常相像，但是一般会刻上阿拉伯工匠的名称。[③]

福斯塔特遗址出土的越窑青瓷，胎多呈灰、浅灰和浅黄色；胎表大部分有细密的裂纹，釉色呈现为带灰度的绿色、橄榄绿、黄绿色等。[④] 根据主要的装饰情况，具体有素釉无纹、刻划纹、浅浮雕、刺纹、镂孔或者多种装饰结合的技法。采用镂孔技法的器物以香炉、盘为主。晚唐时期的品种单一，以玉璧底碗为主，这反映了当时的玉璧底碗作为日用品是埃及的最大需求，其余各种样式的越窑青瓷均属于五代末期至宋代初期，这与中国越窑青瓷的国内窑址考古是可以对应的。

① 马文宽，孟凡人. 中国古瓷在非洲的发现 [M]. 北京：紫禁城出版社，1987：4.

② 王太一. 肯尼亚斯瓦希里文化初探：以进口陶瓷贸易与建筑为视角 [J]. 故宫博物院院刊，2022（2）：17-29.

③ 沈福伟. 中国与非洲：中非关系二千年 [M]. 北京：中华书局，1990：260.

④ 马文宽，孟凡人. 中国古瓷在非洲的发现 [M]. 北京：紫禁城出版社，1987：2-3.

（2）埃及的其他地区

开罗地区的主要遗址位于开罗市东端阿斯巴尔清真寺附近的山丘一带。1966 年，三上次男来到库赛尔，发现了唐末宋初的越窑青瓷、宋龙泉青瓷、景德镇青白瓷、元末明初的青花瓷等。[①] 库赛尔港口距离开罗 400 多公里，是当时在埃及红海沿岸唯一稍具规模的港口城市，在这里出土来自中国的陶瓷片，是有迹可循的。阿斯旺在埃及南部、位于尼罗河东岸，是法蒂玛王朝迁往开罗前的首都。在这里曾经出土了来自中国南宋和元朝的青瓷片。努比亚的结贝尔阿达也发现了 12—14 世纪的中国青瓷片[②]，推测是来自浙江的龙泉窑青瓷。

2. 苏丹

苏丹共和国位于非洲东北部、红海沿岸、撒哈拉沙漠东端。埃得哈布港位于苏丹和埃及交界处附近，这个地理位置重要且独特，可以连接非洲东西海岸，并可以通过连接的陆路交通到达非洲的内陆。埃得哈布港隔海与阿拉伯半岛麦加外港吉达相望，作为战略要塞，可以连接苏丹、埃及、阿拉伯半岛，因此此地也成为世界贸易的重要集散港口。大约 10 世纪，这个港口成为北非地区与东方各国贸易的重要港口。1426 年，该港口被废弃。[③]11 世纪中叶至 14 世纪中叶是埃得哈布港的繁荣期，其作为埃及和北非地区与印度和经由印度而来的中国船只进行贸易的主要港口，当时的繁荣盛况可想而知。1966 年，三上次男在埃得哈布港调查，发现有唐末至宋代的越窑瓷器踪迹，这些瓷器与其他的中国瓷器龙泉瓷、青白瓷、青花、黑釉瓷等一起，多达千余片。三上次男认为，此地是陶瓷产品交易的一个卸货场。[④]

3. 摩洛哥

摩洛哥是非洲西北部的一个沿海阿拉伯国家。相比福斯塔特、苏丹等地，摩洛哥出土的瓷器总量要小一些。

丁谦、张星烺认为，唐代杜环《经行记》中记录的"摩邻"就是摩洛哥。[⑤]

---

① 马文宽，孟凡人 . 中国古瓷在非洲的发现 [M]. 北京：紫禁城出版社，1987：5-6.

② 马文宽，孟凡人 . 中国古瓷在非洲的发现 [M]. 北京：紫禁城出版社，1987：6.

③ 秦大树 . 埃及福斯塔特遗址中发现的中国陶瓷 [J]. 海交史研究，1995（1）：79-91.

④ 马文宽，孟凡人 . 中国古瓷在非洲的发现 [M]. 北京：紫禁城出版社，1987：6.

⑤ 许永璋 . 古代中非关系史若干问题探讨 [J]. 西亚非洲，1993（5）：65-70.

"摩邻"的地理范围应该在今摩洛哥或者摩洛哥周边地域。这说明，中国与摩洛哥早就有了交往。元朝时，我国航海家汪大渊曾远航到达摩洛哥。14世纪，摩洛哥旅行家伊本·白图泰（ibn Batūtah）在其游记中就专门写到了中国陶瓷，并且有这样的记录："这种陶瓷产品……在马格里布的我国（今摩洛哥）也不乏（有）他们的产品。"①

（二）东非

东非是指非洲的东部地区。在东非出土了数量众多、品种繁多的来自中国的古陶瓷，其中肯尼亚、坦桑尼亚、埃塞俄比亚等是重点区域。

东非的海岸线被称为"瓷器海岸"。英国考古学家惠勒（Mortimer Wheeler）曾说："从10世纪起，非洲东海岸所埋藏的历史，就是用中国瓷片写成的。"②这是对中国陶瓷文化的高度赞扬。

1.埃塞俄比亚

埃塞俄比亚（阿克苏姆）兴起于前5世纪，是具有3000多年历史的文明古国。4世纪，阿克苏姆控制了红海和亚丁湾附近的印度洋航运交通，船队可以达到南印度、斯里兰卡等地。6世纪，阿克苏姆基本取代了阿拉伯的海上力量，由其到南印度或斯里兰卡接送来自中国的货物。或许，其中就有来自中国的瓷器进入了埃塞俄比亚。沈福伟认为，唐代杜环《经行记》中提到的"摩邻"就是埃塞俄比亚的阿克苏姆。③关于"摩邻"的说法有很多，但可以确定的是唐代时，中国与埃塞俄比亚已经有了往来。在埃塞俄比亚的奥贝尔、奥博巴、德比尔、谢赫巴卡布、达加布尔等地均出土了来自中国12—17世纪的青瓷和青花瓷。④埃塞俄比亚的瓷器多发现在其与索马里相邻地带。

2.索马里

索马里在非洲最东部，位于非洲之角的索马里半岛上。索马里的瓜达富伊

① 李晴.伊本·白图泰远航中国考 [J].海交史研究，2018（1）：29-40.
② 钱一平.中国古瓷视角下的斯瓦希里文明嬗变 [J].古代文明（中英文），2024（1）：47-58.
③ 沈福伟.中国与非洲：中非关系二千年 [M].北京：中华书局，1990：227.
④ 申浚.非洲地区发现的元明龙泉窑瓷器 [J].考古与文物，2016（6）：110-117.

角曾被称作为"香料角"。^①在频繁的香料贸易中,来自慈溪上林湖的中唐至北宋的越窑青瓷在索马里出土,也就不足为奇了。^②20世纪年代,在索马里东北部的撒丁岛与其对岸的泽拉以及与埃塞俄比亚交界处、东南部沿海城市一带,发现有12—17世纪青瓷、釉里红、青花瓷等。^③

3.肯尼亚

肯尼亚的地理位置比较特殊,赤道横贯中部,东非大裂谷纵贯南北。东邻索马里,南接坦桑尼亚,西连乌干达,北与埃塞俄比亚、南苏丹交界,东南濒临印度洋,沿岸良港较多,海外交通比较发达。这种地理位置非常适合成为贸易之地。诸多学者对斯瓦希里文化进行了研究,肯尼亚沿海地区一带是该文化的核心区域,阿拉伯文化、伊斯兰文化等在此交融,形成了极具特色的文化。8世纪中期,萨珊釉陶和来自中国的长沙窑进入这一地区;10世纪中期到11世纪末,来自中国的越窑青瓷、长沙窑、青白瓷等进入这一地区。柯克曼指出:"从十四世纪到十九世纪中叶,肯尼亚从中国进口陶瓷的数量等于或往往超过了所有从其他国家进口的陶瓷的总和。"^④应该说,中国瓷器可能具有财富象征意义和收藏价值。^⑤

(1)拉姆群岛区

拉姆群岛(拉穆群岛)位于肯尼亚东北部海滨,距索马里的边境不到100公里。拉姆群岛主要由帕塔(帕泰)岛、曼达岛、拉姆岛以及附近一些小岛组成。其中帕塔岛和曼达岛出土中国瓷器最多,这与其地理位置是高度关联的,或许这是古代航运的临时停靠点。中世纪之后,中国瓷器大量涌进这个赤道之国,当地人则称为"中国拉姆",意思是拉姆岛运来的中国瓷器。因此,中国与肯尼亚的间接贸易在很早之前就已经存在了。

最大的帕塔岛位于群岛的北部,这里出土的大多是青花瓷,主要是16—

---

① 李继东.古代印度洋贸易及历史影响[J].西亚非洲,1992(3):65-70.

② 洪波,陆冲.越窑青瓷烧制技艺[J].浙江档案,2014(2):42-43.

③ 申浚.非洲地区发现的元明龙泉窑瓷器[J].考古与文物,2016(6):110-117.

④ 马文宽,孟凡人.中国古瓷在非洲的发现[M].北京:紫禁城出版社,1987:10.

⑤ 王太一.肯尼亚斯瓦希里文化初探:以进口陶瓷贸易与建筑为视角[J].故宫博物院院刊,2022(2):17-29.

18 世纪的中国古青花瓷器片。岛上的清真寺遗址均镶嵌有中国瓷器。有些清真寺的壁龛，是专门用来陈设中国瓷器的。

在帕塔岛有这样的一个传说：郑和商船在拉姆附近的海域因为触礁导致这艘船沉没，有 20 名船员便到帕泰岛避难，后定居该岛。岛上的丝织业正是这群中国人带来的。当地的村民以中国为"故乡"，自称是"中国后代"，基本上都姓"万"。也许这个故事不是传说，而是当时真实的事件。

曼达岛在帕塔岛之南。在岛的北部又发掘了一处 9 世纪的伊斯兰遗址，出土了 9—10 世纪的越窑青瓷和中国白瓷，这应该是东非发现的迄今为止来自中国的最早期的瓷器。在岛的南部有台克瓦遗址，发现了一些来自中国的青瓷和青花瓷片。[①]

拉姆群岛北面的海岸线附近有乌丸尼遗址，遗址中有清真寺、墓柱。墓柱顶上有一件广东罐子，这或可看作某一种固定的装饰仪式。

（2）梅林迪海岸区

梅林迪（马林迪）海岸区位于塔纳河至加拉纳河口及其附近一带，距离索马里海岸较近，这里出土了来自中国的陶瓷器。安哥瓦纳、马林迪、恩戈马尼、曼布鲁伊、给地、基尔朴瓦等均出土了来自中国 13—17 世纪的青瓷、白瓷、影青瓷、青花瓷、釉里红等。

给地是肯尼亚境内最重要的遗址之一，有宫殿、清真寺、柱墓等，于 20 世纪 20 年代被发现。1948—1949 年，这里考古发掘出很多中国古瓷，有青瓷、影青瓷、白瓷、青花瓷、釉里红等，窑口归属比较复杂。

（3）蒙巴萨区

蒙巴萨区指肯尼亚南部海岸及附近海域、以蒙巴萨岛为中心的诸岛等。蒙巴萨岛是城市的中心，也是肯尼亚第二大城市，东非最大港口，滨海省首府。位于肯尼亚东南部沿海，东临印度洋，是进入肯尼亚内地的门户。蒙巴萨岛现有公路桥与大陆相连。该地区的中国瓷器，主要集中在 14 世纪末至 19 世纪中期。蒙巴萨区出土中国瓷器的主要地点有杰萨斯堡（又名耶稣堡）、基那尼、木那拉尼、木恩芝、华新岛。

---

① 申浚. 非洲地区发现的元明龙泉窑瓷器 [J]. 考古与文物，2016（6）：110-117.

杰萨斯堡是 1593 年葡萄牙人在蒙巴萨营建的一座城堡。这一带成为出土中国瓷器的中心区域。杰萨斯堡及附近地区出土的中国古瓷，以青花瓷居多，还有青瓷、彩瓷、釉上蓝、建白瓷、酱釉瓷等。1697 年，葡萄牙圣安东尼奥·达·塔纳号旗舰满载着各种货物，在杰萨斯堡附近海域沉没。[1]20 世纪 70—80 年代，在海洋考古发掘中，出水瓷器有清康熙时期各式青花瓷、宜兴紫砂壶等。现在，杰萨斯堡博物馆收藏着肯尼亚各地出土的来自中国的瓷器，部分瓷器则是杰萨斯堡的出土瓷器。

（三）坦桑尼亚

坦桑尼亚位于非洲东部，东面濒临印度洋。坦桑尼亚境内发现的中国古瓷遗迹有 60 多处。[2] 在坦桑尼亚东北部的坦噶地区有 22 处遗址发现了中国古瓷，年代为 14—19 世纪。坦桑尼亚滨海区位于海岸中部偏北，有 10 余处遗址发现中国古瓷，主要是 16—19 世纪的中国瓷片，也有少量南宋、元代的瓷器。

奔巴岛在坦桑尼亚北部海域，发现中国古瓷的地点有 9 处。主要是宋至明代的瓷器，有宋代定窑白瓷碗、宋代莲瓣纹碗、定窑奶白釉瓷、明清青花瓷等。

在岛的西岸中部的姆库姆布角，发现有少量的宋代瓷器片和多处明清时期的瓷器片。可以猜测在这一地区，从宋代开始就有阿拉伯商人带着中国的瓷器来此。

在桑给巴尔岛及附近岛屿，主要发现了宋、元、明瓷器，类别主要是青瓷、青花瓷片。

马菲亚岛在坦桑尼亚的中部海域，与鲁菲季河口相对。在该岛的中世纪遗址中，出土了来自中国的 14—18 世纪的青瓷、青花瓷，甚至还发现了少量宋代青瓷。

基尔瓦岛被称为"东非的福斯塔特"，出土中国古瓷的遗址集中于岛的北端。这里是坦桑尼亚出土中国古代陶瓷器最多的地方，对非洲而言，是中国瓷器的一个重要出土地。"大清真寺"遗址与"大房子"遗址均有来自中国的青瓷、白瓷、青白瓷、青花瓷、素三彩瓷等出土。马库丹尼遗址出土有龙泉青瓷和景德镇青

---

① 马文宽，孟凡人 . 中国古瓷在非洲的发现 [M]. 北京：紫禁城出版社，1987：16.
② 马文宽，孟凡人 . 中国古瓷在非洲的发现 [M]. 北京：紫禁城出版社，1987：18.

花瓷。胡逊尼库布瓦出土了元代青白瓷玉壶春瓶、龙泉青瓷片。胡逊民恩多果遗址出土有龙泉青瓷片、景德镇青花瓷片等。杰瑞札遗址出土有明代龙泉青瓷、德化窑、民窑瓷器等。蒋丸瓦清真寺遗址出土有龙泉青瓷、枢府瓷器等。"带门廊房子"遗址出土有龙泉青瓷。苏丹墓地出土有德化窑青瓷，还有 19 世纪的小白瓷碗。松哥穆纳拉岛出土了大量的元代、明代青瓷和青花瓷。

（四）中南非

1. 津巴布韦

津巴布韦位于非洲东南部，是一个内陆国，南面接壤南非，位于莫桑比克、赞比亚、博茨瓦纳和南非之间。1929 年，英国女考古学家汤普森（Caton Thompson）的著作《津巴布韦文化》利用遗址中的中国古瓷来论证各遗址所处的不同时代[①]，中国古瓷在这个论证过程中起到非常重要的作用。此后，学者相继对津巴布韦各古代遗址展开调研，进一步完善了汤普森的结论。

大津巴布韦遗址在首都哈拉雷（索尔兹伯里）之南，范围非常大，是津巴布韦境内最大的遗址群。分为山上卫城和山下椭圆形建筑群两部分，是南部非洲的重要遗址。

大津巴布韦遗址属于葡萄牙人占领以前的中国古陶瓷遗址，共有 4 处。在遗址中出土了来自中国的青瓷碎片、白瓷碎片。除此以外，还有三处重要遗址。乌姆塔利遗址在津巴布韦东部边境，发现过青瓷碎片。马卡敦遗址在津巴布韦南部的西尼科尔森附近，发现有青灰釉青瓷。姆托科遗址在首都哈拉雷东南，发现了一片青瓷。这些发现的瓷器片，大多为 15 世纪之前的青瓷，也有极少数的白瓷和 15 世纪的青花瓷。

大津巴布韦遗址属于葡萄牙占领时期的中国古瓷遗址，共有 7 处。哈密遗址位于布拉瓦约市西北，出土的主要是青花瓷。得赫罗遗址位于布拉瓦约市东北，出土了青花瓷片、青花瓷碗，主要为明代之后的青花瓷和棕色釉缸瓷器。卢安兹遗址位于姆托科东北，这里出土的万历青花瓷、风景鹿纹与哈密出土的很相似。还出土了 17 世纪的绿釉和棕色釉缸瓷器。巴丹瑞理遗址在卢安兹西附近，出土了明清时期的青花瓷、黄釉瓷、棕红釉瓷和 17 世纪晚期的青瓷。

① 马文宽, 孟凡人 . 中国古瓷在非洲的发现 [M]. 北京: 紫禁城出版社, 1987: 30.

值得关注的是，在卢安兹遗址、巴丹瑞理遗址中均发现了葡萄牙、波斯模仿中国瓷器的产品,这说明了中国瓷器影响范围广泛。安哥瓦遗址在安哥瓦河上游，发现有康熙时期的瓷器碎片。马拉卡姆遗址在乌木府里河的一个支流旁，出土了十余片17世纪晚期的棕色釉或黑釉缸瓷胎罐残片。在东部城市奇平加附近的韦布斯特遗址，发现有2片青花瓷。这七个遗址出土的瓷器片，均在16世纪以后。品种以青花瓷为主，也有少量单色釉瓷胎片，并未发现15世纪以前的青瓷。卢安兹、丹巴瑞理和哈密这三处出土的中国古瓷，与葡萄牙东非重要据点蒙巴萨岛上的杰萨斯堡出土的瓷器极其相似，或许是来自同一批瓷器，或者是同一时期的货物。

2. 莫桑比克

莫桑比克是非洲东南部国家。在莫桑比克、津巴布韦的交界地区也发现有明清青花瓷器碎片，数量不多。[①]索法拉在历史上是有名的海港，在莫桑比克中部海岸的布齐河三角洲,濒临大海。索法拉曾发掘出明清时期的青花瓷器片。

3. 扎伊尔

扎伊尔是非洲中部国家。扎伊尔（刚果）境内的利奥波德维尔西南的姆班扎，在一座石砌教堂遗址处发现了17世纪或18世纪的中国瓷片。

4. 马达加斯加

马达加斯加是非洲面积最大的岛屿，位于印度洋西部、非洲大陆的东南海面上，全岛由火山岩构成。岛上发现有来自中国的元代龙泉青瓷、景德镇青白瓷等，还有明清时期的各类瓷器。

5. 毛里求斯

毛里求斯地处非洲东部，是印度洋马斯克林群岛中的一个火山岛。该岛地理位置非常重要，是南大西洋和印度洋之间的航运要冲，欧洲人称之为"香料之路"。1609年，荷兰"毛里求斯号"在西非几内亚湾洛佩斯角沉没，船上载有来自中国的青花瓷。[②]1615年,荷兰的"班达号"货船在毛里求斯附近沉没，

① 马文宽,孟凡人.中国古瓷在非洲的发现[M].北京:紫禁城出版社,1987:30.
② 万明.明代青花瓷的展开:以时空为视点[J].历史研究,2012(5):52-70.

船上载有明代的"克拉克"瓷器。^① 根据《瓷器与荷兰东印度公司》的记载，1655 年，毛里求斯曾向巴达维亚（雅加达）订购中国瓷器。^②

6. 南非

南非位于非洲最南端，是印度洋和大西洋的交通要塞。好望角航线是西方最重要的航线之一。南非海域的沉船中有来自中国的瓷器货物，这些瓷器伴随着历史的尘埃被埋在了深海底部。根据统计，1647—1821 年，好望角一带沉没 61 艘船^③，这些沉船往往载有来自中国的瓷器，其中数量最多的当数中国青花瓷器。例如，1544 年，葡萄牙"圣班多号"货船在南非海岸沉没，船上载有大宗的来自中国的青花瓷。从打捞出来的瓷器来看，以 18 世纪的青花瓷为主。

马庞古布韦遗址位于南非北部边境附近，曾出土龙泉青瓷、影青瓷中如带褐斑的葫芦形壶等。^④19 世纪 60 年代，在开普敦出土了青花瓷器碎片。^⑤

除了上述介绍的情况，在赞比亚、马拉维、博茨瓦纳等地均有中国古瓷出土。赞比亚境内的赞比西河与卢阿拉巴河交汇处的费拉遗址，发现过 18 世纪的中国瓷片。在马拉维湖西南岸恩库德兹湾附近的一个墓地，出土有 19 世纪的中国瓷片。博茨瓦纳位于非洲南部，在博茨瓦纳武克韦河附近的沙希遗址发现了一片青瓷。

三、以越窑青瓷为代表的中国陶瓷对非洲陶瓷的影响

中世纪的北非和东非，绝大部分地区都信奉伊斯兰教，并喜爱制陶艺术。因此，谈论中国陶瓷在非洲的传播与影响，无法绕开伊斯兰陶瓷。

（一）古埃及的陶器

埃及地跨亚、非两大洲，大部分领土位于非洲的东北角，介于亚、非两洲

① 陈冲. 沉船所见景德镇明代民窑青花瓷 [J]. 考古与文物, 2017（2）: 101-114.

② 马文宽, 孟凡人. 中国古瓷在非洲的发现 [M]. 北京: 紫禁城出版社, 1987: 35.

③ 马文宽, 孟凡人. 中国古瓷在非洲的发现 [M]. 北京: 紫禁城出版社, 1987.

④ 李知宴. 十二至十四世纪中国瓷器的发展和外销 [J]. 中国历史博物馆馆刊, 1992（1）: 30-36.

⑤ 申浚. 非洲地区发现的元明龙泉窑瓷器 [J]. 考古与文物, 2016（6）: 110-117.

的苏伊士运河是世界上最重要的运河之一。自古以来，埃及在地理上分为上下两部分，尼罗河和沙漠构成了埃及的主要地貌特征。尼罗河孕育了埃及远古社会的光辉灿烂的陶器文明，沿着尼罗河两岸，均是陶窑遗址，用黏土制造陶器，这是"尼罗河恩赐之物"。[①]

大约在前 2 万年，埃及出现了原始人。[②] 前 1 万多年，埃及进入石器时代。古埃及文明可以分为前王朝时期和王朝时期，到前 4000 年，上埃及和下埃及分别形成了两个国家。约在前 3100 年，上埃及征服了下埃及，埃及进入了王朝时期。

前 6000—前 4000 年为埃及前王朝时期，包括埃及巴达里文化、涅伽达文化Ⅰ时期（阿姆拉特时期）、涅伽达文化Ⅱ时期（格尔塞时期）。[③] 巴达里文化遗址出土有黑顶陶、红色光面陶、黑色光面陶。涅伽达文化Ⅰ时期，出现带有装饰的陶瓶、陶罐、红陶人像等，这意味着私有制的开始以及装饰绘画的萌芽。涅伽达文化Ⅱ时期是制陶工艺鼎盛的时代，"尤胜于古埃及及其他任何的阶段"[④]。陶器主要有黑顶陶、彩陶，彩陶装饰有各种动物、山水、人物、风景等，非常有特色（图 8.1 至图 8.4）。

早期王朝时期（前 3100—前 2686），包括曼涅托王表中的第一、第二王朝。此时，已经有用黏土材料制作的陶器。考古学家发掘了塔尔克罕地方的 414号墓出土的陶罐，这属于早期王朝第一王朝时期。[⑤] 这种陶器是经人工高温将黏土还原成岩石。该陶罐应该已经采用陶轮制作了，器物形制规范。这是生产力不断发展的反映。

当然，关于辘轳拉坯技术的出现有不同说法，但是最迟不晚于第五王朝（约前 2400 年）。埃及是世界上最早发明和使用辘轳的地区之一。埃及制陶的砑光技术可以让陶器产生强烈的光泽并使表层坚固致密。埃及人还在陶器表面施泥釉，这是一种以硅为主体并含有铝、铁、石灰的液状泥料，这种泥料并不属

---

① 陈进海. 世界陶瓷（第 1 卷）[M]. 沈阳：万卷出版公司，2006：42.

② 阿·费克里. 埃及古代史 [M]. 高望之，等译. 北京：商务印书馆，1973：10.

③ 周启迪. 文物中的古埃及文明 [M]. 北京：商务印书馆，2012：1.

④ 周启迪. 文物中的古埃及文明 [M]. 北京：商务印书馆，2012：14.

⑤ 周启迪. 文物中的古埃及文明 [M]. 北京：商务印书馆，2012：30.

图8.1 图8.2

图8.3 图8.4

图8.1 陶碗 埃及（约前4500—前4000年） 德国柏林埃及博物馆及莎草纸文稿收藏馆藏
图8.2 刻符卵形罐 埃及（前3800年） 德国柏林埃及博物馆及莎草纸文稿收藏馆藏
图8.3 褐胎白线陶 埃及（前5000—前4000年） 英国伦敦大英博物馆藏
图8.4 彩陶 埃及（前4000—前3100年） 美国纽约大都会艺术博物馆藏

于化妆土和釉。埃及人称之为"sehep"，烧成之后陶器表面更加细腻而有光泽。这种方法，在世界上的其他地方暂时未发现。

在埃及古王国时期（前 2686—前 2181，第三王朝到第六王朝时期）及第一中间期（前 2181—前 2040，第七至第十王朝），埃及陶器大部分为仿制石器和金属器的赤陶。

在埃及中王国（前 2040—前 1795，第十一至第十二王朝）及第二中间期（前 1795—前 1567，第十三至第十七王朝），埃及陶器的造型和装饰受到了来自西亚及塞浦路斯陶瓷影响，产生了既带有本民族特色又具有多样风情的希克索斯陶器。

新王国时期（前 1567—前 1085，第十八至二十王朝），埃及成为横跨亚洲、非洲的帝国，文明高度发展。这一时期的埃及陶器，彩陶和釉陶纹样特点鲜明，风格华贵富丽，在埃及工艺美术发展史上占有独特地位。新王国时期对应的是中国古代的商朝。埃及第十八王朝已经可以生产出非常精细的带把手长颈壶、有盖的宝石蓝的瓷瓶、用黏土制造的双联瓶、存放内脏的陶罐等。有盖的宝石蓝瓷瓶（新王国时期第十八王朝），现在收藏于布鲁克林博物馆，出土于底比斯。[1] 由黏土制作的双联瓶（新王国时期第十八王朝），出自里发（Rifa），现收藏于阿什摩棱博物馆，功能不明确。[2] 在第一中间期到中王国早期，此类连体瓶有四连瓶出现，是作为祭祀用的器皿。可以联想到中国商周时期到东汉的早期五联罐。具有存放死者内脏功能的陶罐（新王国时期第十八王朝），出自底比斯，现收藏于纽约大都会艺术博物馆。[3] 埃及人在制作木乃伊的时候把内脏放入陶罐中，也有用石罐的。从装饰图案来说，新王国时期，于青釉下用锰质的紫黑色绘制游鱼、莲花等纹样。[4] 埃及人已学会用青、绿、黄等各色的釉绘出许多丰富的图案。这种制陶装饰技法延续了近 3000 年，直到埃及被罗马占领。图 8.5 至图 8.7 为柏林埃及博物馆及莎草纸文稿收藏馆收藏的陶器。

---

① 周启迪．文物中的古埃及文明 [M]．北京：商务印书馆，2012：173.

② 周启迪．文物中的古埃及文明 [M]．北京：商务印书馆，2012：173.

③ 周启迪．文物中的古埃及文明 [M]．北京：商务印书馆，2012：176.

④ 三上次男．陶瓷之路 [M]．李锡经，高喜美，译．北京：文物出版社，1984：11.

图8.5 图8.6

图8.7

图8.5　双耳瓶　埃及新王国时期第十八王朝　德国柏林埃及博物馆及莎草纸文稿收藏馆藏
图8.6　储物罐　埃及新王国时期第十八王朝　德国柏林埃及博物馆及莎草纸文稿收藏馆藏
图8.7　碗和壶　埃及新王国时期第十八王朝　德国柏林埃及博物馆及莎草纸文稿收藏馆藏

新王国时期，上层阶级使用彩陶餐具作为餐具。这种餐具有深蓝色、绿蓝色等，鲜明透亮，受到了广泛的欢迎。装饰的主题为莲花、鱼、纸莎草、船等。

后王朝时期（前 1085—前 332[①]，第二十至第三十一王朝），法老埃及衰亡，国家战乱纷纷，百姓深受苦难。只有上埃及的陶器沿袭传统而发展，其他地区的陶器异族化发展，风格混乱，逐渐衰落。[②]

综上所述，古埃及的陶瓷基础扎实，在当时的世界来说达到了最高的陶艺制作水平了。

非洲北部，是与伊斯兰文明联系在一起的。前 525 年，埃及处于波斯人的统治下。前 332 年，亚历山大大帝征服了埃及，法老时代的辉煌文化急剧衰落，希腊文化大举进入。前 30—641 年，罗马人统治埃及时期，因罗马人的统治而得名。前 525—642 年，埃及先后被波斯、马其顿和罗马征服，这个时期标志着古埃及作为一个独立国家的结束，可以说古埃及文明不再持续。

642 年，阿拉伯军队攻陷埃及开罗和亚历山大城[③]，继而占领了当时东罗马帝国在北非的属地埃及、摩洛哥和突尼斯[④]。661 年，倭马亚（阿拉伯的一个部族）王朝定都叙利亚大马士革[⑤]，这意味着阿拉伯伊斯兰帝国统治了西亚、中亚、北非广袤的大地。714 年，阿拉伯语在埃及取代了希腊语，成为官方唯一语言。[⑥]750 年，阿拔斯王朝建立，阿拉伯帝国的中心东移[⑦]，埃及失去其政治地位。倭马亚王朝伊斯兰文化从波斯几何纹样中找到了自己艺术语言的灵感，逐渐演变成阿拉伯装饰艺术风格，从而开始出现模印的几何纹样陶器。[⑧]主要陶器的造型为瓮、壶、钵、盘等。装饰的主要纹样为几何纹、花草纹、带状纹等，形成了用几何纹样组成繁复图案的基本样式。埃及的亚历山大地区当时属于倭马

① 沐涛，倪华强，失落的文明：埃及 [M]. 上海：华东师范大学出版社，1999：10.

② 陈进海．世界陶瓷（第 1 卷）[M]. 沈阳：万卷出版公司，2006：108—111.

③ 雷钰，苏瑞林．中东国家通史（埃及卷）[M]. 北京：商务印书馆，2003：150.

④ 陈进海．世界陶瓷（第 3 卷）[M]. 沈阳：万卷出版公司，2006：484.

⑤ 雷钰，苏瑞林．中东国家通史（埃及卷）[M]. 北京：商务印书馆，2003：153.

⑥ 雷钰，苏瑞林．中东国家通史（埃及卷）[M]. 北京：商务印书馆，2003：154.

⑦ 雷钰，苏瑞林．中东国家通史（埃及卷）[M]. 北京：商务印书馆，2003：154.

⑧ 陈进海．世界陶瓷（第 3 卷）[M]. 沈阳：万卷出版公司，2006：486.

亚王朝统治，出现此类图案也是理所当然。

倭马亚王朝早期受阿拔斯王朝的控制，一直到了 9 世纪末 10 世纪初，由于阿拔斯王朝逐渐衰落，控制北非的伊斯兰地方政权脱离中央独立。这意味着阿拔斯王朝文化对于北非地区有着重要的影响。10 世纪末，埃及法蒂玛王朝（969—1171）统治了北非（埃及、突尼斯、阿尔及利亚）、叙利亚、巴勒斯坦、西西里、撒丁岛等，伊斯兰世界的中心也因此移至开罗，埃及历史掀开了新的篇章。

（二）中国陶瓷影响下的伊斯兰陶器

中国陶瓷早在 6—7 世纪就已经来到了非洲。[①] 7 世纪，阿拉伯人已经把这一贸易产品传播到中东和近东各国。而后，那些国家和地区开始仿造中国瓷器。[②] 林士民认为，在西方，仿制中国瓷器最早获得成功的可算是埃及。[③] 这与古埃及的陶瓷基础和伊斯兰陶瓷基础有很大的关系。当然，随着中国陶瓷的不断进入，中国陶瓷烧制技艺也传入埃及。

642 年，阿拉伯军队征服埃及之后，建立了福斯塔特城。[④] 在不断发展中，福斯塔特成为南地中海和北非的政治、经济中心，一直到 1168 年被第二次十字军东征毁灭。可以说，福斯塔特遗址，就是现在开罗的前身。

考古发掘证明，福斯塔特在伊斯兰历史上占有重要的地位，除了是当时的重要的政治与经济中心，还是一个贸易枢纽。当中国越窑青瓷被运到这片土地的时候，这里的制陶业开始发生"划时代的变化"。这主要表现在大量模仿中国瓷器，生产出带有中国风格的伊斯兰陶器。当时，埃及为仿制设置了专门的作坊。如法蒂玛王朝时期，有一个制陶的工匠，名叫赛尔径，不仅会烧制仿制宋瓷的陶器，还将这种技术传授给了很多徒弟。[⑤] 据说他仿制的白陶，透过陶

---

① 朱凡. 中国文物在非洲的发现 [J]. 西亚非洲, 1986（4）: 55-61.

② 林士民. 青瓷与越窑 [M]. 上海: 上海古籍出版社, 1999: 287.

③ 林士民. 青瓷与越窑 [M]. 上海: 上海古籍出版社, 1999: 287.

④ 三上次男. 陶瓷之路 [M]. 李锡经, 高喜美, 译. 北京: 文物出版社, 1984: 6.

⑤ 沈福海. 中国与西亚非洲文化交流志 [M]. 上海: 上海人民出版社, 1998: 387.

胎可以看见自己的手。[①] 这说明当时白陶的质感非常好。

福斯塔特城主要模仿越窑青瓷、唐三彩、定窑白瓷、龙泉青瓷等，这里主要分析越窑青瓷。福斯塔特遗址出土的来自中国的唐代陶瓷，以越窑、唐三彩、邢窑白瓷、长沙窑等为主，其中越窑的数量最多。[②] 仅1965年一年，福斯塔特遗址就出土中国陶瓷片101006片，其中唐代越窑青瓷有673片。[③] 除了来自中国的陶瓷，还有大量的仿制中国陶瓷器的埃及陶片，这类陶片的数量是最多的。除此以外，来自叙利亚、土耳其、塞浦路斯、意大利、西班牙、伊朗、泰国、越南等的陶瓷片也有不少。这里可以说集中了世界各地的陶瓷器。[④]。

三上次男指出在埃及出土的陶器中，"竟有百分之七十到八十都是在某一点上仿中国陶瓷的仿制品"，且这些仿制品均是在中国陶瓷输入福斯塔特之后的同一时代就仿制出来的产品。[⑤] 这些模仿中国瓷器的制品，在色彩与工艺上又独具鲜明的伊斯兰特色。孟凡人、马文宽在《中国古瓷在非洲的发现》中写道："福斯塔特模仿中国瓷器烧造伊斯兰陶器的数量是十分惊人的。以福斯塔特库藏的六七十万件陶片为例，其中百分之七十到八十是模仿中国瓷器的伊斯兰陶片。"[⑥] 大部分的埃及陶器模仿了来自中国的瓷器，或许这是一种争夺陶瓷市场的做法。但所仿制作的越窑青瓷，其釉色、胎色、纹饰和制造工艺在很长的一个时期内仍然无法和中国瓷器相竞争。[⑦] 此外，伊斯兰陶器在器型、釉色、图案、风格上全面模仿中国瓷器，除了"陶"和"瓷"的区别，部分产品在外观上已经十分接近。中国的制瓷艺术成为伊斯兰物质文明的重要组成部分。[⑧]

埃及突仑王朝，埃及通过进口中国瓷器，学习陶瓷烧制技术。突仑受萨马

①　程庸.瓷耀世界[M].南昌:江西美术出版社,2017:24.

②　三上次男.陶瓷之路[M].李锡经,高喜美,译.北京:文物出版社,1984:14.

③　林士民.青瓷与越窑[M].上海:上海古籍出版社,1999:288.

④　三上次男.陶瓷之路[M].李锡经,高喜美,译.北京:文物出版社,1984:10.

⑤　三上次男.陶瓷之路[M].李锡经,高喜美,译.北京:文物出版社,1984:17.

⑥　马文宽,孟凡人.中国古瓷在非洲的发现[M].北京:紫禁城出版社,1987:57.

⑦　林士民.青瓷与越窑[M].上海:上海古籍出版社,1999:288.

⑧　马文宽,孟凡人.中国古瓷在非洲的发现[M].北京:紫禁城出版社,1987:57-58.

拉的突厥统帅贝叶巴克受派遣，到福斯塔特去管辖埃及，后在埃及开创了突仑王朝。[①]萨马拉当时拥有很多制造陶瓷的工匠，猜测跟随到埃及的工匠仿制了中国的陶瓷技术，后在福斯塔特传播开来。

8—9世纪，世界的海上贸易日渐繁荣。中国陶瓷产品此时已经成为世界贸易的重要产品。伊斯兰商人在陶瓷贸易中扮演着十分重要的角色。这些中国陶瓷不断来到伊斯兰世界，不仅满足了当地人的生活需求，而且为伊斯兰陶瓷的产生和发展提供了范本。

中国瓷器漂洋过海来到非洲，带来的不仅是瓷器本身，还有中国瓷器的形制、色彩、装饰及其烧制技术，从而迅速影响了当地的陶业生产。从陶器产品的质量和烧制规模来看，北非远超东非，埃及是其中的突出代表。

阿拔斯王朝的伊斯兰陶器烧制中心在巴格达、萨马拉、西拉夫（港口）、巴士拉（港口）及周边地域。其后，埃及的法尤姆、夫斯塔特，伊朗的尼加普尔、乌兹别克斯坦的萨马尔堪德等地也开始烧制，这意味着伊斯兰陶器生产基地遍布西亚、中亚、北非等整个伊斯兰世界。虽然制陶中心分散于各地，但是其制陶技术较为完备，陶器的造型风格、装饰形式基本一致。

伊斯兰教义反对奢侈，崇尚简朴，因此金银器的使用受到了限制。当时的中国陶瓷器刚好契合了这种宗教心理。当地人"一方面从中国陶瓷中找到理想的代用品，另一方面在仿制中国陶瓷的基础上"[②]，结合伊斯兰制陶传统，烧制出了材料质朴、釉色华丽的伊斯兰陶器。从现在的眼光来看，就是用极低的成本烧制出了华丽的作品。陈进海认为，阿拔斯王朝大量生产传统的碱釉系青、绿釉陶壶与陶瓮，伊斯兰风格的白釉陶、白底多彩绘釉陶、白底多彩撒釉刻纹陶、白釉蓝彩陶、白釉绿彩陶以及华丽彩陶等，均受到了中国陶瓷的影响。[③]

8世纪前后，在中国瓷器大量输入的刺激下，作为伊斯兰世界的中心，伊拉克的陶器生产有了极大发展。[④]9世纪末，伊拉克阿拔斯王朝统治衰落，伊

---

① 沈福伟. 中国与西亚非洲文化交流志 [M]. 上海: 上海人民出版社, 1998: 382.

② 陈进海. 世界陶瓷（第3卷）[M]. 沈阳: 万卷出版公司, 2006: 486.

③ 陈进海. 世界陶瓷（第3卷）[M]. 沈阳: 万卷出版公司, 2006: 487.

④ 马文宽. 宋、元《大食瓶》新解 [J]. 考古, 2013（12）: 84-90.

斯兰世界的中心由伊拉克转移到法蒂玛王朝统治下的埃及。福斯塔特（开罗）作为新崛起的制陶中心，仍保持着先进的水平，继续生产拉斯特彩陶器。

从某种意义上来说，中国瓷器促进了埃及伊斯兰陶器的迅速发展。马文宽、孟凡人在《中国古瓷在非洲的发现》中写道："所以当质地精良、图案绚丽的中国瓷器进口之后，特别受到埃及人民的欢迎。中国瓷器的形、色和图案很快被当地制陶工吸取，大量模仿中国瓷器，逐渐形成了独具特色的伊斯兰陶器。"[1]从形制、色彩到纹样，伊斯兰陶器全方位地模仿中国瓷器，以至于除了瓷和陶的质地区别，两者在外观上已经难以分辨。

1. 早期伊斯兰文化时期

（1）伊斯兰白釉陶

9世纪，中国唐代白瓷传入伊斯兰地区，深得老百姓喜爱。但是进口白瓷完全不能满足需求，这促使伊斯兰陶工大量仿制中国白瓷。为何能够直接仿制？因为伊斯兰有一种锡白釉，这种技术在前2000年后半叶就已经用于埃及、美索不达米亚的制陶业。虽然伊斯兰白陶与中国白瓷在质量上不能相提并论，但正是有了如此强劲的基础，伊斯兰白陶在仿制唐代白瓷上已做到极致，极为逼真。因此，其可以说完美地兼顾了实用价值和艺术价值。仿制的产品类型主要有碗、碟、钵等日用品，也有一部分仿制萨珊王朝金银器的瓶、罐等。

在多种类型的仿制陶器中，越窑青瓷是最重要的模仿对象之一，如在造型上模仿越窑青瓷的玉璧底碗、唾壶、夹耳盖罐等。埃及出土的越窑青瓷中，年代最早的是玉璧底碗，这种瓷碗多见于慈溪上林湖越窑。[2]埃及仿唐代越窑青瓷唾壶制作成白釉唾壶[3]；有些罐子模仿越窑夹耳盖罐的造型，制成了白釉带盖陶罐[4]，可谓是形制上的完全模仿。

（2）白底多彩绘釉陶

前期伊斯兰文化时期，出现了白底多彩绘釉陶，这实际上是对中国唐三彩

① 马文宽，孟凡人. 中国古瓷在非洲的发现 [M]. 北京：紫禁城出版社，1987：56.

② 沈福伟. 丝绸之路中国与非洲文化交流研究 [M]. 乌鲁木齐：新疆人民出版社，2010：131.

③ 马文宽，孟凡人. 中国古瓷在非洲的发现 [M]. 北京：紫禁城出版社，1987：56.

④ 马文宽. 孟凡人. 中国古瓷在非洲的发现 [M]. 北京：紫禁城出版社，1987：56.

的仿制。埃及陶工模仿的唐三彩,使埃及已经有3000多年历史的碱性釉陶宣告结束。唐三彩低温铅釉陶成为埃及陶工仿制的蓝本,促进了多彩陶器的发展。白底多彩绘釉陶是在红褐色的坯体上施白色化妆土,罩上透明釉之后,再用铜绿釉、铁褐釉等绘制纹样,白色胎体衬托绿、黄、红、褐等色彩。从装饰技法来说,后来又发展了撒釉、刻纹等。撒釉就是将原来绘制的釉料进行相对较自由的泼洒,形成自然的色彩流淌。刻纹,是先在坯体上进行纹样刻绘,再施化妆土、施釉。这是在模仿中国唐三彩的基础上的技术深化。

(3)白釉蓝彩、白釉绿彩、白釉黄彩釉陶

白釉蓝彩、白釉绿彩、白釉黄彩等,实际上是模仿了中国的长沙窑。一方面,模仿长沙窑的色彩装饰。这种色彩鲜艳的伊斯兰陶器是一种分别以钴、铜、铁为色彩装饰在锡白釉上的新形式。[1] 除单色之外,还有各色交替的装饰纹样。装饰纹样有棕榈、水藻等植物纹样,也有阿拉伯文字、各种几何纹等。另一方面,模仿中国越窑、长沙窑的造型,主要是钵、盘、壶等。

(4)华丽彩陶器

华丽彩陶器具有金属般的色泽,又称"彩虹器""闪烁器"。华丽彩陶器首先出现在8世纪后半叶的美索不达米亚,10世纪初传入法蒂玛王朝的埃及、塞尔柱王朝的波斯[2],从而迎来了发展的鼎盛时期。这种陶器应该是专供宫廷使用的,是一种特定时期的产品(图8.8)。

2.中期伊斯兰文化时期

11世纪,伊斯兰陶器对中国陶瓷的模仿已经从釉面深入胎体,模仿中国白瓷和青白瓷半透明的瓷胎。埃及陶工重新发掘了失传几千年的胎料配方[3],后伊朗人也掌握了此种方法,生

图8.8 华丽彩草花纹壶 埃及(10—11世纪) 希腊雅典Benaki博物馆藏

---

① 陈进海.世界陶瓷(第3卷)[M].沈阳:万卷出版公司,2006:488.

② 陈进海.世界陶瓷(第3卷)[M].沈阳:万卷出版公司,2006:490.

③ 马文宽.宋、元《大食瓶》新解[J].考古,2013(12):84-90.

产出了拉斯特彩陶、米纳伊（minai）彩陶①。米纳伊陶器又称七彩器，是伊朗陶工创烧的多彩陶器。12世纪，法蒂玛王朝没落，伊斯兰制陶中心又转移到塞尔柱克王朝统治下的伊朗，当时的卡山（Kasahan）是重要的产地。此时的伊朗陶器生产把伊斯兰陶器的质量提到前所未有的高度，但是陶毕竟是陶，与中国瓷器相比，仍然逊色。到了帖木儿帝国时期，伊斯兰陶工仍然未找到瓷土，未能烧制出类似中国的轻薄瓷器。

（1）白底透明釉陶器

到了中期伊斯兰文化时期，出现了白底透明釉陶器。这是中国宋代定窑白瓷和景德镇青白瓷影响下发展起来的新型陶器。②这种陶器与前期伊斯兰文化时期的白釉陶器不是同一个类型。白底透明釉陶器的陶土更加细腻，在陶土中加入石英。陶胎完成之后，再施透明釉色，烧制出来之后与瓷器"神似"。有的还在此类陶器釉料中加入适当的青色（钴），烧成之后的陶器如同中国的青白瓷。

（2）白底透明釉刻线、堆线陶器

12世纪之后，白底透明釉陶器开始出现了刻线、堆线的装饰。前文已述，刻线早就存在，堆线与刻线同时使用在一个陶器上，是一种新的装饰方式。采用这种装饰方法，最先仿制的是宋代定窑，后来逐渐形成伊斯兰风格。虽然这种陶器上的装饰纹样是伊斯兰图案、阿拉伯文字等，看不见定窑印花、刻花的痕迹，但其装饰方法的来源，的确是中国的陶瓷。刻线，让纹样往下凹；堆线，让纹样凸起。凹下凸起的纹样使得白陶表面产生光影变化，形成了低调含蓄的美感。也有在纹样轮廓中填色的，略显华丽。

（3）白底透明釉多彩装饰

12世纪后半叶至13世纪，白陶胎质上绘制黑、青、蓝等颜色釉，蓝色为最多。这种装饰也采用刻线下凹或者模印凸线，这些线条作为轮廓线，可以间隔不同的色彩，防止色釉流动。含钴和含锰的碱釉相对不易流动，最适合描绘

---

① 詹姆斯·阿伦. 阿布尔·卡西姆（Abu'l-Qasim）关于陶瓷的论述 [J]. 李保平，译. 故宫博物院院刊，2011（3）：6-20.

② 陈进海. 世界陶瓷（第3卷）[M]. 沈阳：万卷出版公司，2006：495.

精细繁丽的纹样。这种陶器是前期伊斯兰陶器白釉蓝彩的新发展，体现了中期伊斯兰文化时期的审美观念。伊朗的卡善、勒依，叙利亚的拉卡、哈玛、鲁萨法，以及埃及的法尤姆均有生产。

（4）玛姆鲁克多彩刻纹陶器

1250—1517 年，埃及处于玛姆鲁克（土耳其雇佣军）统治下。埃及生产的这种玛姆鲁克多彩刻纹陶器因此而得名。[①] 前期伊斯兰文化中伊斯兰陶器已经有的这种铅釉技术，在此时又得到了恢复。应该说唐代中国陶瓷对埃及制陶业影响颇深。

玛姆鲁克多彩刻纹陶器的主要形制是钵、碟、壶、罐等。造型模仿同时期的铜器，端庄典雅。纹样为文字、鱼纹、徽章、卷草纹、几何纹等，形成非常有秩序、有规律的装饰形式（图 8.9）。

图8.9　黄绿釉彩刻线文字纹壶　埃及（13—14世纪）　埃及开罗伊斯兰艺术博物馆藏

（5）青釉或其他单色釉陶器

10 世纪的伊斯兰世界，开始大量输入来自中国的隋唐五代的青瓷、白瓷、三彩陶器、长沙窑等。到了 12 世纪，更大规模的龙泉青瓷来到了伊斯兰世界，对伊斯兰单色陶器的发展起到了巨大的促进作用。

此时伊斯兰单色釉陶器的色彩与伊斯兰前期的单色釉不是一个概念。这种色彩是带有一种透明感的釉色，属于瓷器的质地色感。这是对中国青瓷透明、清爽、鲜丽色彩在质感上的一种模仿。

伊朗的卡善和勒依、叙利亚、埃及均生产青釉或者其他单色釉的陶器，装饰以鸟兽纹、骑马狩猎纹等为主。

埃及的单色釉陶器是在陶胎表面施碱釉系的透明青釉、黄釉、蓝釉、紫釉

---

①　陈进海. 世界陶瓷（第 3 卷）[M]. 沈阳：万卷出版公司，2006：494.

等，纹样以刻划蓖梳纹、几何纹、卷草纹、文字纹为主。

埃及的碱釉系青釉陶烧制于法蒂玛时期，在阿尤布王朝时期发展达到鼎盛，在玛姆鲁克王朝时期延续生产。这种陶器在造型上模仿中国青瓷的钵、盘、壶等。黄釉陶比较粗糙。铁黄釉的釉色在内壁，不在外表，仅装饰黑线和绿线玄纹，这似乎也是一种程式化的规范设计。在东非有一种黄釉黑线陶，似乎是受其影响。

（6）华丽彩陶器

前面已经说到，在早期伊斯兰文化时期，华丽彩陶器就已经出现。法蒂玛王朝灭亡后，从事华丽彩陶工作的埃及陶工为了生活移居波斯，这种技术随之传入伊朗。因此，塞尔柱王朝建立之初的波斯华丽彩陶与埃及法蒂玛王朝时期的华丽彩陶非常相似。

埃及的华丽彩陶除了剔刻纹样，还在纹样上装饰各种华丽色彩。这种色彩多为黄色、褐色或者加罩上一层蓝彩，形成独特的风格。

中国古代陶瓷具有高度的艺术性和广泛的实用性，作为古代世界贸易的重要产品之一，成为中非文化交流的重要媒介。中国陶瓷技术融入非洲陶瓷烧制技艺，影响着非洲陶瓷业的发展，为世界物质文明发展作出了重要贡献。在非洲，北非和东非的上层社会以拥有中国瓷器精品为荣，将之视为经济实力和品位的象征。中国陶瓷也满足了当地人民的生活需求，提高了当地人民的生活质量。

综上所述，中国古代陶瓷对非洲的影响力是多方面的、深远的。它不仅促进了中非文化的交流，还推动了非洲当地经济的发展和社会的进步。同时，中国陶瓷也以其独特的艺术魅力和文化价值赢得了非洲人民的喜爱和尊重。

结　语

　　在历史的发展过程中，中华陶瓷文化作为世界的核心文化之一，为世界文明发展史书写了浓墨重彩的篇章。越窑青瓷是中国古代璀璨文化的代表之一，是中国陶瓷世界的"母亲瓷"，是世界陶瓷文化的早期传播者、重要缔造者，引领世界陶瓷技术的大发展，为世界文化注入中国文化基因和民族精神。

　　中国越窑青瓷烧制成功于东汉晚期，繁荣于三国两晋，鼎盛于晚唐五代，辉煌延续至北宋年间，跨越了千年的文明历程。越窑青瓷海外输出始于汉晋之际，初期以朝鲜半岛为输出区域。隋唐时期，范围扩大至日本列岛及亚洲各地。之后，越窑青瓷通过海上陶瓷之路经阿拉伯商人传到印度、波斯，再抵达埃及以及非洲的东部与北部，甚至通过地中海远达欧洲。越窑青瓷向世界传播了当时最先进的制瓷技术和陶瓷文化，引领世界瓷器在技术、艺术、文化等方面的发展。

　　中国越窑青瓷，以其"形制简约""色泽青雅""纹样吉祥"的独特艺术特征，赢得了世界各国人民的喜爱。同时，由于掌握了当时世界先进的瓷土技术、窑业技术和烧制技术，越窑青瓷成为世界各国竞相学习、模仿的对象。从朝鲜半岛的高丽青瓷到日本列岛的猿投绿釉，从越南的交趾釉陶（中越瓷）到泰国的宋加洛陶瓷，从伊朗的波斯绿釉陶器到波斯湾的萨马拉陶瓷，再到非洲的福斯塔特伊斯兰釉陶以及阿拔斯王朝的青釉陶……越窑青瓷的艺术影响力跨越国界，传遍全球。

　　本书呈现了越窑青瓷的独特艺术魅力和深厚文化内涵，展示了伟大中华民族的智慧和创造力。本书的研究尚留有遗憾，例如世界各地越窑青瓷考古素材仍可增加，古代各国模仿越窑青瓷的案例仍可丰富，越窑青瓷与世界陶瓷之路仍可进一步考证，等等。未来，我们将不断深耕越窑青瓷在世界领域的文化传播与影响，同时也期待越窑青瓷能够在新的时代背景下焕发璀璨光彩，为中国文化对外传播做出新的贡献。

参考文献

[1] 阿·费克里. 埃及古代史 [M]. 高望之，等译. 北京：商务印书馆，1973.

[2] 埃尔顿·丹尼尔. 伊朗史 [M]. 李铁匠，译. 上海：东方出版中心，2010.

[3] 安志敏. 中国稻作文化的起源和东传 [J]. 文物，1999（2）：63-70.

[4] 拜根兴. 朝鲜半岛现存金石碑志与古代中韩交往：以唐与新罗关系为中心 [J]. 陕西师范大学学报（哲学社会科学版），2007（4）：47-53.

[5] 拜根兴. 论罗唐战争的性质及其双方的交往 [J]. 中国边疆史地研究，2005（1）：45-52.

[6] 拜根兴. 唐朝与新罗关系史论 [M]. 北京：中国社会科学出版社，2009.

[7] 彼利雅·盖勒. 泰国佛教文化艺术 [J]. 傅云仙，译. 昆明：云南美术出版社，2008.

[8] 曹晋. 华族对东南亚文化的影响 [J]. 西南民族学院学报（哲学社会科学版），1997（4）：26-31.

[9] 岑伯明. 上林湖唐宋越窑青瓷纹饰 [M]. 宁波：宁波出版社，2018.

[10] 苌岚. 7—14 世纪中日文化交流的考古学研究 [M]. 北京：中国社会科学出版社，2001.

[11] 常馨. 宋丽海上丝绸之路与青瓷文化传播之新探 [D]. 上海：上海外国语大学，2022.

[12] 陈诚. 西域行程记西域番国志 [M]. 周速宽，校注. 北京：中华书局，2000.

[13] 陈冲. 沉船所见景德镇明代民窑青花瓷 [J]. 考古与文物，2017（2）：101-114.

[14] 陈高华. 北宋时期前往高丽贸易的泉州舶商：兼论泉州市舶司的设置 [J].

海交史研究，1980（2）：48-54.

[15] 陈公元. 从贾耽的"通海夷道"看唐代中非关系[J]. 西亚非洲，1983（3）：46-52.

[16] 陈公元. 古代非洲与中国的友好交往[M]. 北京：商务印书馆，1985.

[17] 陈鸿瑜. 菲律宾史：东西文明交会的岛国[M]. 台北：三民书局，2003.

[18] 陈晖，熊韬，聂雯. 泰国文化概论[J]. 广州：世界图书出版广东有限公司，2014.

[19] 陈进海. 世界陶瓷（第1卷）[M]. 沈阳：万卷出版公司，2006.

[20] 陈进海. 世界陶瓷（第2卷）[M]. 沈阳：万卷出版公司，2006.

[21] 陈进海. 世界陶瓷（第3卷）[M]. 沈阳：万卷出版公司，2006

[22] 陈进海. 世界陶瓷（第4卷）[M]. 沈阳：万卷出版公司，2006.

[23] 陈进海. 世界陶瓷（第6卷）[M]. 沈阳：万卷出版公司，2006.

[24] 陈进海. 世界陶瓷艺术史[M]. 哈尔滨：黑龙江美术出版社，1995.

[25] 陈万里. 宋末—清初中国对外贸易中的瓷器[J]. 文物，1963（1）：20-24.

[26] 陈伟，周文姬. 西方人眼中的东方陶瓷艺术[M]. 上海：上海教育出版社，2004.

[27] 陈衍德，彭慧，俞云平，等. 多民族共存与民族分离运动：东南亚民族关系的两个侧面[M]. 厦门：厦门大学出版社，2009.

[28] 陈雨前，郑乃章，李兴华. 景德镇陶瓷文化概论[M]. 南昌：江西高校出版社，2004.

[29] 陈重金. 越南通史[M]. 戴可来，译. 北京. 商务印书馆，1992.

[30] 程庸. 瓷耀世界[M]. 南昌：江西美术出版社，2017.

[31] 戴维·K.怀亚特. 泰国史[M]. 郭继光，译. 上海：东方出版中心，2009.

[32] 戴闻达. 中国人对非洲的发现[M]. 胡国强，覃锦显，译. 北京：商务印书馆，1983.

[33] 党银平. 唐与新罗文化关系研究[M]. 北京：中华书局，2007.

[34] 邓禾颖. 试论波斯文化与唐代陶瓷的关系[J]. 陶瓷研究，1999（3）：

43-46.

[35] 丁雨. 肯尼亚滨海省马林迪老城遗址的初步研究 [J]. 南方文物，2014（4）：130-138.

[36] Do Khai Ly，苏淼，杨媛媛. 传播与共融：中国文化对丝绸之路沿线装饰艺术的影响 [J]. 东华大学学报（社会科学版），2022（2）：37-46.

[37] 段成式. 酉阳杂俎 [M]. 杜聪，校点. 济南：齐鲁书社，2007.

[38] 段立生. 泰国史散论 [M]. 南宁：广西人民出版社，1993.

[39] 段立生. 泰国文化艺术史 [M]. 北京：商务印书馆，2005.

[40] 范晔. 后汉书 [M]. 北京：中华书局，1999.

[41] 费琅. 昆仑及南海古代航行考 [M]. 冯承钧，译. 北京：中华书局，1957.

[42] 冯承钧. 诸蕃志校注 [M]. 北京：文物出版社，2007.

[43] 冯承钧. 诸蕃志校注 [M]. 北京：文物出版社，2022.

[44] 冯先铭. 冯先铭中国古陶瓷论文集 [M]. 北京：紫禁城出版社，两木出版社，1987.

[45] 冯先铭. 南朝鲜新安沉船及瓷器问题探讨 [J]. 故宫博物院院刊，1985（3）：112-118.

[46] 冯先铭. 青花瓷器的起源与发展 [J]. 故宫博物院院刊，1994（2）：29-39.

[47] 冯先铭. 泰国、朝鲜出土的中国陶瓷 [J]. 中国文化，1990（1）：59-62.

[48] 冯先铭. 元以前我国瓷器销行亚洲的考察 [J]. 文物，1981（6）：65-74.

[49] 冯小琦. 深受中国瓷器影响的高丽青瓷 [J]. 收藏家，2000（6）：32-39.

[50] 冯小琦. 中国古代瓷器对日本瓷器的影响 [J]. 收藏家，2000（9）：20-25.

[51] 傅云仙. 中国古代陶瓷和烧造技术在泰国的传播和发展：以素可泰窑和

宋卡洛窑为例 [J]. 昆明师范高等专科学校学报，2005（1）：22-24.

[52] 傅振伦 . 中国伟大的发明——瓷器 [M]. 北京：轻工业出版社，1988.

[53] 干有成，李志平 . 宁波与朝鲜半岛的陶瓷之路 [J]. 大众考古，2019（8）：20-26.

[54] 耿宝昌 . "宾乍隆" 一词的由来 [J]. 景德镇陶瓷，1986（2）：49-50.

[55] 耿宝昌 . 对日本陶瓷的初步探讨 [J]. 故宫博物院院刊，1986（1）：22-28.

[56] 耿宝昌 . 越窑 "秘色瓷" 琐谈 [J]. 文博，1995（6）：129-131.

[57] 耿铁华，李乐营 . 高句丽研究史 [M]. 长春：吉林大学出版社，2011.

[58] 耿铁华 . 中国高句丽史 [M]. 长春：吉林人民出版社，2002.

[59] 耿元骊 . 五代十国时期南方沿海五城的海上丝绸之路贸易 [J]. 陕西师范大学学报（哲学社会科学版），2018（4）：79-88.

[60] 顾吉辰 . 徐兢和他的《宣和奉使高丽图经》[J]. 东疆学刊，1987（3）：44-52.

[61] 关涛，王玉新 . 日本陶瓷史 [M]. 沈阳：辽宁画报出版社，2001.

[62] 龟井明德，王竞香 . 日本古代史料中 "秘色" 青瓷的记载与实例 [J]. 文博，1995（6）：112-117.

[63] 郭富纯，孙传波 . 日本古陶瓷研究 [M]. 北京：文物出版社，2011.

[64] 郭奕汝 . 明人陈元赟流寓日本活动考察 [D]. 长春：东北师范大学，2023.

[65] 韩东育 . 关于日本 "古道" 之夏商来源说 [J]. 社会科学战线，2013（9）：70-101.

[66] 韩倩 . "故宫博物院汝窑学术研讨会" 会议综述 [J]. 故宫博物院院刊，2016（3）：152-158.

[67] 韩昇 . 东亚关系的变动与遣唐使始末 [J]. 郑州大学学报（哲学社会科学版），2008（5）：98-99.

[68] 韩昇 . 略论日本古代大陆移民的若干事迹 [J]. 求索，1992（5）：115-119.

[69] 韩玉德 . 徐福其人及其东渡的几个问题 [J]. 陕西师范大学学报（哲学社

会科学版），2000（2）：80-85.

[70] 韩振华.公元前二世纪至公元一世纪间中国与印度东南亚的海上交通：汉书地理志粤地条末段考释 [J]. 厦门大学学报（社会科学版），1957（2）：195-227.

[71] 何芳川."华夷秩序"论 [J]. 北京大学学报（哲学社会科学版），1998（6）：30-45.

[72] 何芳川.古代来华使节考论 [J]. 北京大学学报（哲学社会科学版），2005（3）：64-75.

[73] 何宇.清前期中日贸易研究 [D]. 济南：山东大学，2010.

[74] 贺圣达.东南亚文化发展史 [M]. 昆明：云南人民出版社，1996.

[75] 贺云翱，干有成.考古学视野下的宁波越窑青瓷与东亚海上陶瓷之路 [J]. 海交史研究，2020（3）：92-101.

[76] 洪波，陆冲.越窑青瓷烧制技艺 [J]. 浙江档案，2014（2）：42-43.

[77] 胡德智，万一.灿烂与淡雅 [M]. 南宁：广西美术出版社，1999.

[78] 胡辛.瓷行天下 [M]. 南昌：江西美术出版社，2017.

[79] 黄纯艳.中国古代官方海洋知识的生成与书写：以唐宋为中心 [J]. 学术月刊，2018（1）：175-184.

[80] 黄国安.清代中国和暹罗的友好关系 [J]. 东南亚纵横，2000（S2）：115-118.

[81] 黄行，许峰.我国与周边国家跨境语言的语言规划研究 [J]. 语言文字应用，2014（2）：9-17.

[82] 黄滋生.十六世纪七十年代以前的中菲关系 [J]. 暨南学报（哲学社会科学），1984（12）：26-36.

[83] 霍巍，韦莉果.11—14 世纪的越南仿耀州窑系青瓷及相关问题研究 [J]. 江汉考古，2019（5）：103-109.

[84] 吉乐.海上丝绸之路的陶瓷：外销瓷如何塑造全球化的世界 [M]. 北京：中国科学技术出版社，2022.

[85] 姜维东.高句丽历史编年 [M]. 北京：科学出版社，2016.

[86] 金国平.葡萄牙海洋地理中的"诏安湾"：历史与考察——兼论

"Swatow"的词源及指称 [J]. 海交史研究, 2023（4）: 1-11.

[87] 金银珍. 影响学视阈下的朝鲜白瓷 [M]. 上海: 同济大学出版社, 2015.

[88] 金英媛, 冯晶晶. 朝鲜王朝的宫廷瓷器: 以王室瓷器为中心 [J]. 故宫博物院院刊, 2012（6）: 49-63.

[89] 蓝浦, 郑廷桂. 景德镇陶录校注 [M]. 欧阳琛, 周秋生, 校. 南昌: 江西人民出版社, 1996.

[90] 郎惠云, 三利一. 日本出土的唐三彩及其科学研究 [J]. 考古与文物, 1997（6）: 56-62.

[91] 郎天咏. 东南亚艺术 [M]. 石家庄: 河北教育出版社, 2003.

[92] 劳费尔. 中国伊朗编 [M]. 林筠因, 译. 北京: 商务印书馆, 1964.

[93] 雷钰, 苏瑞林. 中东国家通史（埃及卷）[M]. 北京: 商务印书馆, 2003.

[94] 冷东. 中国瓷器在东南亚的传播 [J]. 东南亚纵横, 1999（1）: 31-35.

[95] 黎道纲. 泰国古代史地丛考 [M]. 北京: 中华书局, 2000.

[96] 李安山. 中非古代关系史研究四十年 [J]. 社会科学战线, 2021（2）: 97-109.

[97] 李大龙. 汉武帝"大一统"思想的形成及实践 [J]. 北方民族大学学报（哲学社会科学版）, 2013（1）: 38-49.

[98] 李刚. "秘色瓷"探秘 [J]. 文博, 1995（6）: 63-67.

[99] 李刚. 浅论越窑和龙泉窑青瓷的外销 [M]// 中国古陶瓷学会. 中国古陶瓷研究（第 14 辑）. 北京: 紫禁城出版社, 2008.

[100] 李刚. 越窑衰落续论 [J]. 文博, 1995（4）: 57-63.

[101] 李桓. 菲律宾史前考古研究概述 [J]. 南方文物, 2022（13）: 179-198.

[102] 李辉柄. 青花瓷器的起始年代 [J]. 故宫博物院院刊, 1995（S1）: 63-71.

[103] 李继东. 古代印度洋贸易及历史影响 [J]. 西亚非洲, 1992（3）: 65-70.

[104] 李金明. 闽南人与中华文化在菲律宾的传播 [J]. 华侨华人历史研究,

1998（1）：26-32.

[105] 李军. 千峰翠色：中国越窑青瓷 [M]. 宁波：宁波出版社，2011.

[106] 李军. 唐、五代和北宋越窑青瓷的外销及影响. [M]// 冯小琦. 古代外销瓷器研究. 北京：故宫出版社，2013.

[107] 李磊. 百济的天下意识与东晋南朝的天下秩序 [J]. 华东师范大学学报（哲学社会科学版），2014（2）：64-71.

[108] 李明松. 日本茶陶的地域性特征研究 [D]. 北京：清华大学，2015.

[109] 李晴. 伊本·白图泰远航中国考 [J]. 海交史研究，2018（1）：29-40.

[110] 李涛，许思远. 中国陶瓷海外传播及文明共同体的符号对话：基于丝绸之路考古的研究 [J]. 华夏传播研究，2021（1）：69-81.

[111] 李铁匠. 古代伊朗文化史 [M]. 苏州：苏州大学出版社，2003.

[112] 李铁匠. 伊朗古代历史与文化 [M]. 南昌：江西人民出版社，1993.

[113] 李喜宽. 有关越窑消失的几个问题：以其消失时期和原因为中心 [J]. 南方文物，2015（2）：138-149.

[114] 李元君. 丝绸之路上的东南亚文明：泰国 [M]. 南宁：广西人民出版社，2015.

[115] 李正安. 外国陶瓷艺术图典 [M]. 长沙：湖南美术出版社，1999.

[116] 李知宴. 十二至十四世纪中国瓷器的发展和外销 [J]. 中国历史博物馆馆刊，1992（1）：30-36.

[117] 李志庭. 浙江通史·隋唐五代卷 [M]. 杭州：浙江人民出版社，2005.

[118] 林华东. 古越瓷晖：古越轩藏越窑青瓷 [M]. 北京：文物出版社，2015.

[119] 林立. 犍陀罗式带流提梁壶考 [J]. 故宫博物院院刊，2023（7）：69-82.

[120] 林梅村. 波斯湾古港的变迁：2012 年伊朗考察记之一 [J]. 紫禁城，2012（4）：24-33.

[121] 林梅村. 大航海时代东西方文明的冲突与交流：15—16 世纪景德镇青花瓷外销调查之一 [J]. 文物，2010（3）：84-96.

［122］林士民，林浩 . 中国越窑瓷（上）[M]. 宁波：宁波出版社，2012.

［123］林士民 . 再现昔日的文明：东方大港宁波考古研究 [M]. 上海：上海三联书店，2005.

［124］林士民 . 北洋航路拓展与朝鲜半岛制瓷文化的交流 [M]// 中国中外关系史学会 . 中外关系史论丛（第 4 辑）. 天津：天津古籍出版社，1992.

［125］林士民 . 对高丽青瓷的探索 [M]// 浙江大学韩国研究所 . 韩国研究（第 6 辑）. 北京：学苑出版社，2002.

［126］林士民 . 古代的港口城市——宁波 [J]. 海交史研究，1981（2）：63-72.

［127］林士民 . 青瓷与越窑 [M]. 上海：上海古籍出版社，1999.

［128］林士民 . 唐、吴越时期浙东与朝鲜半岛通商贸易和文化交流之研究 [J]. 海交史研究，1993（1）：13-23.

［129］林士民 . 越窑瓷器装饰艺术之研究 [J]. 东南文化，2000（5）：68-76.

［130］凌纯声 . 中国边疆民族与环太平洋文化 [M]. 台北：联经出版事业公司，1979.

［131］刘后滨 . 从宿卫学生到宾贡进士：入唐新罗留学生的习业状况 [J]. 社会科学战线，2013（1）：123-128.

［132］刘家琳 . 伊朗乃沙布尔出土的唐越窑碗 [J]. 中国历史博物馆馆刊，1981（1）：87-88.

［133］刘清涛 . 唐宋时期海上丝绸之路上的古罗国：基于中文史料的探查 [J]. 海交史研究，2018（2）：17-30.

［134］刘伟 . 从世界各国对中国陶瓷的仿制谈起 [M]// 中国古陶瓷学会 . 中国古陶瓷研究（第 14 辑）. 北京：紫禁城出版社，2008.

［135］刘伟 . 历代外销瓷（下）[J]. 收藏家，2006（6）：19-24.

［136］刘未 . 中亚及东欧地区出土宋元陶瓷研究 [J]. 故宫博物院院刊，2022（6）：31-54.

［137］刘新成 . 文明互动：从文明史到全球史 [J]. 历史研究，2013（1）：4-10.

[138] 刘岩，秦大树，齐里亚马·赫曼.肯尼亚滨海省格迪古城遗址出土中国瓷器 [J].文物，2012（11）：37-60.

[139] 刘毅.官窑制度的形成及其实质 [J].中原文物，1994（3）：90-94.

[140] 柳宗悦.朝鲜古物之美 [M].张逸雯，译.上海：上海人民出版社，2022.

[141] 卢彰麟.越窑纹饰 [M].杭州：西泠印社出版社，2017.

[142] 陆明华.略谈上海博物馆所藏高丽瓷 [J].文物，1988（6）：80-85.

[143] 罗以民.日本五良太夫正德入明考 [J].故宫博物院院刊，2004（5）：97-111.

[144] 吕英亭.宋丽关系与密州板桥镇 [J].海交史研究，2003（2）：65-71.

[145] 马欢.明钞本《瀛涯胜览》校注 [M].万明，校注.北京：海洋出版社，2005.

[146] 马树华，曲金良.中国海洋文化史长编 [M].青岛：中国海洋大学出版社，2011.

[147] 马文宽，孟凡人.中国古瓷在非洲的发现 [M].北京：紫禁城出版社，1987.

[148] 马文宽.宋、元《大食瓶》新解 [J].考古，2013（12）：84-90.

[149] 牟宝蕾.也谈"秘色瓷"[J].南方文物，2024（3）：289-295.

[150] 牟宝蕾.越窑通鉴 [M].杭州：浙江人民出版社，2017.

[151] 木宫泰彦.中日文化交流史 [M].胡锡年，译，北京：商务印书馆，1980.

[152] 沐涛，倪华强，失落的文明：埃及 [M].上海：华东师范大学出版社，1999.

[153] 潘春芳.略论唐宋以来中国陶瓷对柬、泰、越陶瓷的影响 [J].陶瓷研究，1991（1）：4-10.

[154] 潘春芳.中外陶瓷艺术史纲 [M].南京：南京艺术学院出版社，1999.

[155] 潘公昭.埃及美术概论 [M].北京：朝花美术出版社，1957.

[156] 彭南林.泰国班清文化 [J].云南民族学院学报，1987（3）：45-49.

[157] 彭维斌.海丝航路上的宋元福建外销瓷：兼谈中国外销瓷对东南亚社会文化的影响 [C]// 中国古陶瓷学会，厦门市博物馆，泉州市博物馆.福建陶瓷与海上丝绸之路：中国古陶瓷学会福建会员大会暨研讨会论文集.长春：东北师范大学出版社，2016.

[158] 朴文一，金龟春.中国古代文化对朝鲜和日本的影响 [M].牡丹江：黑龙江朝鲜民族出版社，1999.

[159] 朴玉杰，白云泰.宋代商人来航高丽与丽宋贸易政策 [M]// 浙江大学韩国研究所.韩国传统文化·历史卷：第二届韩国传统文化学术研讨会论文集（韩国研究丛书之十六）.北京：学苑出版社，1997.

[160] 漆永祥.朝鲜燕行使在中国的书籍访购、编刻、刊印与交流研究 [J].文献，2023（3）：73-111.

[161] 齐东方."黑石号"沉船出水器物杂考 [J].故宫博物院院刊，2017(3)：6-19.

[162] 钱一平.中国古瓷视角下的斯瓦希里文明嬗变 [J].古代文明（中英文），2024（1）：47-58.

[163] 秦大树，任林梅.早期海上贸易中的越窑青瓷及相关问题讨论 [J].遗产与保护研究，2018（2）：96-111.

[164] 秦大树.埃及福斯塔特遗址中发现的中国陶瓷 [J].海交史研究，1995（1）：79-91.

[165] 秦大树.高丽镶嵌青瓷与中国瓷器镶嵌装饰工艺的联系与传承 [J].故宫博物院院刊，2020（9）：5-27.

[166] 秦大树.中国古代陶瓷外销的第一个高峰：9—10 世纪陶瓷外销的规模和特点 [J].故宫博物院院刊，2013（5）：32-49.

[167] 邱宁斌.翡色天青：高丽青瓷八棱瓶 [J].美成在久，2019（3）：56-63.

[168] 全春元.早期东北亚文化圈中的朝鲜 [M].延边：延边大学出版社，1995.

[169] 全海宗.韩国与中国 [M].北京：知识产业社，1979.

[170] 全海宗.中韩关系史论集 [M].全善姬，译.北京：中国社会科学出版

社，1997.

[171] 任世龙，谢继龙.中国古代名窑：越窑 [M].南昌：江西美术出版社，
2016.

[172] 三上次男，贾玉芹.从陶磁贸易看中日文化的友好交流 [J].社会科学
战线，1980（1）：219-223.

[173] 三上次男，郑国珍.冲绳出土的中世纪中国陶瓷：求证中世纪冲绳与
中国陶瓷贸易的接点 [J].海交史研究，1988（2）：45-53.

[174] 三上次男.陶瓷路 [M].宋念慈，译.台北：艺术家出版社，1980.

[175] 三上次男.陶瓷之路：东西文明接触点的探索 [M].胡德芬，译.天津：
天津人民出版社，1983.

[176] 三上次男.陶瓷之路 [M].李锡经，高喜美，译.北京：文物出版社，
1984.

[177] 三上次男.晚唐、五代时期的贸易陶瓷 [J].杨琮，译.文博，1988（2）：
57-61.

[178] 森达也，胡一超.中国青瓷对日本陶瓷的影响 [J].紫禁城，2019（7）：
78-99.

[179] 森达也.伊朗波斯湾北岸几个海港遗址发现的中国瓷器 [M]// 冯小琦.
古代外销瓷研究.北京：故宫出版社，2013.

[180] 山口敏.弥生人的江南故里探源 [J].东南文化，1998（3）：144.

[181] 山崎觉士，高雅云，陈硕炫.宋代两浙地区的市舶司行政 [J].海交史
研究，2022（2）：95-110.

[182] 上海博物馆.柏林·上海：古代埃及与早期中国文明 [M].上海：上海
书画出版社，2016.

[183] 邵洛羊.中国美术大辞典 [M].上海：上海辞书出版社，2002.

[184] 申浚.非洲地区发现的元明龙泉窑瓷器 [J].考古与文物，2016（6）：
110-117.

[185] 沈福海.中国与西亚非洲文化交流志 [M].上海：上海人民出版社，
1998.

[186] 沈福伟.中国和非洲国家最早建立的外交关系 [J].海交史研究，1984

（1）：13-21.

[187] 沈福伟 . 中国与非洲：3000 年交往史 [M]. 太原：山西教育出版社，2021.

[188] 沈福伟 . 中国与非洲：中非关系二千年 [M]. 北京：中华书局，1990.

[189] 沈福伟 . 丝绸之路中国与非洲文化交流研究 [M]. 乌鲁木齐：新疆人民出版社，2010.

[190] 沈福伟 . 中国与西亚非洲文化交流志 [M]. 上海：上海人民出版社，1998.

[191] 沈光耀 . 中国古代对外贸易史 [M]. 广州：广东人民出版社，1985.

[192] 沈琼华 . 翡色出高丽：韩国康津高丽青瓷特展 [M]. 北京：文物出版社，2012.

[193] 沈仁安 . 关于弥生文化的若干问题 [J]. 日本问题，1987（3）：58-65.

[194] 沈岳明，周禹含 . 越窑的考古发掘和研究（三）：置官监窑下的越器与秘色瓷 [J]. 南方文物，2024（3）：14-23.

[195] 沈岳明 . 越窑的发展及井里汶沉船的越窑瓷器 [J]. 故宫博物院院刊，2007（6）：102-106.

[196] 施永安 . 日本古陶瓷 [M]. 长春：吉林美术出版社，1992.

[197] 石云涛 . 中国陶瓷源流及域外传播 [M]. 北京：商务印书馆，2015.

[198] 帅倩 . 试析中国青瓷制瓷技艺影响下高丽青瓷的发展与传播 [J]. 文物保护与考古科学，2017（4）：101-108.

[199] 宋成有 . 中国朝鲜韩国文化交流史 [M]. 北京：国际文化出版公司，2020.

[200] 宋歌，姜子帆 . 泰国：海丝路的战略支点 [M]. 北京：北京联合出版公司，2016.

[201] 宋伟光 . 对陶俑中胡人族属的追问 [J]. 美术观察，2016（9）：115-117.

[202] 苏垂昌 . 唐五代中国古陶瓷的输出 [J]. 厦门大学学报（哲学社会科学版），1986（2）：93-101.

[203] 孙光圻.中国古代航海史 [M].北京:海洋出版社,2005.

[204] 孙桂恩.谈谈青瓷虎子的两种用途 [J].考古通讯,1957(6):52-54.

[205] 孙海芳.中国越窑青瓷 [M].孙一琼,译.上海:上海古籍出版社,2007

[206] 孙卫国.传说、历史与认同:檀君朝鲜与箕子朝鲜历史之塑造与演变 [J].复旦学报(社会科学版),2008(5):19-32.

[207] 孙希国.《宣和奉使高丽图经》整理与研究 [M].哈尔滨:黑龙江人民出版社,2019.

[208] 孙新民,傅永魁.宋太宗元德李后陵发掘报告 [J].华夏考古,1988(3):19-46.

[209] 索瓦杰,译注.中国印度见闻录 [M].汶江,穆根来,译.北京:中华书局,1983.

[210] 太平老人.袖中锦 [M].北京:中华书局,1985.

[211] 唐锡仁.我国古籍中关于非洲动物的记载 [J].生物学通报,1965(2):33-34.

[212] 唐星煌.中国古代陶瓷对国外社会生活的贡献和影响 [J].求索,1988(2):121-126.

[213] 唐星煌.中国古代窑艺在海东和南海地区的传播 [J].郑州大学学报(哲学社会科学版),1993(5):95-99.

[214] 唐星煌.中国古陶瓷与朝鲜窑业 [J].求索,1990(4):125-128.

[215] 陶继波,张小雄.汤因比《历史研究》史观与其史学理论的思考 [J].内蒙古师范大学学报(哲学社会科学版),2023(5):102-108.

[216] 田中克子.从日本小值贺岛前方湾海底遗址出水的中国陶瓷看日宋贸易 [M]//中国古陶瓷学会.外销瓷器与颜色釉瓷器研究.北京:故宫出版社,2012.

[217] 樋口清之.日本人与日本传统文化 [M].王彦良,陈俊杰,译.天津:南开大学出版社,1981.

[218] 童岭.日出处天子致书日没处天子:隋代的国书事件及其文本阐释探

微 [J]. 北京大学学报（哲学社会科学版），2023（1）：126-138.

［219］万剑，张毅威，张杰，等. 形色之美与文化基因：古代越窑青瓷茶具对日影响与当代发展策略 [J]. 陶瓷学报，2024（3）：621-630.

［220］万明. 明代青花瓷的展开：以时空为视点 [J]. 历史研究，2012（5）：52-70.

［221］汪大渊. 夷岛志略校释 [M]. 苏继顾，校释. 北京：中华书局，1981.

［222］汪前进. 伊斯兰古典科学在中国的传播新论 [C]// 叶奕良. 伊朗学在中国论文集（第3集）. 北京：北京大学出版社，2003.

［223］汪庆正. 青花料考 [J]. 文物，1982（8）：59-64.

［224］汪向荣. 古代的中国与日本 [M]. 北京：生活·读书·新知三联书店，1989.

［225］王成国. 关于古朝鲜研究的几个问题 [J]. 社会科学辑刊，2004（3）：94-98.

［226］王大道. 云南青铜文化及其与越南东山文化、泰国班清文化的关系 [J]. 考古，1990（6）：531-543.

［227］王锋，陈冬梅. 波斯历史文化与伊朗穆斯林风情礼仪 [M]. 北京：民族出版社，2002.

［228］王光尧，沈琼华. 天下龙泉：龙泉青瓷与全球化 [J]. 故宫博物院院刊，2019（7）：4-12.

［229］王光尧. 对中国古代输出瓷器的一些认识 [J]. 故宫博物院院刊，2011（3）：36-54.

［230］王光尧. 海外实地调查资料与中国文献之对比：海外考古调查札记（一）[J]. 故宫博物院院刊，2020（17）：91-97.

［231］王光尧. 明代宫廷陶瓷史 [M]. 北京：紫禁城出版社，2010.

［232］王光尧. 输出商品之功能附加与转变原因初探：海外考古调查札记（二）[J]. 南方文物，2020（13）：245-250.

［233］王建保. 宋加洛瓷器的磁州窑风格 [J]. 收藏，2014（15）：52-53.

［234］王钦若，等. 册府元龟 [M]. 南京：凤凰出版社，2006.

［235］王太一. 肯尼亚斯瓦希里文化初探：以进口陶瓷贸易与建筑为视角 [J].

故宫博物院院刊，2022（2）：17-29.

［236］王颋．摩邻：中国中世纪关于西非洲的记载 [J]. 中国史研究，2001
　　　　（1）：154-162.

［237］王维坤．中国唐三彩与日本出土的唐三彩研究综述 [J]. 考古，1992
　　　　（12）：1122-1133.

［238］王文强．略述我国陶瓷的外销及其影响 [C]// 中国古陶瓷研究会，中
　　　　国古外销陶瓷研究会．中国古代陶瓷的外销．北京：紫禁城出版社，
　　　　1988.

［239］王晰博．古代中国外销瓷与东南亚陶瓷发展关系研究 [D]. 昆明：云南
　　　　大学，2015.

［240］王新中，冀开运．中东国家通史（伊朗卷）[M]. 北京：商务印书馆，
　　　　2002.

［241］王亚民，王莉英．中国古陶瓷研究（第14辑）[M]. 北京：紫禁城出版社，
　　　　2008.

［242］王勇，上原昭一．中日文化交流史大系·艺术卷 [M]. 杭州：浙江人民
　　　　出版社，1996.

［243］王勇．五代日僧宽建一行入华事迹考 [M]// 杭州大学日本文化研究中
　　　　心，神奈川大学人文学研究所．中日文化论丛（1993）．杭州：杭州
　　　　大学出版社，1995.

［244］王勇．中日关系史考 [M]. 北京：中央编译出版社，1995.

［245］王玉新，关涛．日本陶瓷图典 [M]. 沈阳：辽宁画报出版社，2000.

［246］王仲殊．井真成与阿倍仲麻吕·吉备真备 [J]. 考古，2006（6）：60-
　　　　65.

［247］王仲殊．日本古代文化简介 [J]. 考古，1974（4）：264-275.

［248］王子今．汉帝国交通地理的"直单于庭"方向 [J]. 中国历史地理论丛，
　　　　2020（1）：103-110.

［249］王子怡．中日陶瓷茶器文化研究 [D]. 北京：清华大学，2004.

［250］魏常海．中国文化在朝鲜半岛 [M]. 北京：新华出版社，1993.

［251］魏存成．东北古代民族源流述略 [J]. 中国边疆史地研究，2017（4）：

27-45

[252] 魏建钢.千年越窑兴衰研究 [M].北京：中国科学技术出版社，2008.

[253] 魏建钢.唐代"海上丝绸之路"兴起的原因分析：以越窑"秘色瓷"出口为例 [J].世界地理研究，2019（5）：172-180.

[254] 吴焯.朝鲜半岛美术 [M].北京：中国人民大学出版社，2004.

[255] 吴宁.中国瓷器对泰输出及对泰国瓷器的影响 [M]// 中国古陶瓷学会.外销瓷器与颜色釉瓷器研究.北京：故宫出版社，2012.

[256] 吴松弟.两唐书地理志汇释 [M].合肥：安徽教育出版社，2002.

[257] 吴廷璆.日本史 [M].天津：南开大学出版社，1994.

[258] 吴玉贤.浙江上虞蒿坝东汉永初三年墓 [J].文物，1983（6）：40-44.

[259] 吴煜."一带一路"：中日陶瓷贸易发展与战略研究 [M].南昌：江西高校出版社，2018.

[260] 吴煜.中日陶瓷经营史比较研究 [M].南昌：江西高校出版社，2019.

[261] 吴越滨，毛建波，许可.越窑青瓷对高丽青瓷的影响 [J].新美术，2022（6）：196-200.

[262] 西尔维娅·埃诺迪.都灵埃及博物馆 [M].郑昕，译.南京：译林出版社，2015.

[263] 夏鼐.作为古代中非交通关系证据的瓷器 [J].文物，1963（1）：17-19.

[264] 小林仁.越南青花小考：以大阪馆藏越南青花双鸟纹盘为例 [J].收藏，2010（5）：34-37.

[265] 谢弗.唐代的外来文明 [M].吴玉贵，译.北京：中国社会科学出版社，1995.

[266] 新田荣治.东南亚的主要考古遗址 [J].达雅，摘译.东南亚，1987（13）：60-64.

[267] 熊海堂.东亚窑亚技术发展与交流史研究 [M].南京：南京大学出版社，1995.

[268] 熊廖.中国陶瓷与中国文化 [M].杭州：浙江美术学院出版社，1990.

[269] 熊煜.谈越南的陶瓷艺术 [J].装饰,2003（1）:42-43.

[270] 熊仲卿.贸易陶瓷器在香料群岛的社会文化意义 [J].广西民族大学学报（哲学社会科学版）,2018（12）:18-24.

[271] 徐定宝,越窑青瓷文化史 [M].北京:人民出版社,2001.

[272] 徐李碧芸,李其江,张茂林,等.浅析"秘色"瓷 [J].中国陶瓷,2017（6）:80-86.

[273] 徐良利.论伊儿汗国与元帝国的政治关系 [J].求索,2009（8）:219-221.

[274] 许永璋.层檀国试探 [J].世界历史,1993（5）:47-54.

[275] 许永璋.亶洲新探 [J].中国史研究,1997（1）:88-96.

[276] 许永璋.古代中非关系史若干问题探讨 [J].西亚非洲,1993（5）:65-70.

[277] 许永璋.老勃萨国考辨 [J].文史哲,1992（2）:31-35.

[278] 许永璋.摩邻国在哪里? [J].河南师大学报（社会科学版）,1982（4）:97-101.

[279] 许永璋.我国古籍中关于非洲的记载 [J].世界历史,1980（6）:53-61.

[280] 玄奘.大唐西域记 [M].上海:上海人民出版社,1977.

[281] 阳阳,黄瑜,曾添翼,等.菲律宾文化概论 [M].广州:世界图书出版广东有限公司,2014.

[282] 杨建华.论五代吴越时期的浙江文化 [J].浙江学刊,1990（6）:58-63.

[283] 杨静林.古代中非关系与贸易 [J].东南亚纵横,2010（6）:73-76.

[284] 杨军,王秋彬.中国与朝鲜半岛关系史论 [M].北京:社会科学文献出版社,2006.

[285] 杨军.4—6 世纪朝鲜半岛研究 [M].长春:吉林大学出版社,2015.

[286] 杨燚锋,黄文杰.宁波青瓷文化 [M].宁波:宁波出版社,2019.

[287] 杨永曦.中国古陶瓷对泰国陶瓷的影响 [M]// 中国古陶瓷学会.中国古陶瓷研究（第 8 辑）.北京:紫禁城出版社,2003.

[288] 杨昭全，韩俊光. 中朝关系简史 [M]. 辽宁：辽宁民族出版社，1992.

[289] 杨昭全，何彤梅，中国—朝鲜·韩国关系史 [M]. 天津：天津人民出版社，2001.

[290] 杨昭全. 中国—朝鲜·韩国文化交流史（Ⅲ）[M]. 北京：昆仑出版社，2004.

[291] 姚嶂剑. 遣唐使：唐代中日文化交流史略 [M]. 西安：陕西人民出版社，1984.

[292] 叶文程. 中国古外销瓷研究论文集 [C]. 北京：紫禁城出版社，1988.

[293] 叶喆民. 古物探研二则 [J]. 故宫博物院院刊，1996（4）：84-89.

[294] 叶喆民. 中国陶瓷史 [M]. 北京：生活·读书·新知三联书店，2006.

[295] 于卫青. 波斯帝国 [M]. 北京：中国国际广播出版社，2014.

[296] 于卫青. 波斯帝国 [M]. 西安：三秦出版社，2001.

[297] 岳珂. 桯史 [M]. 吴启明，点校. 北京：中华书局，1981.

[298] 曾凡. 关于"青瓷虎子"用途的新发现 [J]. 考古通讯，1957（2）：92-93.

[299] 詹嘉. 中国陶瓷对亚非社会文明的影响 [J]. 中华文化论坛，2009（2）：18-26.

[300] 詹嘉. 中外陶瓷文化交流 [M]. 北京：中国社会出版社，2004.

[301] 詹姆斯·阿伦. 阿布尔·卡西姆（Abu'l-Qasim）关于陶瓷的论述 [J]. 李保平，译. 故宫博物院院刊，2011（3）：6-20.

[302] 张静宇. 日本遣明使的北京之行 [J]. 读书，2024（6）：160-168.

[303] 张乃禹. "朝天"、"燕行"与文化博弈：兼论明清与朝鲜半岛间的"书籍之路" [J]. 社会科学，2019（12）：175-185.

[304] 张佩国，黄小莉. 宋代明州"神舟"出使高丽与地域文化认同 [J]. 思想战线，2024（2）：78-89.

[305] 张三聪，萨木布拉. 明、清青花对伊万里染付的影响 [J]. 陶瓷学报，2014（6）：681-685.

[306] 张松林，廖永民. 唐青花的兴衰、外销及其在国外的影响 [M]// 冯小琦. 古代外销瓷器研究. 北京：故宫出版社，2013.

[307] 张西平.中国历史文献中的伊朗 [J]. 国际汉学,2022（S1）:94-104.

[308] 张象.中非关系源远流长的新启示 [J]. 西亚非洲,2006（6）:53-58.

[309] 张晓东.六朝的漕运、地域格局与国家权力 [J]. 史林,2010（3）:48-56.

[310] 张星烺.中西交通史料汇编（第 1 册）[M]. 北京:中华书局,1977.

[311] 张星烺.中西交通史料汇编（第 2 册）[M]. 北京:中华书局,1977.

[312] 张绪山."拂菻"名称语源研究述评 [J]. 历史研究,2009（5）:143-151.

[313] 章石芳.族群文化认同视野下菲律宾华族移民母语教育发展及方略研究 [D]. 福州:福建师范大学,2011.

[314] 赵佶.大观茶论 [M]. 北京:中华书局,2013.

[315] 赵青云.河南唐三彩的创烧、发展和外销 [C]// 中国古陶瓷研究会,中国古外销陶瓷研究会.中国古代陶瓷的外销.北京:紫禁城出版社,1988.

[316] 赵汝适.诸蕃志校释 [M]. 张博文,校释.北京:中华书局,1996.

[317] 赵庶洋.《新唐书·地理志》研究 [M]. 南京:凤凰出版社,2015.

[318] 赵学峰.中国磁州窑典籍 [M]. 北京:中国文史出版社,2006.

[319] 赵智滨.百济历史编年 [M]. 北京:科学出版社,2016.

[320] 郑良谟.高丽青瓷 [M]. 金英美,译.北京:文物出版社,2000.

[321] 郑宁.日本陶艺 [M]. 哈尔滨:黑龙江美术出版社,2001.

[322] 郑洙丫.韩国粉青沙器的白化妆土工艺及其与中国陶瓷的关系 [J]. 故宫博物院院刊,2009（6）:89-98.

[323] 中国大百科全书总编辑委员会.中国大百科全书 [M]. 北京:中国大百科全书出版社,2009.

[324] 中国古陶瓷学会.中国古陶瓷研究（第 14 辑）.北京:紫禁城出版社,2008.

[325] 中国古陶瓷研究会,中国古外销陶瓷研究会.中国古代陶瓷的外销 [C].

北京：紫禁城出版社，1988.

[326] 中国硅酸盐学会 . 中国陶瓷史 [M]. 北京：文物出版社，1982.

[327] 中国中日关系史研究会，编 . 日本的中国移民 [M]. 北京：生活・读书・新知三联书店，1987.

[328] 中华书局编辑部 . 二十四史（简体字本）[M]. 北京：中华书局，2000.

[329] 中日合作古代人骨比较研究新闻发布会在日本东京举行 [J]. 东南文化，1999（3）：125.

[330] 中山大学东南亚历史研究所 . 中国古籍中有关菲律宾资料汇编 [M]. 北京：中华书局，1980.

[331] 中山大学东南亚史研究所 . 泰国史 [M]. 广州：广东人民出版社，1987.

[332] 周国林，等注，三国志（注释本）[M]. 长沙：岳麓书社，2010.

[333] 周启迪 . 文物中的古埃及文明 [M]. 北京：商务印书馆，2012.

[334] 周去非 . 岭外代答 [M]. 屠友祥，校注 . 上海：上海远东出版社，1996.

[335] 周伟洲 . 唐朝与南海诸国通贡关系研究 [J]. 中国史研究，2002（3）：59-73.

[336] 朱凡 . 中国文物在非洲的发现 [J]. 西亚非洲，1986（4）：55-61.

[337] 朱培初 . 明清陶瓷和世界文化的交流 [M]. 北京：轻工业出版社，1984.

[338] 朱杰勤 . 中国和伊朗关系史稿 [M]. 乌鲁木齐：新疆人民出版社，1988.

[339] 朱杰勤 . 中外关系史 [M]. 桂林：广西师范大学出版社，2011.

[340] 诸葛计，银玉珍 . 吴越史事编年 [M]. 杭州：浙江古籍出版社，1989.

附　录

全书图片来源

第一章

图 1.13　越窑青瓷堆塑罐

孙海芳 . 中国越窑青瓷 [M]. 上海：上海古籍出版社，2007：4.

图 1.20　越窑青瓷挂篮香炉

孙海芳 . 中国越窑青瓷 [M]. 上海：上海古籍出版社，2007：24.

图 1.21　越窑青瓷小猴戏桃香炉

孙海芳 . 中国越窑青瓷 [M]. 上海：上海古籍出版社，2007：25.

图 1.23　越窑青瓷虎子

林士民，林浩 . 中国越窑瓷（上）[M]. 宁波：宁波出版社，2012：63.

图 1.29　越窑青瓷人物堆塑罐

李军 . 千峰翠色：中国越窑青瓷 [M]. 宁波：宁波出版社，2011：84.

图 1.34　越窑青瓷提梁鸡首壶

李军 . 千峰翠色：中国越窑青瓷 [M]. 宁波：宁波出版社，2011：80.

图 1.35　越窑青瓷鹰首壶

李军 . 千峰翠色：中国越窑青瓷 [M]. 宁波：宁波出版社，2011：76.

图 1.36　越窑青瓷盘口鸡首壶

林华东 . 古越瓷晖：古越轩藏越窑青瓷 [M]. 北京：文物出版社，2015：149.

图 1.54　越窑青瓷鸡首壶

林士民，林浩 . 中国越窑瓷（上）[M]. 宁波：宁波出版社，2012：272.

图 1.71　越窑青瓷海棠式碗

林士民，林浩．中国越窑瓷（下）[M]．宁波：宁波出版社，2012：49.

图 1.72　越窑青瓷葵口碗

林士民，林浩．中国越窑瓷（下）[M]．宁波：宁波出版社，2012：50.

图 1.73　越窑青瓷玉璧底碗

林华东．古越瓷晖：古越轩藏越窑青瓷 [M]．北京：文物出版社，2015：302.

图 1.74　越窑青瓷花口碟

林士民，林浩．中国越窑瓷（下）[M]．宁波：宁波出版社，2012：50.

图 1.75　越窑青瓷多角器

林华东．古越瓷晖：古越轩藏越窑青瓷 [M]．北京：文物出版社，2015：293.

图 1.79　越窑青瓷玉璧底碗

林士民，林浩．中国越窑瓷（下）[M]．宁波：宁波出版社，2012：300.

图 1.80　越窑青瓷莲花托盏

林士民，林浩．中国越窑瓷（下）[M]．宁波：宁波出版社，2012：56.

图 1.81　越窑青瓷带盖执壶

林士民，林浩．中国越窑瓷（下）[M]．宁波：宁波出版社，2012：63.

图 1.82　越窑青瓷玉璧底碗

林士民，林浩．中国越窑瓷（下）[M]．宁波：宁波出版社，2012：45.

图 1.83　越窑青瓷荷花盏

林士民，林浩．中国越窑瓷（下）[M]．宁波：宁波出版社，2012：55.

图 1.92　秘色瓷叠瓣南瓜粉盒

孙海芳．中国越窑青瓷 [M]．上海：上海古籍出版社，2007：242.

图 1.93　秘色瓷缠枝纹粉盒

孙海芳．中国越窑青瓷 [M]．上海：上海古籍出版社，2007：244.

图 1.94　越窑青瓷缠枝纹粉盒

孙海芳．中国越窑青瓷 [M]．上海：上海古籍出版社，2007：248.

图 1.103　秘色瓷菊花图粉盒盖

孙海芳．中国越窑青瓷 [M]．上海：上海古籍出版社，2007：268.

图 2.10　土偶装饰长颈壶

金银珍. 影响学视阈下的朝鲜白瓷 [M]. 上海：同济大学出版社，2015：25.

图 2.11　垂环长颈壶

陈进海. 世界陶瓷（第 2 卷）[M]. 沈阳：万卷出版公司，2006：389.

图 2.12　大口长颈壶

陈进海. 世界陶瓷（第 2 卷）[M]. 沈阳：万卷出版公司，2006：391.

图 2.16　三彩高足带盖杯

陈进海. 世界陶瓷（第 2 卷）[M]. 沈阳：万卷出版公司，2006：391.

图 2.17　"淳化四年"底款壶

金银珍. 影响学视阈下的朝鲜白瓷 [M]. 上海：同济大学出版社，2015：39.

图 2.18　青瓷透刻七宝纹香炉

郑良谟. 高丽青瓷 [M]. 金英美，译. 北京：文物出版社，2000：85.

图 2.19　青瓷透刻唐草纹盒子

郑良谟. 高丽青瓷 [M]. 金英美，译. 北京：文物出版社，2000：86.

图 2.20　青瓷鲮形水注

陈进海. 世界陶瓷（第 6 卷）[M]. 沈阳：万卷出版公司，2006：497.

图 2.21　青瓷龙形注子

吴焯. 朝鲜半岛美术 [M]. 北京：中国人民大学出版社，2004：223.

图 2.23　镶嵌青瓷云鹤纹梅瓶

沈琼华. 翡色出高丽：韩国康津高丽青瓷特展 [M]. 北京：文物出版社，2012：125.

图 2.24　青瓷铁画唐草纹梅瓶

沈琼华. 翡色出高丽：韩国康津高丽青瓷特展 [M]. 北京：文物出版社，2012：27.

图 2.25　青瓷铁绣花梅瓶

陈进海. 世界陶瓷（第 2 卷）[M]. 沈阳：万卷出版公司，2006：397.

图 2.26　粉青沙器镶嵌牡丹纹瓶

陈进海. 世界陶瓷（第 6 卷）[M]. 沈阳：万卷出版公司，2006：516.

图 2.27　粉青沙器印花菊纹月山君胎罐

金英媛，冯晶晶. 朝鲜王朝的宫廷瓷器：以王室瓷器为中心 [J]. 故宫博物院院刊，2012（6）：49-63.

图 2.28　粉青沙器剔刻铁彩牡丹纹扁壶

陈进海．世界陶瓷（第 6 卷）[M]．沈阳：万卷出版公司，2006：519．

图 2.29　粉青沙器线刻鱼纹双耳钵

陈进海．世界陶瓷（第 6 卷）[M]．沈阳：万卷出版公司，2006：520．

图 2.30　粉青沙器铁绘柳鸟纹瓶

陈进海．世界陶瓷（第 6 卷）[M]．沈阳：万卷出版公司，2006：521．

图 2.31　莲纹瓦当

陈进海．世界陶瓷（第 6 卷）[M]．沈阳：万卷出版公司，2006：481．

图 2.32　三彩釉陶盒

陈进海．世界陶瓷（第 6 卷）[M]．沈阳：万卷出版公司，2006：488．

图 2.33　绿釉四耳壶

陈进海．世界陶瓷（第 6 卷）[M]．沈阳：万卷出版公司，2006：488．

图 2.34　青瓷铁画唐草纹梅瓶

沈琼华．翡色出高丽：韩国康津高丽青瓷特展 [M]．北京：文物出版社，2012：27．

图 2.35　越窑青瓷镂孔方盒（迭盒）

林士民．青瓷与越窑 [M]．上海：上海古籍出版社，1999：135．

图 2.36　高丽青瓷方形台

沈琼华．翡色出高丽：韩国康津高丽青瓷特展 [M]．北京：文物出版社，2012：26．

图 2.37　青瓷花形盏托

沈琼华．翡色出高丽：韩国康津高丽青瓷特展 [M]．北京：文物出版社，2012：27．

图 2.38　越窑青瓷玉璧底碗

沈琼华．翡色出高丽：韩国康津高丽青瓷特展 [M]．北京：文物出版社，2012：14．

图 2.40　玉璧底碗

沈琼华．翡色出高丽：韩国康津高丽青瓷特展 [M]．北京：文物出版社，2012：14．

图 2.41　玉璧底青瓷碗

沈琼华．翡色出高丽：韩国康津高丽青瓷特展 [M]．北京：文物出版社，2012：34．

图 2.43　越窑青瓷八棱瓶

邱宁斌．翡色天青：高丽青瓷八棱瓶 [J]．美成在久，2019（3）：56-63．

图 2.44　越窑青瓷八棱瓶

邱宁斌．翡色天青：高丽青瓷八棱瓶 [J]．美成在久，2019（3）：56-63.

图 2.45　越窑青瓷八棱瓶

邱宁斌．翡色天青：高丽青瓷八棱瓶 [J]．美成在久，2019（3）：56-63.

图 2.46　越窑青瓷八棱瓶

邱宁斌．翡色天青：高丽青瓷八棱瓶 [J]．美成在久，2019（3）：56-63.

图 2.47　高丽青瓷阴刻莲花纹八角长颈瓶

邱宁斌．翡色天青：高丽青瓷八棱瓶 [J]．美成在久，2019（3）：56-63.

图 2.48　高丽青瓷镶嵌菊花牡丹纹长颈瓶

邱宁斌．翡色天青：高丽青瓷八棱瓶 [J]．美成在久，2019（3）：56-63.

图 2.49　越窑青瓷长颈瓶

徐定宝，越窑青瓷文化史 [M]．北京：人民出版社，2001：24.

图 2.50　越窑青瓷长颈瓶

邱宁斌．翡色天青：高丽青瓷八棱瓶 [J]．美成在久，2019（3）：56-63.

图 2.51　高丽青瓷半阳刻莲花纹长颈瓶

邱宁斌．翡色天青：高丽青瓷八棱瓶 [J]．美成在久，2019（3）：56-63.

图 2.52　高丽青瓷阴刻莲花纹鹤首瓶

邱宁斌．翡色天青：高丽青瓷八棱瓶 [J]．美成在久，2019（3）：56-63.

图 2.55　秘色瓷海棠盖双系瓜棱执壶

孙海芳．中国越窑青瓷 [M]．孙一琼，译．上海：上海古籍出版社，2007：196.

图 2.56　高丽青瓷瓶形注子

郑良谟．高丽青瓷 [M]．金英美，译．北京：文物出版社，2000：75.

图 2.58　高丽青瓷阴刻牡丹唐草纹瓜形注子

郑良谟．高丽青瓷 [M]．金英美，译．北京：文物出版社，2000：87.

图 2.59　秘色瓷宝石花花口碟

孙海芳．中国越窑青瓷 [M]．孙一琼，译．上海：上海古籍出版社，2007：142.

图 2.60　秘色瓷宝石花花口碟

孙海芳．中国越窑青瓷 [M]．孙一琼，译．上海：上海古籍出版社，2007：143.

图 2.62　高丽镶嵌青瓷仿中国纹样

陈进海 . 世界陶瓷（第 2 卷）[M]. 沈阳：万卷出版公司，2006：401.

图 2.63　高丽镶嵌青瓷菊花纹玉壶春瓶

沈琼华 . 翡色出高丽：韩国康津高丽青瓷特展 [M]. 北京：文物出版社，2012：

图 2.65　高丽镶嵌青瓷透刻唐草纹盒子

郑良谟 . 高丽青瓷 [M]. 金英美，译 . 北京：文物出版社，2000：86.

图 2.66　高丽镶嵌青瓷阳刻莲花纹钵

沈琼华 . 翡色出高丽：韩国康津高丽青瓷特展 [M]. 北京：文物出版社，2012：79.

图 2.67　高丽镶嵌青瓷阳刻莲花纹盘

沈琼华 . 翡色出高丽：韩国康津高丽青瓷特展 [M]. 北京：文物出版社，2012：67.

图 2.68　越窑青瓷刻花卷草莲瓣纹熏炉

李军 . 千峰翠色：中国越窑青瓷 [M]. 宁波：宁波出版社，2011：145.

图 2.70　四鹦鹉纹盏托

岑伯明 . 上林湖唐宋越窑青瓷纹饰 [M]. 宁波：宁波出版社，2018：47.

图 2.71　越窑青瓷鹦鹉捕食图粉盒

孙海芳 . 中国越窑青瓷 [M]. 孙一琼，译 . 上海：上海古籍出版社，2007：256.

图 2.72　越窑青瓷鹦鹉图粉盒

孙海芳 . 中国越窑青瓷 [M]. 孙一琼，译 . 上海：上海古籍出版社，2007：264.

图 2.73　高丽青瓷鹦鹉纹钵

陈进海 . 世界陶瓷（第 6 卷）[M]. 沈阳：万卷出版公司，2006：493.

图 2.74　高丽青瓷阴刻鹦鹉纹盘

邱宁斌 . 翡色天青：高丽青瓷八棱瓶 [J]. 美成在久，2019（3）：56-63.

图 2.75　越窑青瓷对鹦鹉（双层翅）

岑伯明 . 上林湖唐宋越窑青瓷纹饰 [M]. 宁波：宁波出版社，2018：45.

图 2.76　执壶外壁云鹤纹

岑伯明 . 上林湖唐宋越窑青瓷纹饰 [M]. 宁波：宁波出版社，2018：53.

图 2.78　秘色瓷刻花云鹤纹盒剖面、立面

孙新民，傅永魁 . 宋太宗元德李后陵发掘报告 [J]. 华夏考古，1988（3）：19-46.

图 2.79　高丽镶嵌青瓷云鹤纹梅瓶

沈琼华.翡色出高丽：韩国康津高丽青瓷特展[M].北京：文物出版社，2012：95.

图 2.80　高丽镶嵌青瓷云鹤纹梅瓶

郑良谟.高丽青瓷[M].金英美，译.北京：文物出版社，2000：103.

第三章

图 3.2　壶

郭富纯，孙传波.日本古陶瓷研究[M].北京：文物出版社，2011：18.

图 3.4　朱彩壶

郭富纯，孙传波.日本古陶瓷研究[M].北京：文物出版社，2011：30.

图 3.5　朱彩壶

郭富纯，孙传波.日本古陶瓷研究[M].北京：文物出版社，2011：27.

图 3.6　盖器·高足器

陈进海.世界陶瓷（第 4 卷）[M].沈阳：万卷出版公司，2006：185.

图 3.7　埴轮马

陈进海.世界陶瓷（第 4 卷）[M].沈阳：万卷出版公司，2006：196.

图 3.8　双耳壶

陈进海.世界陶瓷（第 6 卷）[M].沈阳：万卷出版公司，2006：551.

图 3.9　敞口壶

陈进海.世界陶瓷（第 6 卷）[M].沈阳：万卷出版公司，2006：554.

图 3.10　五联罐

陈进海.世界陶瓷（第 6 卷）[M].沈阳：万卷出版公司，2006：552.

图 3.12　长颈瓶瓯

陈进海.世界陶瓷（第 6 卷）[M].沈阳：万卷出版公司，2006：556.

图 3.13　三彩壶

王玉新，关涛.日本陶瓷图典[M].沈阳：辽宁画报出版社，2000：10.

图 3.14　猿投窑须惠器长颈壶

王玉新，关涛.日本陶瓷图典[M].沈阳：辽宁画报出版社，2000：11.

图 3.16　猿投窑绿釉四足壶

郑宁．日本陶艺 [M]．哈尔滨：黑龙江美术出版社，2001：53.

图 3.17　猿投窑釉香炉

王玉新，关涛．日本陶瓷图典 [M]．沈阳：辽宁画报出版社，2000：11.

图 3.18　濑户窑铁釉巴纹四耳壶

郭富纯，孙传波．日本古陶瓷研究 [M]．北京：文物出版社，2011：68.

图 3.19　濑户窑铁釉印花广口壶

陈进海．世界陶瓷（第 6 卷）[M]．沈阳：万卷出版公司，2006：560.

图 3.21　常滑窑三筋壶

富纯，孙传波．日本古陶瓷研究 [M]．北京：文物出版社，2011：78

图 3.21　常滑窑大瓮

富纯，孙传波．日本古陶瓷研究 [M]．北京：文物出版社，2011：79.

图 3.23　信乐窑桧垣纹壶

郭富纯，孙传波．日本古陶瓷研究 [M]．北京：文物出版社，2011：85.

图 3.24　信乐窑蹲壶

郭富纯，孙传波．日本古陶瓷研究 [M]．北京：文物出版社，2011：87.

图 3.25　信乐窑水指

https：//emuseum.nich.go.jp/detail?langId=ja&webView=&content_base_id=100526&content_part_id=0&content_pict_id=0

图 3.26　丹波窑秋草纹四耳壶

郭富纯，孙传波．日本古陶瓷研究 [M]．北京：文物出版社，2011：88.

图 3.27　备前窑栉目波状纹大壶

郭富纯，孙传波．日本古陶瓷研究 [M]．北京：文物出版社，2011：84 .

图 3.28　备前窑四系罐

陈进海．世界陶瓷（第 6 卷）[M]．沈阳：万卷出版公司，2006：562.

图 3.29　越前窑大壶

郭富纯，孙传波．日本古陶瓷研究 [M]．北京：文物出版社，2011：90.

图 3.30　猿投窑灰釉把手瓶

关涛，王玉新．日本陶瓷史 [M]．沈阳：辽宁画报出版社，2001：59.

第七章

图 8.3 褐胎白线陶

陈进海 . 世界陶瓷（第 1 卷）[M]. 沈阳：万卷出版公司，2006：46.

图 8.4 彩陶

陈进海 . 世界陶瓷（第 1 卷）[M]. 沈阳：万卷出版公司，2006：46.

图 8.5 双耳瓶

上海博物馆 . 柏林·上海：古代埃及与早期中国文明 [M]. 上海：上海书画出版社，2016：204.

图 8.6 储物罐

上海博物馆 . 柏林·上海：古代埃及与早期中国文明 [M]. 上海：上海书画出版社，2016：205.

图 8.7 碗和壶

上海博物馆 . 柏林·上海：古代埃及与早期中国文明 [M]. 上海：上海书画出版社，2016：205.

图 8.8 华丽彩草花纹壶

陈进海 . 世界陶瓷（第 3 卷）[M]. 沈阳：万卷出版公司，2006：490.

图 8.9 黄绿釉彩刻线文字纹壶

陈进海 . 世界陶瓷（第 3 卷）[M]. 沈阳：万卷出版公司，2006：494.

后 记

从 2007 年至今，我一直从事与民族艺术有关的研究和实践。我研究过越窑青瓷的形、越窑青瓷的色、越窑青瓷的纹；我走访过数十家博物馆、艺术馆，亲见一件件烙印着中华优秀传统文化的越窑青瓷；我也多次与工艺大师、越窑青瓷手工艺者交流，探访他们的工作现场，了解他们的生存近况，分析越窑青瓷的产业发展……在全面了解越窑青瓷艺术的过程中，一个想法也更加明晰：深入挖掘、系统梳理越窑青瓷这一中国瓷器艺术的瑰宝是如何走向世界的。我和我的团队成员确定了要对"中国越窑青瓷艺术海外传播交流路径与影响力"进行研究。我们认为，从我国古代越窑瓷器艺术的世界传播看中国文化影响力，有利于以点带面从整体上剖析中国文化"走出去"，构建世界艺术交流史新的理论体系；有利于深入挖掘我国古代越窑瓷器民族艺术对世界瓷器文化发展的贡献，确立我国古代瓷器艺术在人类文明史上的显著地位，向世界传播并弘扬中华民族的物质文明和精神文明。我想这是每一个人文社科领域的研究者都乐于从事的工作。

前人的研究和实践为我们做了良好的铺垫。在本书的撰写过程中，诸多专家、学者的学术资料开阔了我们的眼界，启发了我们的研究思路。本书能为越窑青瓷艺术的传承与发展提供有益参考，也为研究中国其他传统艺术的海外传播提供借鉴。

感谢支持本书出版的所有单位。本书为 2022 年度教育部人文社会科学研究规划基金"中国越窑青瓷艺术海外传播交流路径与影响力研究"（22YJA760078）最终成果。本书受国家社科基金、宁波文化研究工程等项目的支持。

感谢宁波职业技术学院校领导的关怀与帮助，感谢学校各部门尤其是科研处一如既往的大力支持，感谢学校丝路艺术研究中心团队的不懈努力。感谢宁波市第六批哲社基地"宁波非遗文化教育与产业创新发展基地"的大力支持，感谢所有应该感谢的人和事。

万　剑

2025 年 2 月 15 日